袁青 著

《晏子春秋》研究

儒道释博士论文丛书

巴蜀书社

《儒道释博士论文丛书》编委会

《儒道释博士论文丛书》由上海城隍庙和北京东岳庙资助出版

《儒道释博士论文丛书》缘起

国家“985 工程”四川大学宗教、哲学与
社会研究创新基地首席科学家
《儒道释博士论文丛书》
编委会主编　卿希泰

儒道释是中华民族传统文化的三大支柱，源远流长，内容丰富，影响深远，它对中华民族的共同心理、共同感情和强大凝聚力的形成与发展，均起了极其重要的作用，是我们几千年来战胜一切困难、经过无数险阻、始终立于不败之地的精神武器，在今天仍然显示着它的强大生命力，并在新的世纪里，焕发出更加灿烂的光彩。

自从 1978 年中国共产党第十一届三中全会确立改革开放路线以来，我国对儒道释传统文化的研究工作，也有了很大的发展，在全国各地设立了许多博士点，使年轻的研究人才的培养工作走上了有计划有组织地进行的轨道，一批又一批的博士毕业生正在茁壮成长，他们是我国传统文化研究方面的一支强大的新生

力量，是有关各学科未来的学术带头人。他们的博士学位论文有一部分在出版之后，已在国内外的同行学者中受到了关注，产生了很好的影响。但因种种原因，学术著作的出版甚难，尤其是中青年学者的学术著作出版更难。因此还有相当多的博士学位论文难以及时发表。不及时解决这一难题，不仅对中青年学者的成长不利，且对弘扬中华优秀传统文化，促进学术交流也不利。我们有志于解决此一难题久矣，始终均以各种原因未能如愿。直到1999年，经与香港圆玄学院商议，喜得该院慨然允诺捐资赞助出版《儒道释博士论文丛书》，当年即出版了第一批共5本博士学位论文。比后的10余年间，在圆玄学院的鼎力支持及丛书编委会同仁的共同努力下，一批又一批优秀的博士学位论文通过这个平台展现在世人面前，到2013年，已出版了15批共130部；这些论著的作者，有很多已经成长为教授、博士生导师。2014年，圆玄学院因自身经济方面的原因，停止资助本丛书，我们深感遗憾，同时也对该院过往的付出与支持致以敬意和感谢！

令人欣慰的是，当陈耀庭教授得知本丛书陷入困境的消息后，即与上海城隍庙商议，上海城隍庙决定慷慨施以援手。2015年，慈氏文教基金有限公司董事长王联章先生也发心资助本丛书。学术薪火代代相传，施善之士前赴后继。在党中央弘扬中华民族优秀传统文化的英明决策指引下，本丛书必然会越办越好，产生它的深远影响。

本丛书面向全国（包括港澳台地区）征稿。凡是以研究儒、道、释为内容的博士学位论文，皆属本丛书的出版范围，均可向本丛书的编委会提出出版申请。

本丛书的编委会是由各有关专家组成，负责审定申请者的博士学位论文的入选工作。我们掌握的入选条件是：(1) 对有关学科带前沿性的重大问题做出创造性研究的；(2) 在前人研究的基础上有新的重大突破、得出新的科学结论从而推动了本学科向前发展的；(3) 开拓了新的研究领域、对学科建设具有较大贡献的。凡具备其中的任何一条，均可入选。但我们对入选论文还有一个最基本的共同要求，这就是文章观点的取得和论证，都须有科学的依据，应在充分占有第一手原始资料的基础上进行，并详细注明这些资料的来源和出处，做到持之有故、言之成理，避免夸夸其谈、华而不实。我们提出这个最基本的共同要求，其目的乃是期望通过本丛书的出版工作，在年轻学者中倡导一种实事求是地、一步一个脚印地进行学术研究的严谨学风。

由于编委会学识水平有限和经验与人力的不足，难免会有这样或那样的失误，恳切希望能够得到全国各有关博士点和博士导师以及博士研究生们的大力支持和帮助，对我们的工作提出批评和建议，加强联系和合作，给我们推荐和投寄好的书稿，让我们一道为搞好《儒道释博士论文丛书》的出版工作、为繁荣祖国的学术文化事业而共同努力。

2015 年 10 月 1 日于四川大学宗教、哲学
与社会研究创新基地，道教与宗教文化研究所

编委会按：2017 年，慈氏文教基金有限公司因自身原因中止资助，其资助金额由北京东岳庙管委会慷慨承担，谨此致谢。

目　录

序

先秦时期齐国出了两个重要人物，一个是管仲，一个是晏婴，依托这两个人的名字，又有两本重要的书籍，那就是《管子》和《晏子春秋》。先秦古籍规模都不大，而今本《管子》实存七十六篇，称得上大部头了；《晏子春秋》有八篇，体量也不算小。因此这两本书是研究先秦时代尤其是齐国政治、经济、思想、文化极为重要的资料。

可是，这两本书受重视的程度却差异极大。目前注译、研究《管子》的论著要远远多于研究《晏子春秋》的，甚至有以管子命名的刊物《管子学刊》。而关心《晏子春秋》的人则少很多，在各种通史、国别史、哲学史、思想史上，《晏子春秋》的评价也远远低于《管子》。确实，《管子》包含了丰富的道论、气论、阴阳五行论等方面的哲学思考，以及政治、经济、军事、法律等方面的社会管理思想，受重视是理所当然的。而《晏子春秋》虽然被列入史书，但因为主要由一些故事构成，虚拟性强，所以史料价值就远远不能和《左传》《史记》相比。另外其思想也比较驳杂，没有体现出比较明确的学派倾向。这样一来，《晏子春秋》就有些类似贫矿：弃之可惜了，如果深入发掘，似乎又没有多少开采的价值。这些年，《晏子春秋》备受冷落，恐怕与此有关。

然而，在这些年不断涌现的出土文献中，与《晏子春秋》相关的内容却屡屡登场，主要见于银雀山汉简以及上海博物馆藏战国楚竹书中，以及定州汉简、阜阳汉简、居延汉简所见相关残简中。例如从银雀山汉简中整理出来的《晏子春秋》有上百支简，十六章，内容涉及今本十八个章节。银雀山汉简抄写于汉代早期，这说明此书至少部分内容在战国晚期已经广为流传了。

抄写于战国中期的上博楚简中直接出现了晏子与齐景公的故事，如《景公疟》。这篇故事的情节十分清晰，讲的是齐景公生病，其宠臣会谴、梁丘据等人向景公谏言应杀掉祝、史二人以讨好鬼神，但晏子向景公讲了一番“诅为无伤，祝亦无益”的道理，使景公信服“讨好鬼神”的唯一途径是勤政爱民、亲贤疏佞，从而成功说服景公不杀祝、史二人。本篇内容与《左传·昭公二十年》的记载类似，也和《晏子春秋》之《景公有疾》《景公病》两篇类似，部分内容还见于《晏子春秋》的《景公信用谗佞》。这么说来，我们有比较大的把握确认战国中期《晏子春秋》(至少是单篇或者雏形）已经出现，而且其影响跨越了国境，从齐国来到楚国，被楚国人用楚系文字重新换写之后阅读。当然，或许也可以反过来证明，上博楚简所见故事正是《晏子春秋》的早期形态，而我们现在看到的《晏子春秋》已经被后人重新整理改编。

上博楚简中还有一篇《柬大王泊旱》，内容与《景公疟》类似，但是将故事的主人公直接由“齐景公”换成楚国的“柬大王”，“晏子”换成“太宰”。故事说的是，“柬大王泊旱”，即“柬大王”窘于干旱而致病（此说采纳的是季旭升教授《〈柬大王泊旱〉解题》的观点），听从了“太宰”的建议之后，宁可撑着病体不打伞在太阳下暴晒，以感动上苍，结果三天之后就下了大雨，全国的旱情得到缓解。故事结尾没有提到柬大王是否病愈，但可以想象，既然是因为大旱而致病，那么随着旱情的缓解，病情也会随之好转。

上博楚简中还发现了用词惊人相似，但故事中的人物和骨架被置换成孔子与鲁哀公之间故事的《鲁邦大旱》。《鲁邦大旱》说的是鲁国大旱，鲁哀公向孔子寻求对策，孔子虽然不反对使用珪璧币帛祭祀山川，以求神祇显灵的举动，但认为更重要的是统治者必须匡正“刑”与“德”，实行好的政治。因此，孔子认为天灾其实就是人祸，只不过他没有直接说出来而已。《鲁邦大旱》中有这样一段话：“夫山，石以为肤，木以为民，如天不雨，石将焦，木将死，其欲雨或甚于我，或必待乎名乎？夫川，水以为肤，鱼以为民。如天不雨，水将涸，鱼将死，其欲雨或甚于我，或必待乎名乎？”这里，孔子以一种讥讽的口吻嘲笑了只顾向山川神祇乞灵的愚昧行为，认为到了大旱之际，山川如果真的有神灵，在他们自己都快渴死，比人类还着急盼雨的时候，哪里还会等着人类去喊他们的名字（古人求神的一个重要程序是喊出神灵的名字）？

我们惊讶地发现，几乎完全类似的故事场景和语言表达也出现在《晏子春秋·内篇谏上》中，这里引用其部分内容：“齐大旱逾时，景公召群臣问曰：‘天不雨久矣，民且有饥色。吾使人卜，云祟在高山广水。寡人欲少赋敛以祠灵山，可乎？’群臣莫对。晏子进曰：‘不可。祠此无益也。夫灵山固以石为身，以草木为发，天久不雨，发将焦，身将热，彼独不欲雨乎？祠之何益。’公曰：‘不然，吾欲祠河伯，可乎？’晏子曰：‘不可。河伯以水为国，以鱼鳖为民，天久不雨，水泉将下，百川将竭，国将亡，民将灭矣，彼独不欲雨乎？祠何益。’”

如果将《鲁邦大旱》和《晏子春秋》做一对比，可以发现两者均为抗旱之对策，均为君臣之间的问对。在应付天灾时，君主都想不惜代价地祭祀山川神祇，表现出一种以神事为主的态度，而孔子和晏子则予以反对，表现出一种高度理智的态度。而且他们都说出了那段在大旱面前山川神祇也自身难保的非常经典的话，我们无法确认这段话的创作者究竟是孔子还是晏子，也可能另有所出，但被组合进孔子或晏子的故事中，成为一种对抗大旱的经典方式。不过，根据《鲁邦大旱》故事的母题和骨架接近《晏子春秋》，而《晏子春秋》类似故事比较多来判断，《鲁邦大旱》的作者模仿《晏子春秋》创作了这一故事，并将其附会到孔子身上的可能性更大一些。

《鲁邦大旱》和《晏子春秋》虽然都表现出重人轻神的态度，但在人事方面，《鲁邦大旱》提出了具体的对策，即“正刑与德”，故事最后仍然以对统治者为所欲为的严厉批判作为结束，体现出非常强烈的理性精神。而《晏子春秋》则要求君主到野外去，“与灵山河伯共忧”，“于是景公出野暴露三日，天果下雨，民尽得种时”。显然这是一个天人感应的结局，和《柬大王泊旱》类似。《景公疟》也一样，一旦接受晏子不杀祝史，齐景公的疾马上就好了，说明鬼神放过了齐景公。

《鲁邦大旱》和《晏子春秋》的故事乃至语言可以互换，应该不是偶然的现象。从上博楚简既大量出现孔子及其门弟的故事、学说，也大量出现类似《晏子春秋》的作品来看，显然孔子和晏子都受到了楚国人的高度尊重，孔门和晏门在楚国都有活跃的空间。从两者之间在精神倾向上既有相似性，又不完全一致来看，孔门甚至需要利用晏门的故事并加以改造来宣传自己的思想，这充分说明晏子既尊重神灵又强调人事的思想，在战国中期尤其在楚国有很大的市场。这为我们研究战国中期楚国的思想面貌，以及儒家思想在楚国的传播提供了珍贵资料。考虑到包山楚墓出土了大量的卜筮祭祷简、且《楚辞》包含着浓厚的巫风，显然楚国对于鬼神的态度并没有到“敬而远之”甚至完全“天人相分”的程度。再考虑到汉王朝是楚国人的天下，因此，类似晏子的既尊重神灵又强调人事，相信天人之间存在感应的思想，在汉王朝会成为主流，也就不意外了。而《鲁邦大旱》虽然改造了《晏子春秋》，但这种过于强调人事，批判毫不留情的思想特色，显然未能被继承下来。

上博简中还有一篇《昭王毁室》，此篇虽然说的是楚昭王的故事，但显然也是改编自《晏子春秋》。上博简里面有这么多接近《晏子春秋》的内容，这不能不引起我们的重视。看来这本在今天几乎没有几个人看的书，在当年却是流行得很，而且在齐国之外（楚国）也大受欢迎，像老子、孔子一样，产生了广泛的“国际”影响。如果当下的哲学史研究、思想史研究，不是为了从古书、古人的思想中发掘一些合乎今人胃口的东西，或者选取一些有哲学色彩的观念，以做出古为今用的研究，而是试图还原历史上真实的学术生态，探讨古代活生生的思想面貌，那么《晏子春秋》为什么受到战国时人的欢迎，为什么能够广为流传，就值得我们深思和分析。因此，我希望有更多的人重视它、研究它。当年，袁青成为我在清华大学期间的博士生之后，我就劝他做《晏子春秋》的研究。袁青聪敏好学，也踏实肯干。他不仅愿意从事这项比较冷门的研究，而且老老实实从文本整理开始做起，这样就对第一手的资料有了亲身的把握，不至于人云亦云。

从此书上半部分可以看出，他对银雀山汉简以及上博楚简《景公疟》这两个最为基本的资料做了详细的梳理和分析，下半部分则对今本《晏子春秋》的治国理念和哲学思想做了认真的考察。同时此书还对《晏子春秋》成书时间、学派归属等难以定论的问题做出了自己的判断。下面这些观点，就是袁青在批判吸收前人学说，再进行深入探讨之后慎重推出的，我觉得可以在此做一些宣传和评介。

一、关于晏子的生平。袁青的结论是：晏子生于约公元前586年，死于公元前507年。晏子虽然在景公时期贵为齐相，但在公元前532年至公元前522年之间由于种种原因曾一度被罢相。

二、关于《晏子春秋》的作者。袁青认为，《晏子春秋》是由反对田氏的齐国学者在公元前477年至公元前255年之间陆续成书的，最后经过了某人或某些人的润色，《晏子春秋》与作为田齐官方学说的《黄帝四经》和《管子》存在根本区别。这个观点特别有趣，考虑到《管子》中没有提到晏婴，《晏子春秋》中提到管仲这个人，但没有涉及《管子》这部书或其中的篇目，看来两者间的对立是显著存在的。这个观点如果能够成立，就说明《晏子春秋》与《黄帝四经》《管子》是齐国两种政治势力在思想上的体现。也说明田氏代齐之后，姜齐一脉仍然拥有强大实力。那么，编著《晏子春秋》的目的何在，仅仅是为了怀旧吗？里面对姜齐国君充满讽刺，这难道不是对田齐有利的事吗？拥护姜齐和拥护田齐的两派人在思想上就彻底没有交流吗？稷下学宫也完全排斥晏门学者吗？这些就成为有兴趣的学者今后进一步展开的话题。

三、关于《晏子春秋》的性质。袁青认同这样的观点，即《晏子春秋》主要是儒墨思想融合的产物，可视为杂家的先驱，不过此杂家并非折衷派，而是综合派。如果结合上面这个问题来考虑的话，那么儒墨在齐国是否就有两种命运，即分别被田齐的人和姜齐的人做了不同的阐释，这也是今后要思考的问题。

四、关于《晏子春秋》与出土文献的关系。袁青提出：《晏子春秋》的相关出土文献，主要见于银雀山汉简、上博竹书中，定县汉简、阜阳汉简、居延汉简中也有相关残句。这些相关出土文献证明《晏子春秋》成书时间较早。银雀山汉简本《晏子春秋》可能是墨家的传本。上博竹书《景公疟》反映了战国时期一种“重人事、轻神事”的思想现象，从中也反映出春秋战国时期齐楚文化存在一个密切交流的时期。如果银雀山汉简本《晏子春秋》确实是墨家的传本，那可以说它为墨家在齐国的传承，及其在汉代的传承提供了重要的线索。所以，我觉得墨学界应该重视这一现象。至于上博竹书《景公疟》，仅仅从这一篇来看，似乎呼应了战国时期“重人事、轻神事”的思想现象，但是就像前面分析的那样，其实综合考察上博简中与《晏子春秋》相关的其他文献以及今本《晏子春秋》的思想特征，准确地说，应该是既重人事又重神事，流露出浓厚天人感应色彩的特征。所以，这个问题有必要扩大到其他上博简文献，进行更系统的考察。

五、关于天人关系。袁青认为，《晏子春秋》中既有天人相分的思想，也有天人感应的思想。两者分别影响了荀子与董仲舒等儒家，但两者在晏子思想中并不矛盾，最终都指向“重人事”的一面，这构成了晏子思想的主题。我觉得这样的区分非常合理，但是后来汉王朝为什么会倾向董仲舒这种天人感应类型的儒家呢？这个问题需要深思，如果真的像前面所分析的那样，晏子天人感应思想在楚国得到了传播和改造，而这一改造又随着楚国人最终成为天下之主从而影响到整个中国，那我们就找到了历史的合理性。虽然历史应该没有这么简单，但其中的可能性还是值得我们探索。

六、关于晏子与儒家的关系。袁青提出，晏子具有丰富的人本思想，认为人的价值高于神与物，可能影响了儒家思想；晏子关于毋尽民力、省刑罚、推恩、不与民争利、与民同乐等民本思想，也影响了儒家（尤其是孟子），因此晏子可视为儒家的先驱人物之一。《晏子春秋》区分“和”“同”的目的在于论述合理的君臣关系，这一思想上承史伯，下启孔子。《晏子春秋》持自然主义的生死观，既尊重生命，同时又认为有比生命更为重要的诸如“义”的价值理念，为了这些价值理念，人可以牺牲自己的性命，这种生死观近于先秦儒家思想。袁青这一观点启示我们，晏子甚至也可以被视为儒家思想的一个源头。这样的分析比简单地说《晏子春秋》是儒墨折衷更有价值。

七、关于如何理解晏子思想的驳杂性。袁青指出，《晏子春秋》坚持以大国为小国的治国方略，与《老子》有相通之处；

反对争霸，可能影响了《孟子》；强调君主“身先行之”，近于孔孟；在尚俭方面，更近于墨子；在“才”“德”之间，更重视贤人之“才”，区别于孔孟荀等儒家，重视贤人的道德作用，区别于墨子；晏子把“君强臣弱”看作是为政之本，而要做到“君强臣弱”，关键在于施行礼治。但他又“重变古常”，认为古代的制度不能随便加以变更，不仅制度，就是一般的风俗也不能随便变更，而儒家将礼乐过度化了，这实际上就是“变古常”，反而不利于治国安民；《晏子春秋》中的“忠”论主要是就臣德而言的，其“忠”论所反映的君臣关系近于孔孟思想，但孔孟思想中“忠”主要代指一般的伦理道德，而《晏子春秋》的“忠”论呈现出的是君臣相对平等的关系，这与先秦时期齐国“举贤上功”的政治传统是密不可分的。

袁青这种具体问题具体分析的研究方法，使得晏子思想的具体特征得到一一辨认，避免了对《晏子春秋》大而化之的定性判断，既有助于我们了解晏子思想的多元与复杂，也有利于了解战国诸子学发生的源头。也就是说，我们容易把晏子看作是诸子之一，但在思想史的位置上，其实晏子应该和老子、孔子处于同等的地位，即都具有思想上的朴素性、包容性、开放性，都对后世学者产生了很大影响。所以思想的驳杂反而是极为正常的现象，这样我们就更有必要重新审视、重新评价晏子在思想史上的作用与地位。把他视为一个思想的启示者，影响的辐射者，可能更好一些。

《列子·天瑞》的一段故事中引用了晏子的话：“善哉，古之有死也！仁者息焉，不仁者伏焉。”这段话体现出超越生死的达观态度，而这种态度也完全符合道家的理念。这段话就见于

《晏子春秋·外篇第七》，可见道家从晏子这里获取了智慧。另外，这段话还被包含在孔子与子贡的对话中，当然这里的孔子也完全是一个悟道者的形象。我们暂且不论这一故事的真伪，可以确认的是，在《列子·天瑞》这里，晏子和孔子一样被当作了先知者看待。如果我们能够把先秦秦汉典籍中有关晏子的故事、言论全部辑出，或许能还原一个先秦时人们心目中的晏子形象。我期待袁青或其他有识之士能做一做这方面的工作。

当然这并不等于说，《晏子春秋》就是一部春秋晚期的书。和其他先秦典籍一样，其成书也很复杂，就如袁青指出的那样，其成书经历了很长的一段时期，如果通过今后学者们不断的工作，能够逐渐剥离出哪些是早期的晏子思想，哪些是晚期的晏子思想，就更有意义了。

总之，袁青以出土文献为切入口，对《晏子春秋》以及晏子思想做出了比较全面、系统的考察。他的研究是非常认真的，他的结论是比较可信的。我希望通过这本书的出版，能够进一步激发学界对于《晏子春秋》的兴趣，同时我也相信，我们在对《晏子春秋》做出进一步研究之际，此书一定是不能忽略的了。

曹　峰

2021年3月20日

导　论

一　研究价值

提到先秦文献，我们总会首先想到《论语》《孟子》《老子》《庄子》《左传》《国语》等书，却鲜有人想起《晏子春秋》，一般的思想史、哲学史著作也鲜有提及此书，似乎《晏子春秋》从来就不是一部重要的著作。究其主要原因，在于《晏子春秋》长期被当作一部伪书，关于它的学派归属问题也一直备受争议①，故而关于它的研究受到冷落。

1972 年银雀山汉简《晏子春秋》等文献的出土，使“《晏子春秋》伪作说”难以令人信服，《晏子春秋》的研究相对多了

① 袁青：《〈晏子春秋〉研究综述——兼论〈晏子春秋〉今后研究的方向》，《管子学刊》2013 年第 3 期。

起来，但主要集中在对《晏子春秋》的校释、词汇等方面的研究，而其他方面如思想的研究，相对而言并不多。

关于《晏子春秋》的校勘著作，主要有王节愍《校晏子》、沈启南《校定晏子春秋》、吴勉学《校刻晏子》、黄之寀《校刻晏子》、李从先《校刻晏子春秋》、孙星衍《晏子春秋校正》、卢文弨《晏子春秋校正》、梁履绳《晏子春秋校本》、吴鼒《校订晏子春秋》、洪颐煊《读晏子春秋丛录》、王念孙《晏子春秋杂志》、钱熙祚《校订晏子春秋》、苏时学《晏子春秋校订》、俞樾《晏子春秋平议》、黄以周《晏子春秋校勘记》、戴望《校晏子春秋》、叶昶炽《手校晏子春秋》、吴汝纶《晏子春秋点勘》、孙诒让《晏子春秋札迻》、刘师培《晏子春秋斠补》、刘师培《晏子春秋斠补定本》、刘师培《晏子春秋斠释》、刘师培《晏子春秋黄之寀本校记》、于鬯《晏子春秋校书》、陶鸿庆《读晏子春秋札记》、于省吾《晏子春秋新证》、杨树达《晏子春秋札记》、王叔岷《晏子春秋斠证》等①，其中以孙星衍、王念孙、刘师培等人的成就最高，对《晏子春秋》的贡献最大。在孙星衍校《晏子春秋》之前，“惟万历乙酉沈启南校梓本尚为完善，自《初学记》《文选注》《艺文类聚》《后汉书注》《太平御览》诸书所引，皆具于篇，末章所缺，又适据《太平御览》补足，既得诸本是正文字，恐或疑其臆见，又为《音义》于后，明有依据。定为八篇”②。因而可以说孙星衍是第一个校订《晏子春秋》的人，他又撰写《晏子春秋音义》，“多所是正，然尚未该备，且

---

① 严灵峰：《周秦诸子知见书目（第三卷）》，台北：正中书局，1977年版，第1—22页。

② 吴则虞：《晏子春秋集释》，北京：中华书局，1962年版，第640页。

多误改者”[①]。其后卢文弨《群书拾补》据孙星衍所校之《晏子春秋》复加校正，“较孙氏为优矣，而尚未能尽善”（王念孙语）。“嘉庆甲戌，渊如复得元刻影钞本，以赠吴氏山尊，山尊属顾氏涧薲校而刻之，其每卷首皆有总目，又各标于本篇之上，悉复刘子政之旧，诚善本也。”王念孙在顾广圻的基础上，“复合诸本，及《群书治要》诸书所引，详为校正，其元本未误，而各本皆误，及卢、孙二家已加订正者，皆世有其书，不复罗列；唯旧校所未及，及所校尚有未确者，复加考正。其《谏下篇》有一篇之后脱至九十余字者，《问上篇》有并两篇为一篇而删其原文者；其他脱误及后人妄改者尚多，皆一一详辨之”。如《内篇谏上》本作“庄公奋乎勇力，不顾于行义；勇力之士，无忌于国”，孙星衍改“行义”为“仁义”，王念孙据《太平御览》认为当作“不顾于行”，这样就与“无忌于国”形成对照[②]。其后主要还有黄以周、俞樾等人对《晏子春秋》加以校勘，至刘师培作《晏子春秋斠补》《晏子春秋斠补定本》《晏子春秋黄之寀本校记》等对《晏子春秋》详加考证，“旁及唐宋类书所引，兼及明刊各本，凡诸子之文与互同者亦互相勘正，疑义奥词，间加发正”[③]，对《晏子春秋》的校勘而言，意义甚为重要。

1972年银雀山汉简《晏子春秋》出土之后，又出现许多对竹简《晏子春秋》的校释本，其中主要有银雀山汉墓竹简整理

① 王念孙：《读书杂志》，南京：江苏古籍出版社，1985年版，第518页。
② 王念孙：《读书杂志》，南京：江苏古籍出版社，1985年版，第518页。
③ 刘师培：《晏子春秋斠补自序》，见氏著：《左盦集（卷七）》，1936年宁武南氏校印本。

小组编《银雀山汉墓竹简》（文物出版社，1985 年）、吴九龙《银雀山汉简释文》（文物出版社，1985 年）、骈宇骞《银雀山竹简〈晏子春秋〉校释》（书目文献出版社，1988 年；台湾万卷楼图书有限公司，2000 年）、骈宇骞《银雀山汉简文字编》（文物出版社，2001 年）等，其中骈宇骞《校释》一书专门对竹简《晏子春秋》进行考释，结合传世本，纠正了传世本许多错误，肯定了前人许多校勘成果，如《内篇谏下第二·景公登路寝之台不终不说晏子谏第十八》章“古者之为宫室也，足乎以便生，不以为奢侈也，故节于身，谓于民”一句，“谓于民”之“谓”字，历来解释不通。王念孙在其《读书杂志》中曾云：“‘谓’当为‘调’字，形相似而误。调者，和也。”这样解释文通义顺，可惜久无版本旁证。银雀山简本该句正作“调于民”，证实了王念孙的真知灼见①。不过此后竹简本《晏子春秋》并未引起学者太多重视，近年来谭步云作了《银雀山汉简本〈晏子春秋〉补释》（《古文字研究》24 辑，中华书局 2002 年）一文，李天虹作了三篇文章《简本〈晏子春秋〉与今本对读札记》（《齐鲁学刊》2009 年第 3 期）、《简本〈晏子春秋〉与今本文本关系试探》（《中国史研究》，2010 年第 3 期。）、《以简本〈晏子春秋〉校读传本一则》（《简帛研究二〇一〇》，广西师范大学出版社，2012 年），其中《银雀山汉简本〈晏子春秋〉补释》、《简本〈晏子春秋〉与今本对读札记》和《以简本〈晏子春秋〉校读传本一则》三文通过简本和传世本《晏子春秋》的对照，对于《晏子春秋》字词方面提出了一些的

① 骈宇骞：《对〈晏子春秋〉的再认识——兼谈古书的形成与发展》，《管子学刊》1990 年第 1 期。

新的解释。《简本〈晏子春秋〉与今本文本关系试探》一文通过简本和传本《晏子春秋》的比较，发现两者存在三种关系，可证明刘向《晏子叙录》所描述的真实性，或许也可以为《晏子春秋》文本源流的研究提供启示和借鉴。

关于《晏子春秋》的注释，主要有潜庵子《晏子春秋内篇注》、孙星衍《晏子春秋音义》、黄以周《晏子春秋校勘记》、苏舆《晏子春秋校注》、刘师培《晏子春秋斠释》、支伟成《标点校释晏子春秋》、庄适《晏子春秋选注》、张纯一《晏子春秋校注》、邹太华《晏子逸笺》、王新湛《晏子春秋集解》、吴则虞《晏子春秋集释》等，其中以刘师培、吴则虞等人的贡献最为巨大。刘师培在孙星衍《音义》及黄以周《校勘记》的基础上写成《晏子春秋斠释》一书，对《晏子春秋》的考证、解释十分详细，使一些难点问题得以解决。如《内篇谏上第一》"君身服之"一句，孙星衍《音义》释为："《诗传》：'服，思之也。'"使人难以明白，刘师培以为"服"当训为"行"，又举《左传》之例加以佐证，因而"身服之者"犹言"躬行之也"①，使得此句话意义十分清晰。吴则虞广泛参考了《晏子春秋》诸多校勘注释本，诸家观点基本上都囊括入内，又多加按语，写成《晏子春秋集释》一书，此书可以说是《晏子春秋》研究的集大成之作，成为后来《晏子春秋》研究的主要参考书目，在《晏子春秋》研究史上占有重要的地位。另有一些《晏子春秋》的评点或删点本，如魏徵《晏子治要》、马总《晏子要语》、杨慎《晏子春秋点评》、陈继儒《晏子粹语》、陆可教等《晏子春秋玄

① 刘师培：《晏子春秋斠释》，1936 年宁武南氏校印本。

言评苑》、陈深《晏子春秋品节》、焦竑等《晏子品汇释评》、归有光等《晏子评点》、李元珍《晏子类编》、陈仁锡《晏子选评》、陈仁锡《晏子奇赏》、李云翔《晏子拔萃》、凌澄初《晏子春秋批点》、马权奇《晏子删评》、马骕《晏子》、王舟瑶《晏子春秋圈点》、任兆麟《晏子春秋述记》、李宝洤《晏子春秋文粹》、张之纯《晏子菁华录》等书，其中最为著名的当属魏徵《晏子治要》、马总《晏子要语》、杨慎《晏子春秋点评》、凌澄初《晏子春秋批点》、马骕《晏子》等书，这些书无论对《晏子春秋》的校勘还是对《晏子春秋》的思想研究而言都有极为重要的价值。除此之外，还有一些《晏子春秋》的今注今译之书，如王更生《晏子春秋今注今译》（台湾商务印书馆，1987 年）、孙彦林等注译《晏子春秋译注》（齐鲁书社，1991 年）、李万寿《晏子春秋全译》（贵州人民出版社，1993 年）、王世征、谭宝善译注《晏子春秋选译》（人民文学出版社，1994 年）、陈涛《晏子春秋译注》（天津古籍出版社，1996 年）、石磊《晏子春秋译注》（黑龙江人民出版社，2003 年）、卢守助《晏子春秋译注》（上海古籍出版社，2006 年）、张景贤译注《晏子春秋》（中州古籍出版社，2010 年）、汤化译注《晏子春秋》（中华书局，2011 年）等，其中王更生《晏子春秋今注今译》一书注译得较为详细，译文较为流畅优美，并且每篇还对篇旨加以概括，当是最好的译本之一。

又有学者对《晏子春秋》作微观研究，其研究的重点在《晏子春秋》的词汇和思想方面。笔者所见最早研究《晏子春秋》词汇的是姚振武《〈晏子春秋〉词类研究》（河南大学出版社，2005 年）一书，该书分为 11 章，分别从名词系统、称代系统、动词系统、助动词系统、形容词系统、副词系统、介词系统、连词系统、助词系统、语气词系统、词缀等方面对《晏子春秋》做全面研究，该书还从语法角度确认《晏子春秋》成书于战国时代的观点，具有较高的学术价值。其后这方面的文章还有唐德正《晏子春秋词汇研究》（山东大学2006年博士论文；中州古籍出版社，2008年）、（韩）柳贤雅《〈晏子春秋〉词汇研究》（北京大学2006年博士论文）、郭庆林《〈晏子春秋〉语用研究》（安徽大学2008年博士论文；安徽大学出版社，2011年）及几篇硕士论文，如刘平《〈晏子春秋〉副词研究》（西南大学2007年硕士论文）。这些对《晏子春秋》词汇所做的微观研究，使我们能够更进一步把握好《晏子春秋》，对于推动《晏子春秋》的研究所起的作用很大。

还有多篇论文是研究《晏子春秋》的思想问题的。有论述晏子治国思想的，如战化军从用人上举贤官能、施政上刻上饶下、自身节俭力行等三个方面论述晏子的治国思想①，张希庆②、黄宝先③、俞樟华④等人也有所论述；还有学者论述《晏子春秋》一些较为特殊的思想，如张祥浩从晏子谏君的理论基础、晏子谏君的思想内容、晏子谏君的行为方式、晏子谏君的政治意义等方面论述晏子的谏君思想⑤，张祥浩又比较了晏子、墨子、孔子、老子的尚俭思想，认为晏子与墨子、孔子、老子都不一

① 战化军：《晏子治国三议》，《管子学刊》1989年第4期。

② 张希庆：《浅谈晏子的治国思想》，《甘肃理论学刊》1990年第5期。

③ 黄宝先：《试论晏子的民本思想》，《管子学刊》1994年第3期。

④ 俞樟华：《论晏子的爱民尚贤思想——读〈晏子春秋〉札记》，《浙江师大学报（社会科学版）》1998年第2期。

⑤ 张祥浩：《论晏子的谏君》，《管子学刊》1990年第2期。

样，认为在流派上应把他看成独成一家[①]，徐树梓则论述了晏子的礼治思想[②]；还有学者论述了《晏子春秋》的伦理思想，如肖群忠[③]、黄宝先[④]等人；还有学者结合当今社会思潮论述了《晏子春秋》的一些特征，如张仁玺[⑤]和甄尽忠[⑥]等人；还有学者论述了《晏子春秋》的哲学思想，如邵先锋认为晏婴的哲学思想突出表现在其倡导并实践的对事物的朴素辩证思维及轻鬼神重人事的无神观上[⑦]；还有学者论述了《晏子春秋》的论辩术或者说逻辑思想[⑧]。关于晏子的思想研究，还有两本专著，分别为邵先锋的《晏子思想研究》（当代中国出版社，2004 年）和《〈管子〉与〈晏子春秋〉治国思想比较研究》（齐鲁书社，2008 年），这两本书是对晏子思想研究仅有的两本专著，可见我们对于《晏子春秋》思想的研究还有很大的发掘空间。

通过以上对《晏子春秋》研究史的一个回顾，我们可以发现，关于《晏子春秋》的研究成果主要集中在文本校释等问题上，对于《晏子春秋》的思想问题虽然有出现了一些研究成果，

---

① 张祥浩：《论晏子的尚俭思想》，《管子学刊》1991 年第 1 期。

② 徐树梓：《晏子礼治思想刍议》，《管子学刊》1999 年第 4 期。

③ 肖群忠：《晏子春秋的政治伦理思想》，《甘肃社会科学》1993 年第 4 期。

④ 黄宝先：《晏子伦理思想略论》，《管子学刊》1998 年第 1 期。

⑤ 张仁玺：《〈管子〉与〈晏子春秋〉中的社会福利思想述论》，《山东师范大学学报》2006 年第 6 期。

⑥ 甄尽忠：《〈晏子春秋〉中晏婴社会救助思想论析》，《管子学刊》2006 年第 1 期。

⑦ 邵先锋：《从〈晏子春秋〉看晏婴的哲学思想》，《管子学刊》2006 年第 2 期。

⑧ 如巨朝军：《晏子善辩逻辑使然——谈论辩与逻辑》，《菏泽师专学报（社会科学版）》，1988 年第 1 期；黄展骥：《谬误满箩？——晏子与楚王互出“逻辑茅招”》，《人文杂志》1995 年第 2 期；董业明：《晏子说辩的逻辑艺术》，《东岳论丛》2000 年第 1 期；李明、张怡：《〈晏子春秋〉的说理技巧及其理论基础》，《青海社会科学》2008 年第 2 期。

但大多是泛泛而谈，并没有深入到《晏子春秋》文本中去，而是将《晏子春秋》丰富的思想纳入一些干巴巴的名词中去，而且其中重复劳动过多。对于散见于银雀山汉简、居延汉简、定州汉简、阜阳汉简、上博简等出土文献中的类似于《晏子春秋》的材料，虽然有骈宇骞和李天虹等人的工作，但研究仍然不够多，没有将这些宝贵的材料汇集起来加以整理，挖掘这些出土材料给《晏子春秋》研究所带来的新契机。对于《晏子春秋》的研究，以前大多是孤立地加以研究，而未将《晏子春秋》放入先秦思想史的网络中加以对比研究，发掘其在先秦思想史上的独特地位。因此，我们势必要加强对《晏子春秋》的研究，使其进入思想史的主流中去，以丰富先秦思想史的内容。

二　研究进路

关于《晏子春秋》的研究具有重要意义，迫在眉睫，因而笔者也试图对此贡献自己的一点绵薄之力，以就教于大方之家。

首先，本书主要是关于《晏子春秋》的研究，首先需要研究的就是晏婴本人及《晏子春秋》这本书的一些相关情况，确定《晏子春秋》的成书时代及学派归属，因而就有了第一章“晏子与《晏子春秋》”。

其次，对于散见于银雀山汉简、居延汉简、定州汉简、阜阳汉简、上博简等出土文献中的《晏子春秋》类似材料，从来没有学者做一系统的整理，笔者拟将这些材料汇合起来，做系统的整理，并将其与《晏子春秋》等传世文献做比较，如上博简《景公疟》一文，其部分篇章散见于《晏子春秋》内外篇中，但都与《晏子春秋》有所不同，如何看待这一现象并从中发掘出一些独特的视角。并且，一些出土文献如上博简《鲁邦大旱》与《晏子春秋》部分篇章语词相似，只是主人公不同，前者是孔子与子贡，后者是晏婴和齐景公，前者出现于楚地，后者处于齐地，又该如何解释这一思想史现象呢？这都是值得我们研究的问题。本书第二章“《晏子春秋》相关出土文献研究”就是对《晏子春秋》相关出土文献做了系统的研究。

其三，《晏子春秋》一书中充斥着大量的关于治国观念的论述，但我们不应再将《晏子春秋》的思想简单归于几个名词下，然后加以论述，而应具有学术史眼光，将《晏子春秋》放入整个先秦思想史的脉络中，发掘出其特殊的思想内涵。如《晏子春秋》多处论述“礼治”，我们可以将其与《孟子》《荀子》等做比较，以揭示其特点。本书第三章“《晏子春秋》的治国观念研究”就是这种思路下的产物，以期未来的政治思想史研究对此能够予以重视。

其四，《晏子春秋》虽然主要是有关治国观念的论述，但其中也蕴含着一定的哲学思想，其中关于“忠”“和同”“生死”的论述都应该被纳入哲学史的研究中去，关于先秦哲学史的著作对此不应再予以忽视了，本书第四章“《晏子春秋》的哲学思想研究”就试图挖掘其哲学思想，以期将来的先秦哲学史能够重视《晏子春秋》。

由以上论述可以看出，本书第一、二章主要是关于《晏子春秋》文本的研究，而第三、四章则是关于《晏子春秋》思想的研究。由此笔者所采用的研究方法也主要有以下三种：

其一，出土文献与传世文献对照法。本书试图在整理《晏子春秋》相关出土文献的基础上，将其与传世文献《晏子春秋》相对照，试图发掘出《晏子春秋》所体现出的思想特色。

其二，文献考证与义理阐释相结合。本书在研究《晏子春秋》相关出土文献及探究《晏子春秋》的成书时代、学派归属等问题上，不能不用传统的考据法。在阐释《晏子春秋》思想特色时则主要用义理阐释法。不过两者并不是决然分开的，在考证时也要用到义理阐释法，在进行义理阐释时也不得不用到文献考证法。

其三，比较法。本书在研究《晏子春秋》的治国观念及哲学思想时，要将其放入整个先秦思想史的环境下考虑，将其与其他先秦思想相对比，自然要用到比较法。

第一章　晏子与《晏子春秋》

孟子曰：“读其书，不知其人，可乎？是以论其世也。”（《孟子·万章下》）此即我们常说的“知人论世”，故而我们首先根据《左传》等书对晏子生平情况做一介绍，厘清晏子生平中一些重大事件。然后介绍《晏子春秋》的基本情况，重点阐述《晏子春秋》在历史上的流传情况，以确定现存《晏子春秋》是否为先秦秦汉流传下来的书。接着我们通过对《晏子春秋》文书及相关史籍的考察，试图确定《晏子春秋》的成书时代、作者及学派归属等问题，这都是我们研究《晏子春秋》最基础性的工作。

第一节　晏子其人

晏子，名婴，谥平仲[①]，莱之夷维人（今山东高密人）[②]。其父晏桓子，名弱，在《左传》中出现六次，见于宣公十四年、宣公十七年、襄公二年、襄公六年、襄公十二年、襄公十七年，分别记载他具有先见之明、出使晋国被抓、围莱、再次围莱并灭

① 此取刘向《晏子叙录》及《汉书·艺文志》之说。《世说新语·德行篇》注引刘向《别录》曰："晏平仲名婴。"《史记索隐》曰："名婴，平谥，仲字。"《三国志·曹真传》《晋书·陆云传》又曰"晏平"，均与此有所差异。

② 《史记·管晏列传》载晏婴的籍贯："莱之夷维人也。"裴骃《史记集解》曰："刘向《别录》曰：'莱者，今东莱地也。'"张守节《史记正义》曰："晏氏《齐记》云：'齐城三百里有夷安，即晏平仲之邑。汉为夷安县，属高密国。应劭云：故莱夷维邑。'"《史记·鲁仲连邹阳列传》记载了夷维子，司马贞《史记索隐》曰："维，东莱之邑，其居夷也，号夷维子。故晏子为莱之夷维人是也。"据此，"夷维"在汉代称"夷安"，"夷安"属高密国。钱穆先生说："夷安，今高密县治。章怀太子曰：'夷安亦称上假密。'《水经注》：'夷安城西去潍水四十里。'疑夷维亦以潍水得名。"（钱穆：《史记地名考》，北京：商务印书馆，2001年版，第462页。）段玉裁《说文解字注》曰："晏之言安也。古'晏''安'通用。故今文《尧典》'晏晏'，古文作'安安'。《左传》'安孺子'，《古今人表》作'晏孺子'。"（［汉］许慎撰、（清）段玉裁注：《说文解字注》，上海：上海古籍出版社，1981年版，第304页。）"晏"与"安"通用，因此"夷安"之名有可能是因晏婴家族居住于此而得名。

莱、知礼、死后晏婴为其守孝等事迹[①]。可见晏桓子是齐国的重要大臣，曾经统领齐国军队，灭了莱国，为齐国立下了赫赫战功。从《左传·襄公十七年》所载晏婴为晏桓子守丧，其家老批评晏婴之守丧礼非“大夫之礼”，可见当时晏婴已是大夫了，而史籍载晏婴在此之前并没有突出的政治成绩，可以推测晏婴是因其父的功劳而位至大夫。可见，晏桓子功劳着实不小。并且，史籍载晏婴为“莱之夷维人”，而晏桓子是灭莱的首功之臣，很难想象晏桓子会去灭掉自己的祖国，合理的解释是晏桓子因灭莱之功而被封于莱之夷维。关于晏婴家族的先人，《通志略·氏族略》载：“或云齐公族”[②]，王更生引日人竹添光鸿及于鬯之说已驳其非[③]，童书业则根据《齐侯镈钟铭》“弓典其先旧，及其高祖；虩虩成唐……丕显穆公之孙……雩生叔弓”等认为，叔弓为宋穆公之后而仕于齐者，而叔弓即为晏婴之父晏弱，故而晏氏为宋后[④]。童说立足出土铭文，极有说服力，当从。若晏婴家族

① 《左传·宣公十四年》载：“公孙归父会齐侯于谷，见晏桓子，与之言鲁，乐。桓子告高宣子曰：‘子家其亡乎！怀于鲁矣。怀必贪，贪必谋人。谋人，人亦谋己。一国谋之，何以不亡？’”《宣公十七年》载：“齐侯使高固、晏弱、蔡朝、南郭偃会。”《襄公二年》：“齐侯使诸姜、宗妇来送葬，召莱子。莱子不会，故晏弱城东阳以偪之。”《襄公六年》：“十一月，齐侯灭莱，莱恃谋也。于郑子国之来聘也，四月，晏弱城东阳，而遂围莱。甲寅，堙之环城，傅于堞。及杞桓公卒之月，乙未，王湫帅师及正舆子、棠人军齐师，齐师大败之。丁未，入莱。莱共公浮柔奔棠，正舆子、王湫奔莒，莒人杀之。四月，陈无宇献莱宗器于襄宫。晏弱围棠，十一月丙辰而灭之。”《襄公十二年》：“灵王求后于齐，齐侯问对于晏桓子。桓子对曰：‘先王之礼辞有之。天子求后于诸侯，诸侯对曰：夫妇所生若而人，妾妇之子若而人。无女而有姊妹及姑姊妹，则曰：先守某公之遗女若而人。’齐侯许婚。”《襄公十七年》载：“齐晏桓子卒，晏婴粗缞斩，苴绖、带、杖，菅屦，食鬻，居倚庐，寝苫、枕草。其老曰：‘非大夫之礼也。’曰：‘唯卿为大夫。’”

② 郑樵：《通志略》，上海：上海古籍出版社，1990 年版，第 39 页。

③ 王更生：《晏子春秋研究》，台北：文史哲出版社，1976 年版，第 9—10 页。

④ 童书业：《童书业史籍考证论集》，北京：中华书局，2008 年版，第 408—411 页。

为宋穆公之后，则可以解释晏桓子灭莱之事了。晏氏虽然为宋穆公之后，但在晏桓子之前，古籍中几乎没有关于其先人的记载，只在《管子·大匡篇》中记载了齐桓公时期的一个晏子，对此，于鬯说："春秋时齐晏氏为齐世民，故婴父弱，谥桓子，桓子以上无闻焉。《管子·大匡篇》有晏子，房玄龄①注但谓'平仲之先'，不能实其人，其家世之微可见矣。"② 由此可以推定晏桓子出身并不高贵，并非豪门大族。至于晏婴的姓氏由来，《通志略·氏族略》将其归为"以邑为氏"③，杨伯峻也认为："晏盖以邑为氏，今齐河县西北二十五里之晏城盖即其地，《寰宇记》谓之晏婴城。"④ 此外，史籍还记载了晏婴一子晏圉⑤。

关于晏婴的生年，史籍并无明确记载。但据《左传·襄公十七年》载，晏婴为其父守丧，其家老批评晏婴之守丧礼非"大夫之礼"，可见鲁襄公十七年（前556）晏婴已经是大夫了。既是大夫，必已成人，当大于20岁（古人二十行冠礼）。又

---

① 今按：旧题房玄龄注，实为尹知章注，见颜昌峣：《管子校释·前言》，长沙：岳麓书社，1996年版，第3页。

② 于鬯：《香草续校书》，北京：中华书局，1963年版，第120页。

③ 郑樵：《通志略》，上海：上海古籍出版社，1990年版，第39页。

④ 杨伯峻：《春秋左传注》，北京：中华书局，1981年版，第756页。

⑤ 《左传·哀公六年》载："夏，六月戊辰，陈乞、鲍牧及诸大夫以甲入于公宫。昭子闻之，与惠子乘如公。战于庄，败。国人追之，国夏奔莒，遂及高张、晏圉、弦施来奔。"杜预注曰："晏圉，婴之子。"此外，《左传·襄公二十三年》也载："齐侯遂伐晋，取朝歌。为二队，入孟门，登大行。张武军于荧庭，戍郫邵，封少水，以报平阴之役，乃还。赵胜帅东阳之师以追之，获晏氂。"杜预注曰："晏氂，齐大夫。"而王更生引日人竹添光鸿之说以为晏氂为晏婴之子（王更生：《晏子春秋研究》，台北：文史哲出版社，1976年版，第20页。），王绪霞则以其为晏婴之弟（王绪霞：《〈晏子春秋〉成书考论》，西北师范大学2006年博士论文，第13—15页。），我们认为两说都不是很可靠，从杜预的注"晏氂，齐大夫"来看，晏氂当不是晏婴之子或之弟，可能只是晏氏族人，否则杜预注晏圉直接说是"婴之子"，而于晏氂只注"齐大夫"，为何不注"婴之子"或"婴之弟"呢？

《左传·襄公二十五年》所载庄公被弑，晏子立于崔杼之门，人谓崔杼必杀之，崔杼说："民之望也，舍之得民。"钱穆据此认为古人四十强而仕，当时晏子名德已高，当近四十，那么晏桓子死时晏子当年逾三十①。其说较为合理，据此则晏婴当生于公元前586年之前。《左传》最后一次记载晏婴是鲁昭公二十六年（前516），当时晏婴至少70岁，按照古人"七十而致仕"（《礼记·曲礼上》）的传统，其后晏子致仕，已远离政治中心，故而《左传》此后无关于晏婴的记载。

关于晏婴的卒年，《史记·齐太公世家》载：

> 四十八年（齐景公四十八年，前500——引者注），与鲁定公好会夹谷。犁锄曰："孔丘知礼而怯，请令莱人为乐，因执鲁君，可得志。"景公害孔丘相鲁，惧其霸，故从犁锄之计。方会，进莱乐，孔子历阶上，使有司执莱人斩之，以礼让景公。景公惭，乃归鲁侵地以谢，而罢去。是岁，晏婴卒。

若照《史记》的说法，晏婴卒于公元前500年，则晏婴死时至少86岁。但据《晏子春秋·外篇第八·晏子没左右谀弦章谏景公赐之鱼第十八》载："晏子没十有七年，景公饮诸大夫酒。"《说苑·君道篇》的记载与此同。据《左传》，齐景公卒于鲁哀公五年（前490），与《史记》所载晏婴卒年仅相差10年，何来"晏子没十有七年"之说呢?《史记》与《晏子春秋》《说苑》的记载必有一误。

---

① 钱穆：《先秦诸子系年（外一种）》，石家庄：河北教育出版社，2002年版，第40页。

考《史记·孔子世家》所记鲁定公十年（即齐景公四十八年，前500）齐鲁夹谷之会：

定公十年春，及齐平。夏，齐大夫黎钼言于景公曰："鲁用孔丘，其势危齐。"乃使使告鲁为好会，会于夹谷。鲁定公且以乘车好往。孔子摄相事，曰："臣闻有文事者必有武备；有武事者必有文备。古者诸侯出疆，必具官以从。请具左右司马。"定公曰："诺。"具左右司马。会齐侯夹谷，为坛位，土阶三等，以会遇之礼相见，揖让而登。献酬之礼毕，齐有司趋而进曰："请奏四方之乐。"景公曰："诺。"于是旍旄羽袚矛戟剑拨鼓噪而至。孔子趋而进，历阶而登，不尽一等，举袂而言曰："吾两君为好会，夷狄之乐何为于此！请命有司！"有司却之，不去，则左右视晏子与景公。

据《孔子世家》，晏子参加了齐鲁夹谷之会，但《左传》记载夹谷之会时，却未提及晏子，以《左传》记事之翔实及晏子在当时的影响力，若晏子参加夹谷之会，《左传》不可能没有记载，《春秋公羊传》和《春秋穀梁传》记载夹谷之会也未提及晏子。而且，如前所述，《左传》最后一次记载晏子是在鲁昭公二十六年（前516），当时晏子70岁左右，其后无关于晏子的记载，当是晏子已致仕了，既已致仕，晏子参加齐鲁夹谷之会的可能性也较小①。因而笔者以为《史记》"左右视晏子与景公"处

① 崔东壁对于孔子参加齐鲁夹谷之会也持怀疑态度，全面否定《史记》这段记载的准确性，见崔东壁：《洙泗考信录》（卷二），北京：北京文化学社，1928年版，第7—10页。

所记的“晏子”当有误。既然《孔子世家》记载晏子参加夹谷之会有问题，那么《齐太公世家》记载“是岁，晏婴卒”大概也是成问题的，因为关于晏婴卒于是年的记载也只见于《齐太公世家》而不见于其他史料。

相较起来，《晏子春秋》和《说苑》关于“晏子没十有七年，景公饮诸大夫酒”的记载显得更为可信，但有人可能会说，此记载出现在《晏子春秋》之《外篇不合经术者第八》，会不会影响它的可信度呢？刘向《晏子叙录》云：“其书六篇（即《内篇》——引者注），皆忠谏其君，文章可观，义理可法，皆合六经之义。……又有颇不合经术，似非晏子言，疑后世辩士所为者，故亦不敢失，复以为一篇（即《外篇不合经术者第八》——引者注）。”可见，《晏子春秋》内、外篇之分出于刘向之手，而且据刘向所说，《外篇不合经术者第八》的文章只是“似非晏子言”，以上材料记载“晏子没十有七年”的事，当然并非晏子之言，所以也自然被刘向归入《外篇不合经术者第八》中，因而这段话不一定就不可靠。齐景公卒于鲁哀公五年（前490），如果“晏子没十有七年，景公饮诸大夫酒”的记载是可靠的话，则晏子之卒不会晚于公元前507年。《左传》最后记载晏子是公元前516年，据《晏子春秋》晏子卒于公元前507年之前，也就是说在致仕9年之内晏子卒，其年大概80岁。这个说法较《史记》更为合理。这样，我们就能大致确定晏子的生卒年，晏子生于约公元前586年，卒于公元前507年或之前，大概活了80岁，在古代已是相当高寿了。

在大致确定晏婴的生卒年之后，我们再来看看晏婴生平大事，由于先秦历史主要是依据《左传》《史记》建立起来的，我们关于晏婴的生平事迹也主要依据《左传》与《史记》。为直观起见，我们采用年谱的方式罗列晏婴的生平大事记。

约齐顷公十三年（前586）。

晏婴出生。

约30岁，鲁襄公十七年（齐灵公二十六年，前556）。

晏婴之父晏桓子卒，晏婴服丧，其老批评晏婴服丧之礼非大夫之礼，晏婴对曰："唯卿为大夫。"

约31岁，鲁襄公十八年（齐灵公二十七年，前555）。

晋伐齐，齐灵公御诸平阴，堑防门而守之，广里。齐人多死。范宣子告析文子曰："吾知子，敢匿情乎？鲁人、莒人皆请以车千乘自其乡入，既许之矣。若入，君必失国。子盍徒之！"析文子以告灵公。灵公恐。晏婴闻之曰："君固无勇，而又闻是，弗能久矣。"

约35岁，鲁襄公二十二年（齐庄公三年，前551，是岁孔子生）。

是年秋，栾盈自楚适齐。晏婴对齐庄公曰："商任之会，受命于晋。今纳栾氏，将安用之？小所以事大，信也。失信，不立。君其图之。"

是年冬，晋士匄知栾盈在齐，会诸侯于沙随以禁锢栾盈。栾盈犹在齐，晏婴曰："祸将作矣。齐将伐晋，不可以不惧。"

约36岁，鲁襄公二十三年（齐庄公四年，前550）。

齐庄公将伐晋，晏婴曰："君恃勇力，以伐盟主。若不济，国之福也。不德而有功，忧必及君。"

约37岁，齐庄公五年（前549）齐畏晋、通楚，晏子

谋。(此据《史记·六国年表》)

约38岁，鲁襄公二十五年（齐庄公六年，前548)。

崔杼弑齐庄公，晏子立于崔氏之门外，其人曰：“死乎?”曰：“独吾君也乎哉，吾死也?”曰：“行乎?”曰：“吾罪也乎哉，吾亡也?”曰：“归乎?”曰：“君死，安归?君民者，岂以陵民？社稷是主。臣君者，岂为其口实，社稷是养。故君为社稷死，则死之；为社稷亡，则亡之。若为己死，而为己亡，非其私暱，谁敢任之？且人有君而弑之，吾焉得死之？而焉得亡之？将庸何归?”门启而入，枕尸股而哭，兴，三踊而出。人谓崔子必杀之。崔子曰：“民之望也，舍之，得民。”

是年，崔杼立齐景公而相之，庆封为左相，盟国人于大宫曰：“所不与崔、庆者——”晏子仰天叹曰：“婴所不唯忠于君、利社稷者是与，有如上帝！”

约39岁，鲁襄公二十六年（齐景公元年，前547)。

齐侯、郑伯为卫侯故如晋，齐相国景子使晏平仲私于叔向曰：“晋君宣其明德于诸侯，恤其患而补其阙，正其违而治其烦，所以为盟主也。今为臣执君，若之何?”

约41岁，鲁襄公二十八年（齐景公三年，前545)。

庆封欲与晏婴共谋杀齐惠公之孙子雅、子尾，使析归父告晏婴。晏婴曰：“婴之众不足用也，知无能谋也。言弗敢出，有盟可也。”

是年，齐国发生崔杼与庆封之乱，结果崔杼被杀，庆封逃亡，叛乱平定后，晏婴被封邶殿其鄙六十，弗受。子尾曰：“富，人之所欲也。何独弗欲？晏婴对曰：“庆氏之邑足欲，故亡。吾邑不足欲也，益之以邶殿，乃足欲。足欲，亡无日矣。在外，不得宰吾一邑。不受邶殿，非恶富也，恐失富也。且夫富，如布帛之有幅焉。为之制度，使无迁也。夫民，生厚而用利，于是乎正德以幅之，使无黜嫚，谓之幅利。利过则为败。吾不敢贪多，所谓幅也。”

约42岁，鲁襄公二十九年（齐景公四年，前544）。

吴公子札聘于齐，说晏平仲，谓之曰：“子速纳邑与政。无邑无政，乃免于难。齐国之政将有所归，未获所归，难未歇也。”故晏子因陈桓子以纳政与邑，是以免于栾、高之难。

约46岁，鲁昭公二年（齐景公八年，前540）。

韩宣子如齐纳币。见子雅。子雅召子旗，使见宣子。宣子曰：“非保家之主也，不臣。”见子尾。子尾见强，宣子谓之如子旗。大夫多笑之，唯晏子信之，曰：“夫子，君子也。君子有信，其有以知之矣。”

约47岁，鲁昭公三年（齐景公九年，前539）。

齐景公使晏婴请继室于晋，曰：“寡君使婴曰：‘寡人愿事君朝夕不倦，将奉质币以无失时，则国家多难，是以不禄。不腆先君之适以备内官，焜耀寡人之望，则又无禄，早世陨命，寡人失望。君若不忘先君之好，惠顾齐国，辱收寡人，徼福于大公、丁公，照临敝邑，镇抚其社稷，则犹有先君之适及遗姑姊妹若而人。君若不弃敝邑，而辱使董振择之，以备嫔嫱，寡人之望也。’”

是年，晏婴与叔向相与语。叔向曰：“齐其何如？”晏子曰：“此季世也，吾弗知齐其为陈氏矣。公弃其民，而归于陈氏。齐旧四量，豆、区、釜、钟。四升为豆，各自其四，以登于釜。釜十则钟。陈氏三量皆登一焉，钟乃大矣。以家量贷，而以公量收之。山木如市，弗加于山；鱼、盐、蜃、蛤，弗加于海。民参其力，二入于公，而衣食其一。公聚朽蠹，而三老冻馁，国之诸市，屦贱踊贵。民人痛疾，而或燠休之。其爱之如父母，而归之如流水。欲无获民，将焉辟之？箕伯、直柄、虞遂、伯戏，其相胡公、大姬已在齐矣。”叔向曰：“然。虽吾公室，今亦季世也。戎马不驾，卿无军行，公乘无人，卒列无长。庶民罢敝，而宫室滋侈。道殣相望，而女富溢尤。民闻公命，如逃寇雠。栾、郤、胥、原、狐、续、庆、伯降在皂隶，政在家门，民无所依。君日不悛，以乐慆忧。公室之卑，其何日之有？谗鼎之铭曰：‘昧旦丕显，后世犹怠。’况日不悛，其能久乎？”晏子曰：‘子将若何？”叔向曰：“晋之公族尽矣。肸闻之：公室将卑，其宗族枝叶先落，则公室从之。肸之宗十一族，唯羊舌氏在而已。肸又无子，公室无度，幸而得死岂其获祀？”

初，景公欲更晏子之宅，曰：“子之宅近市，湫隘嚣尘，不可以居，请更诸爽垲者。”辞曰：“君之先臣容焉，臣不足以嗣之，于臣侈矣。且小人近市，朝夕得所求，小人之利也，敢烦里旅？”公笑曰：“子近市，识贵贱乎？”对曰：“既利之，敢不识乎？”公曰：“何贵？何贱？”于是景公繁于刑，有鬻踊者，故对曰：“踊贵，屦贱。”既已告于君，故与叔向语而称之。景公为是省于刑。

及晏子如晋，公更其宅。反，则成矣。既拜，乃毁之，而为里室，皆如其旧，则使宅人反之，曰：“谚曰：‘非宅是卜，唯邻是卜。’二三子先卜邻矣，违卜不祥。君子不犯非礼，小人不犯不祥，古之制也。吾敢违诸乎？”卒复其旧宅，公弗许；因陈桓子以请，乃许之。

齐公孙灶卒。司马灶见晏子，曰：“又丧子雅矣。”晏子曰：“惜也！子旗不免，殆哉！姜族弱矣，而妫将始昌。二惠竞爽犹可，又弱一个焉，姜其危哉！”

约49岁，鲁昭公五年（齐景公十一年，前537）。

郑罕虎如齐，娶于子尾氏。晏子骤见之。陈桓子问其故。对曰：“能用善人，民之主也。”

约50岁，鲁昭公六年（齐景公十二年，前536）。

齐侯伐北燕，将纳简公。晏子曰：“不入。燕有君矣，民不贰。吾君贿，左右谄谀，做大事不以信，未尝可也。”

约54岁，鲁昭公十年（齐景公十六年，前532）。

齐发生陈、鲍、栾、高四族内乱。晏婴端委立于虎门之外，四族召之，无所往。其徒曰：“助陈、鲍乎？”曰：“何善焉？”“助栾、高乎？”曰：“庸愈乎？”“然则归乎？”曰：“君伐，焉归？”公召之而后入。

其后，栾氏、高氏败，陈氏、鲍氏分其室。晏婴谓陈桓子：“必致诸公！让，德之主也。让之谓懿德。凡有血气，皆有争心，故利不可强，思义为愈。义，利之本也。蕴利生孽。姑使无蕴乎！可以滋长。”

约64岁，鲁昭公二十年（齐景公二十六年，前522）

齐景公疥，遂痁，期而不瘳。诸侯之宾问疾者多在。梁丘据与裔款言于公曰：“吾事鬼神丰，于先君有加矣。今君疾病，为诸侯忧，是祝、史之罪也。诸侯不知，其谓我不敬，君盍诛于祝固、史嚚以辞宾?”公说，告晏子。晏子曰：“日宋之盟，屈建问范会之德于赵武。赵武曰：‘夫子之家事治；言于晋国，竭情无私。其祝、史祭祀，陈信不愧；其家事无猜，其祝、史不祈。’建以语康王。康王曰：‘神、人无怨，宜夫子之光辅五君以为诸侯主也。’”公曰：“据与款谓寡人能事鬼神，故欲诛于祝、史，子称是语，何故?”对曰：“若有德之君，外内不废，上下无怨，动无违事，其祝、史荐信，无愧心矣。是以鬼神用飨，国受其福，祝、史与焉。其所以蕃祉老寿者，为信君使也，其言忠信于鬼神。其适遇淫君，外内颇邪，上下怨疾，动作辟违，从欲厌私，高台深池，撞钟舞女。斩刈民力，输掠其聚，以成其违，不恤后人。暴虐淫从，肆行非度，无所还忌，不思谤讟，不惮鬼神。神怒民痛，无悛于心。其祝、史荐信，是言罪也；其盖失数美，是矫诬也。进退无辞，则虚以求媚。是以鬼神不飨其国以祸之，祝、史与焉。所以夭昏孤疾者，为暴君使也，其言僭嫚于鬼神。”公曰：“然则若之何?”对曰：“不可为也。山林之木，衡鹿守之；泽之萑蒲，舟鲛守之；薮之薪蒸，虞侯守之；海之盐、蜃，祈望守之。县鄙之人，入从其政；偪介之关，暴征其私；承嗣大夫，强易其贿。布常无艺，征敛无度；宫室日更，淫乐不违。内宠之妾，肆夺于市；外宠之臣，僭令于鄙。私欲养求，不给则应。民人苦病，夫妇皆诅。祝有益也，诅亦有损。聊、摄以东，姑、尤以西，其为人也多矣。虽其善祝，岂能胜亿兆人之诅?君若欲诛于祝、史，修德而后可。”公说，使有司宽政，毁关，去禁，薄敛，已责。

齐景公至自田，晏子侍于遄台，子犹驰而造焉。公曰："唯据与我和夫！"晏子对曰："据亦同也，焉得为和？"公曰："和与同异乎？"对曰："异。和如羹焉，水、火、醯、醢、盐、梅，以烹鱼肉，燀之以薪，宰夫和之，齐之以味，济其不及，以泄其过。君子食之，以平其心。君臣亦然。君所谓可而有否焉，臣献其否以成其可；君所谓否而有可焉，臣献其可以去其否，是以政平而不干，民无争心。故《诗》曰：'亦有和羹，既戒既平。鬷嘏无言，时靡有争。'先王之济五味、和五声也，以平其心，成其政也。声亦如味，一气，二体，三类，四物，五声，六律，七音，八风，九歌，以相成也；清浊、小大，短长、疾徐，哀乐、刚柔，迟速、高下，出入、周疏，以相济也。君子听之，以平其心。心平，德和。故《诗》曰：'德音不瑕'。今据不然。君所谓可，据亦曰可；君所谓否，据亦曰否。若以水济水，谁能食之？若琴瑟之专壹，谁能听之？同之不可也如是。"

饮酒乐。齐景公曰："古而无死，其乐若何！"晏子对曰："古而无死，则古之乐也，君何得焉？昔爽鸠氏始居此地，季荝因之，有逢伯陵因之，蒲姑氏因之，而后大公因之。古若无死，爽鸠氏之乐，非君所愿也。"

约70岁，鲁昭公二十六年（齐景公三十二年，前516）。

齐有彗星，景公使禳之。晏子曰："无益也，只取诬焉。天道不慆，不贰其命，若之何禳之？且天之有彗也，以除秽也。君无秽德，又何禳焉？若德之秽，禳之何损？《诗》曰：'惟此文王，小心翼翼。昭事上帝，聿怀多福。

厥德不回，以受方国。’君无违德，方国将至，何患于彗？《诗》曰：‘我无所监，夏后及商。用乱之故，民卒流亡。’若德回乱，民将流亡，祝、史之为，无能补也。”公说，乃止。

景公与晏子坐于路寝。公叹曰：“美哉室！其谁有此乎！”晏子曰：“敢问何谓也？”公曰：“吾以为在德。”对曰：“如君之言，其陈氏乎！陈氏虽无大德，而有施于民。豆、区、釜、钟之数，其取之公也薄，其施之民也厚。公厚敛焉，陈氏厚施焉，民归之矣。《诗》曰：‘虽无德与女，式歌且舞。’陈氏之施，民歌舞之矣。后世若少惰，陈氏而不亡，则国其国也已。”公曰：“善哉！是可若何？”对曰：“唯礼可以已之。在礼，家施不及国，民不迁，农不移，工贾不变，士不滥，官不滔，大夫不收公利。”公曰：“善哉！我不能矣。吾今而后知礼之可以为国也。”对曰：“礼之可以为国也久矣，与天地并。君令、臣共，父慈、子孝，兄爱、弟敬，夫和、妻柔，姑慈、妇听，礼也。君令而不违，臣共而不贰；父慈而教，子孝而箴；兄爱而友，弟敬而顺；夫和而义，妻柔而正；姑慈而从，妇听而婉：礼之善物也。”公曰：“善哉，寡人今而后闻此礼之上也！”对曰：“先王所禀于天地以为其民也，是以先王上之。”

约齐景公四十一年（前507）晏婴卒，享年80岁左右。

从以上所载可以看出，晏婴历仕齐灵公、齐庄公、齐景公三朝君主：在齐灵公时期，晏婴虽为大夫，但史籍上并没有记载其功绩，因而其大夫之职很有可能是得益于其父的赫赫战功，或说根本就是世袭而来的。从《左传》可以看出，晏婴在灵公时期只出现两次，一次是晏婴服丧，一次是晏婴在齐灵公二十七年晏婴闻晋伐齐预测灵公不能长久，从这两次记载来看，晏婴在齐灵公时期只是一个普通官员，并非灵公所倚重的大臣，并未进入政治中心；在齐庄公时期，晏婴几次直接劝谏齐庄公，并且崔杼还说晏婴是“民之望也”，可见晏婴在齐庄公时期应该官位不低，虽然晏婴的谏言不被庄公采纳，但总体来说在庄公时期应该是个重要人物；晏婴主要政治生命是在齐景公时期度过的，在此期间晏婴曾为齐相①，司马迁将其与管仲合传，说他“以节俭力行重于齐。既相齐，食不重肉，妾不衣帛。其在朝，君语之，即危言；语不及之，即危行。国有道，即顺命；无道，即衡命”（《史记·管晏列传》）。刘向评价他说：“晏子博闻强记，通于古今，事齐灵公、庄公、景公，以节俭力行，尽忠极谏道齐，国君得以正行，百姓得以附亲，不用则退耕于野，用则必不诎于义，不可胁以邪，白刃虽交胸，终不受崔杼之劫，谏齐君悬而至，顺而刻。及使诸侯，莫能诎其辞，其博通如此，盖次管仲。”（《晏子叙录》）晏婴为一代名相，在历史上与管仲齐名，世称“管晏”。

刘向《晏子叙录》说晏婴“不用则退耕于野，用则必不诎于义”，此处我们也来考察一下晏婴的“不用”。《晏子春秋》多次记载晏婴在齐庄公时期“退而穷处”，如《内篇问上第三·庄公问威当世服天下时耶晏子对以行也第一》载：“庄公问于晏子曰……而公不用，晏子退而穷处。公任勇力之士，而轻臣仆之死，用兵无休，国罢民害，期年，百姓大乱，而身及崔氏祸。”《内篇问上第三·庄公问伐晋晏子对以不可若不济国之福第二》

① 关于晏婴为齐相的时间，史籍没有明确记载，不过景公三年（前 545）之前都是崔杼为右相、庆封为左相，因而晏婴为相至少要在景公三年之后。

载："庄公将伐晋，问于晏子……公作色不说。晏子辞，不为臣，退而穷处，堂下生蓼藿，门外生荆棘。"但正如陈瑞庚所指出的，庄公在位共六年，而庄公三年、四年、六年的事迹皆见于《左传》，而庄公五年，据《史记·十二诸侯年表》也载有"畏晋通楚，晏子谋"，故而晏子不可能有"退而穷处"的经历[①]。陈氏这个说法是令人信服的，但陈氏又引《晏子春秋·内篇杂上第五·庄公不用晏子晏子致邑而退后有崔氏之祸第二》认为晏子在庄公朝只是"致爵与邑"[②]，但据如上所引《左传·襄公二十九年》，吴公子札来齐，对晏子说："子速纳邑与政。无邑无政，乃免于难。齐国之政将有所归，未获所归，难未歇也。"可见，晏子"纳邑与政"或"致爵与邑"是在齐景公四年，而非齐庄公时期。有人可能会说，晏子两次"纳邑与政"或"致爵与邑"，但《左传》明确说了"纳邑与政"或"致爵与邑"是出自吴公子札之谋，故而说晏子在庄公时期也有"致爵与邑"的行为怕是难以令人信服的，《晏子春秋》多次提到庄公时期晏子"退而穷处"大概是为了解释其后庄公被弑原因及突出晏子的聪明才智。但《晏子春秋》多次提及晏子"退而穷处"恐怕也不是完全无的放矢，当是有一定的史料依据的，只是晏子"退而穷处"并不发生在庄公时期，而当在景公时期。陈瑞庚认为所谓'晏子退而穷处"指的是晏子晚年请求退休[③]，王绪霞认为"退而穷处"的时间发生在鲁昭公十年到鲁昭公二十年之

---

① 陈瑞庚：《晏子春秋考辨》，台北：长安出版社，1980年版，第53—54页。
② 陈瑞庚：《晏子春秋考辨》，台北：长安出版社，1980年版，第55页。
③ 陈瑞庚：《晏子春秋考辨》，台北：长安出版社，1980年版，第57—59页。

间[①]。相较起来，王说更为合理。《左传》记载晏子事迹，前面都较为连贯，鲁昭公十年记载晏子在栾、高、陈、鲍四族内乱之中的表现之后，一直到鲁昭公二十年才又记载晏子劝谏景公的事迹，正如王绪霞所指出的，期间十年发生许多大事，景公表现出争霸的姿态，而都不曾见晏子的身影[②]，如果晏子当时还在朝并且是齐相的话，不应如此，故而这十年之中晏子一定曾被景公弃之不用、“退而穷处”了。《晏子春秋》中也透露晏子曾在景公时期“不用”的情形：

> 景公与晏子立于曲潢之上，晏子称曰：“衣莫若新，人莫若故。”公曰：“衣之新也，信善矣，人之故，相知情。”晏子归，负载使人辞于公曰：“婴故老耄无能也，请毋服壮者之事。”公自治国，身弱于高、国，百姓大乱。公恐，复召晏子。诸侯忌其威，而高、国服其政，田畴垦辟，蚕桑豢收之处不足，丝蚕于燕，牧马于鲁，共贡入朝。（《晏子春秋·内篇杂上第五·景公恶故人晏子退国乱复召晏子第五》）

《晏子春秋》所记晏子事迹虽然不一定很可靠[③]，但总的来说还是有一定的参考价值。首先，我们当然不能把其中所载内容都当作信史来对待，如陈瑞庚根据“婴故老耄无能”及《礼记·曲礼》所载“七十曰老，八十曰耄”认为，晏子当时年逾古稀，故而晏子“不用”当是其晚年请求退休[④]。不过这一说法

---

① 王绪霞：《〈晏子春秋〉成书考论》，西北师范大学2006年博士学位论文，第18—20页。

② 王绪霞：《〈晏子春秋〉成书考论》，西北师范大学2006年博士学位论文，第19页。

③ 关于这一点，本章第三节将会详细提到，可参看。

④ 陈瑞庚：《晏子春秋考辨》，台北：长安出版社，1980年版，第57—59页。

显然是靠不住的，陈氏忽略了“婴故老耄无能也”之后的一句“请毋服壮者之事”，如果照陈氏的逻辑，也根据《礼记·曲礼》“三十曰壮，四十曰强”的说法，景公当时年龄应该也在三十岁到四十岁之间，但据上文晏子年谱，晏子约七十岁的时候是齐景公三十二年（前516），约八十岁之时是齐景公四十一年（前507）。而齐景公为齐灵公之子，齐灵公在位二十八年而卒，则齐景公当生于齐灵公二十八年（前554）之前，实际上当远在此之前，因为齐灵公死后齐庄公在位只有六年。齐景公一定不是六岁即位，因为《左传·昭公二十年》载齐景公问“古而无死，其乐若何”，鲁昭公二十年是齐景公二十六年，若景公六岁即位，当时只有三十二岁，正处壮年，不至于会想到“古而无死，其乐若何”的问题。即使景公六岁即位，晏子约七十岁之时，景公也在位约三十二年，年约三十八岁，晏子约八十岁之时，景公年也四十八岁了，如果严格按照“三十曰壮，四十曰强”的说法，景公当时不应算“壮”而应是“强”，何况景公即位时应该要大于六岁。所以笔者以为此处的“老耄”和“壮”只是一种修辞手法，只是说明晏子当时年纪较大了，而不一定严格依照“七十曰老，八十曰耄”的说法确定当时晏子已经七八十岁了。而按照上面的晏子年谱，鲁昭公十年，晏子约五十四岁，在春秋时期年龄已经确实较老了，与《晏子春秋》的记载是一致的，故而我们认为晏子退而穷处的时间当在鲁昭公十年（齐景公十六年，前532）到鲁昭公二十年（齐景公二十六年，前522）之间。

至于齐景公为何期间不用晏子，当然是由于景公不信任晏子，上引《内篇杂上第五·景公恶故人晏子退国乱复召晏子第五》所载晏子因景公“衣之新也，信善矣，人之故，相知情”

一句话就辞官显然有些夸张，但也确实说明景公对晏子的不信任。《晏子春秋》还透露出景公听信别人的谗言才不用晏子：

> 晏子相景公，其论人也，见贤而进之，不同君所欲；见不善则废之，不辟君所爱；行己而无私，直言而无讳。有纳书者，曰："废置不周于君前，谓之专；出言不讳于君前，谓之易。专易之行存，则君臣之道废矣，吾不知晏子之为忠臣也。"公以为然。晏子入朝，公色不说，故晏子归，备载，使人辞曰："婴故老悖无能，毋敢服壮者事。"辞而不为臣，退而穷处，东耕海滨，堂下生藜藿，门外生荆棘。七年，燕、鲁分争，百姓昏乱，而家无积。公自治国，权轻诸侯，身弱高、国。公恐，复召晏子。晏子至，公一归七年之禄，而家无藏。晏子立，诸侯忌其威，高、国服其政，燕、鲁贡职，小国时朝。晏子没而后衰。(《晏子春秋·外篇第七·有献书谮晏子退耕而国不治复召晏子第二十二》)

这段记载与《晏子春秋·内篇问上第三·庄公问伐晋晏子对以不可若不济国之福第二》十分相似，所用字词也有诸多雷同之处，只不过一个发生在景公时期，一个发生在庄公时期，前面我们已经论证晏子在庄公时期并没有"退而穷处，东耕海滨"的可能，故而《内篇问上第三》所载的事可能是据景公时期晏子"退而穷处"的事情衍生而来的。

除此之外，景公不用晏子还有个重要原因是他们的政治理念不同。齐景公不考虑当时齐国实际情况，总是试图恢复齐桓公的霸业，而晏子是个实际的政治家，认为当时的国力不足以争霸。《晏子春秋》中多次记载齐景公向晏子问如何称霸就反映了这一点，如《内篇问上第三·景公问欲善齐国之政以干霸王晏子对以官未具第六》载："景公问晏子曰：'吾欲善治齐国之政，以干霸王，可乎？'晏子作色对曰：'官未具也……'"《内篇问下第四·景公问桓公何以致霸晏子对以下贤以身第二》载："景公问于晏子曰：'昔吾先君桓公，善饮酒，穷乐，食味方丈，好色，无别辟，若此，何以能率诸侯以朝天子乎？'"齐景公想争霸，而晏子总是反对，鲁昭公十年，齐景公已即位十六年，已经立稳脚跟，也应该是他一展政治抱负的时候，故而此时反对景公称霸理念的晏子确实可能被景公辞退。这一点可以从鲁昭公十年到鲁昭公二十年齐景公的一系列政治措施体现出来。据《左传》载，昭公十二年，齐高偃纳北燕伯款于唐、齐景公至晋与晋侯投壶；昭公十三年，晋国寻盟，齐人不可；昭公十六年，齐景公伐徐；昭公十九年，齐高发帅师伐莒：种种措施都表明齐景公欲效法齐桓公争霸天下。如果晏子当时在位为齐相，这一系列重大事件中，肯定会有晏子的身影，晏子一定会对齐景公这一系列行为加以劝谏，而这一系列事件中都没有记载晏子的言行，表明晏子确实不在其位。

至鲁昭公二十年，晏子又重新得到景公的重用。至于为何重新得到重用，前引《晏子春秋》两段材料说是由于"公自治国，权轻诸侯，身弱高、国"或"公自治国，身弱于高、国，百姓大乱"都是说景公自己治理国家却为高氏和国氏所掣肘，权力为高氏和国氏所把持，故而重新起用晏子。这一说法是可信的，高、国一直是齐国的卿族，虽然鲁昭公十年，齐发生陈、鲍、栾、高四族之乱，栾、高氏被陈、鲍打败，"陈氏始大"，但正如童书业所指出，此后政权仍然在高氏、国氏手中，如昭公十二年齐高偃帅师纳北燕伯于阳①。

至此，我们可以得出结论，晏子虽然在景公时期贵为齐相，但在齐景公十六年（前532）和齐景公二十六年（前522）之间由于种种原因曾一度被罢相，远离政治中心。最后景公治国导致"身弱于高、国"，又请晏子出山。

第二节 《晏子春秋》其书

《晏子春秋》是一部记载晏子言行的书，书中主要记载晏子如何劝谏君主，表现出晏子的聪明才智及思想特点。该书书名并不见于现存先秦文献中，但其中许多篇章散见于《左传》《墨子》《荀子》《吕氏春秋》等书。最早提到《晏子春秋》的是《史记·管晏列传》："吾读管氏《牧民》《山高》《乘马》《轻重》《九府》及《晏子春秋》，详哉其言之也。既见其著书，欲观其行事，故次其传。至其书，世多有之，是以不论，论其轶事。"《晏子春秋》后来经过刘向等人的整理。刘向记述此事说："护左都水使者光禄大夫臣向言：所校中书《晏子》十一篇，臣向谨与长社尉臣参校雠，太史书五篇，臣向书一篇，参书十三篇，凡中外书三十篇，为八百三十八章。除复重二十二篇六百三十八章，定著八篇二百一十五章。"刘向与杜参将秘中《晏子》十一篇、太史所藏《晏子》五篇、刘向所藏《晏子》一篇、杜参所藏《晏子》十三篇，除去其中相同的篇章，定为八篇二百

① 童书业：《春秋左传研究》，上海：上海人民出版社，1980年版，第330页。

一十五章。值得注意的是，刘向称《晏子春秋》为《晏子》。《汉书·艺文志》承袭了这一称谓，并将其著录于儒家之首："《晏子》八篇。名婴，谥平仲，相齐景公，孔子称善与人交，有《列传》。"

在唐代以前，《汉志》对《晏子春秋》的定性很少有学者怀疑，但唐宋以后，由于疑古风气渐浓，学者们对《汉志》的说法提出种种质疑，甚至认为《晏子春秋》是一部伪书，研究者极少。至清人孙星衍开始整理《晏子春秋》并为之作《音义》，认为《晏子春秋》不是伪书。孙星衍所校《晏子春秋》八卷，二百一十五章，与刘向《别录》和《汉志》的记载完全相合。孙星衍之后，卢文弨、王念孙、苏时学、俞樾、黄以周、孙诒让、刘师培、于鬯、陶鸿庆、张纯一、于省吾等都对《晏子春秋》做过校勘，后吴则虞将这些成果汇集起来，加以自己的按语，作《晏子春秋集释》，解决了很多《晏子春秋》书中的疑难点。但是质疑《晏子春秋》的也大有人在。直至1972年银雀山汉墓出土了一篇竹简，其中就有《晏子春秋》，而此墓的年代大致在西汉文景至武帝初期，可以证明《晏子春秋》部分篇章在汉代之前就已经存在，此书因此得到一些重视，研究成果相对多起来，不过这些成果多集中在校释、语词及白话文翻译等方面，对其思想的研究力度仍然不够①。

关于《晏子春秋》的篇目，刘向《晏子序录》说："其书六篇，皆忠谏其君，文章可观，义理可法，皆合六经之义。又有复重，文辞颇异，不敢遗失，复列为一篇。又有颇不合经术，似非

① 袁青：《〈晏子春秋〉研究综述——兼论〈晏子春秋〉今后研究的方向》，《管子学刊》2013年第3期。

晏子言，疑后世辩士所为者，故亦不敢失，复以为一篇。凡八篇。”《汉书·艺文志》也著录《晏子》八篇。但《隋书·经籍志》却载《晏子春秋》七卷，新、旧《唐书·经籍志》也载《晏子春秋》七卷，《艺文志》同此。而到了宋代，《宋史·艺文志》载：“《晏子春秋》十二卷。”《崇文总目》也载《晏子春秋》十二卷。

由此可见，《晏子春秋》在汉代是八篇，而在隋唐则为七卷，至宋代为十二卷。篇卷发生了变化，以至于有学者怀疑宋代的《晏子春秋》已非原书，如陈振孙《直斋书录解题》就说：“齐大夫平仲晏婴撰。《汉志》八卷，但曰《晏子》。《隋》《唐》七卷，始号《晏子春秋》。今卷数不同，未知果本书否？”① 陈氏此说有误，《史记》已称《晏子春秋》，且在《汉志》之前，因而并非隋唐才称《晏子春秋》。

但值得注意的是《史记·管晏列传正义》也载：“《七略》云：‘《晏子春秋》七篇，在儒家。’”若果真刘歆《七略》载《晏子春秋》七篇，而《汉志》载《晏子春秋》八篇，则《晏子春秋》在汉代本有篇数的不同。但我们知道刘歆《七略》是在刘向《别录》的基础上完成的，而《汉志》则是删《七略》而成的，既然《别录》和《汉志》都记载《晏子春秋》八篇，则《七略》也应为八篇。况且，若《七略》载《晏子春秋》七篇，则班固在自注中当会注明。所以有学者怀疑《正义》的记载有误，要么是“七”误为“八”，要么是“七略”误为“七

① 陈振孙：《直斋书录解题》，上海：上海古籍出版社，1987年版，第270页。

录"①，其说可从。

至于《晏子春秋》由八篇到七卷的变化，一些学者认为七卷本是将其中的《杂》上、下合为一篇②，笔者不同意这种看法，唐代魏徵所作的《群书治要》也包含了《晏子春秋》六篇，分别是《谏上》《谏下》《问上》《问下》《杂上》《杂下》，可见在唐代并没有将《杂上》《杂下》合为一篇。至于七卷本出现的原因，可能有三种：其一，将《外篇》上下合为一篇；其二，据刘向《序录》，由于《外篇上》是"又有复重，文辞颇异"，与《内篇》的内容存在重复，可能被编入《内篇》中作为内容相似的小注；其三，隋唐时《晏子春秋》已遗失了一篇。第一种可能性不大，因为《外篇上》是与内篇内容存在重复的篇章，而《外篇下》是"不合经术"篇章，两者性质不一样，被编在一起的可能性不大。而后两种可能都存在，不过唐代马总《意林》卷一载《晏子春秋》八篇，可见当时也存在八篇本，比较起来，似乎第二种可能性更大一些③。

至于宋代的"十二卷"本，卷数明显多于八篇本或七卷本，确实可疑。不过正如刘师培所指出的，宋代也存在七卷本，如郑樵《通志·艺文略》就记载《晏子春秋》七卷，因而《晏子春秋》在宋代有十二卷和七卷本两个本子，不过显然十二卷本更为流行。至于为何会出现十二卷本，《玉海·艺文类》："《中兴

---

① 刘师培：《晏子春秋篇目考》，见刘师培：《左盦集》卷七，1936 年宁武南氏校印本。

② 孙星衍和刘师培持此种说法。参见孙星衍：《晏子春秋序》，见《晏子春秋》，北京：中华书局，1985 年版，第 1 页。刘师培：《左盦集》卷七，见《刘申叔遗书》，1936 年宁武南氏校印本。

③ 明七卷本就有将外篇"重而异者"归到《内篇》相应篇章中去，如下面我们将讨论的明凌氏刊朱氏套印本即是如此。

书目》曰：'《晏子春秋》十二卷。'或以为后人采婴行事为书，故卷多于前。"考虑到宋人有疑经改经的举动①，既然"经"都有人加以删改，不排除有人将其他古籍如《说苑》等所涉及的关于晏婴的材料收集进来从而构成十二卷的可能性。《晏子序录》记载《晏子》八篇二百一十五章，但陈振孙怀疑宋代《晏子春秋》非原书时，只是举出了卷数的不同，而并没有说章数的不同，可见宋本很有可能也是二百一十五章，既然章数并没有发生改变，很有可能只是在分卷上做了一些调整，而在内容上没做多大的改变。再者，考虑到宋代也存在七卷本，所以当时《晏子春秋》文本并没有发生较大的变动，当然我们也不排除在流传过程中部分篇章佚失的情况。但总体来说，宋本《晏子春秋》仍然是可靠的。

从以上我们可以看出，《晏子春秋》从汉代到宋代的流传情况是相对清楚的，其篇卷虽然有所不同，但大体还是可信的，并没有发生很大的变化。我们现在所知的《晏子春秋》的最早刻本是《群书治要》本，除此之外，现存最早的《晏子春秋》刻本是所谓的"元刻本"，还有许多明清刻本，卷数存在一些差异，有八卷本、七卷本、六卷本、四卷本等②。

（一）八卷本

八卷本主要有元刻本、明活字本、明沈启南刻本、明李氏绵眇阁本、明刻本（清王懿营跋，周銮诒题款）、吴鼒刻本、《百

① 如欧阳修之于《易经》，朱熹之于《大学》。关于宋人疑经改经的举动，详见叶国良：《宋人疑经改经考》，台北：台湾大学出版委员会，1980年版。

② 参见天津图书馆编：《稿本中国古籍善本书目书名索引》，济南：齐鲁书社，第395—396页。《中国古籍善本书目》，上海：上海古籍出版社，1991年版，第461—462页。

子全书》本等，下面我们选取最有代表性的元刻本和明活字本来加以介绍。

1. 明活字本（四部丛刊影印此本，题上海涵芬楼借江南图书馆藏明活字本景印，原书版匡高营造，尺五寸二分宽三寸七分）

此本八篇共二百一十五章，前有目录，分别为“内篇谏上第一凡二十五章”“内篇谏下第二凡二十五章”“内篇问上第三凡三十章”“内篇问下第四凡二十章”“内篇杂上第五凡三十章”“内篇杂下第六凡三十章”“外篇重而异者第七凡二十七章”“外篇不合经术者第八凡八十章”。每篇前都有本篇目录，如第一篇第一章的题目是“庄公矜勇力不顾行义晏子谏第一”。此本还有一特点是在《外篇重而异者第七》中每章之后都有一个圆圈，在圆圈之后说明此章为何列入“重而异篇”，如在《景公饮酒命晏子去礼晏子谏第一》章的末尾，紧接着一个圆圈，圆圈后说：“此章与《景公酒酣愿无为礼晏子谏》大旨同但辞有详略尔，故着于此篇。”在《外篇不合经术第八》中每章之后也有一个圆圈，圆圈后说明此章为何列入“不合经术篇”，如在《仲尼见景公欲封之晏子以为不可第一》中的末尾，紧接着一个圆圈，圆圈后说：“此并下五章，皆毁诋孔子，殊合经术①，故著于此篇。”此外，此本还注明了一些篇章之中所存在的文字差异，如《问上第三·景公问治国何患晏子对以社鼠猛狗第九》中文末作：“用事者为猛狗，主安得无壅国，安得无患乎?”紧接着一个圆圈，圆圈后为：“或作：用事者为猛狗，则道术之士不得用矣，此治国之所患也。”

① “殊”下当脱一“不”字。《百子全书》本改正了这一错误。

2. 元刻本

元刻本笔者未见，我们只能通过一些学者的记述来了解这个本子。清人吴骞说："元刻本《晏子春秋》八卷，篇目内如首章'庄公矜勇力不顾行义晏子谏第一'，后同，明时本作'谏矜勇力不顾行义'，不书全题；又篇内按语，俱作大字，加圆围以别之，明时本则作小字分注于下，与此夐然不同矣。惜首阙半页，有'书带草堂''款冬书屋''马叔静图书记'诸印，纸墨俱古。《抱经堂群书拾补》云：'刘向《叙录》云：定著八篇，二百一十五章。予所见者，明吴勉学本，止七篇二百三章，今阳湖孙氏星衍得沈启南、吴怀保本校梓者，分八篇，多十二章，与叙录之数适合。'今此本篇章亦同，学士曾借校，并补刻全目于后，书云：'余校晏子将竣，吴槎客示余元人刻本，其每卷首有总目，又各标于当篇，今本皆缺目录，以此补之。'"①

元刻本与明活字本存在很多相似之处，以至于省吾说："清儒所称元刻本，即明刊活字本。"② 王叔岷也举出二者诸多相似之处，他说："元刻本半叶九行，行十八字。明活字本同。上言'每卷首皆有总目，又各标于当篇之前。内篇偶附举异文，外篇每章附有定著之语。'明活字本皆同。即其字句间，他本皆误，元刻本不误者，明活字本亦不误；他本不误，元刻本误者，明活字本亦误。"③ 不过王叔岷又指出元刻本与明活字本所存在的相异之处，他说："以上二十七事，明活字本皆与元刻本不同，足

① 吴骞：《附录拜经楼藏书题跋记·附录》，上海：商务印书馆，1939年版，第76页。

② 于省吾：《双剑誃诸子新证》，北京：中华书局，1962年版，第73页。

③ 王叔珉：《诸子斠证》，北京：中华书局，2007年版，第543页。

证元刻本非即明活字本。于氏未详加覈校，故误以为一耳。然就全书言之，二本实极接近，岷以为明活字本盖从元刻本出，当可无疑也。”①

（二）七卷本

七卷本主要有明凌氏刊朱氏套印本和清孙星衍校本。

1. 明凌氏刊朱氏套印本（藏台湾“中央”图书馆，《中国子学名著集成·珍本初编81·墨家子部》加以影印出版）

七卷，分为“谏上”“谏下”“问上”“问下”“杂上”“杂下”“外编”。旧题周·晏婴撰、明·凌稚隆评。

正文前有刘向《晏子序》《晏子列传》《晏子春秋总评》《凡例》等四部分。文末是《晏子春秋目》。

2. 孙星衍校本（清乾隆毕沅刻经训堂丛书本，清戴望录、洪颐煊校）

关于孙星衍校本，他自己记述说：“《晏子春秋》七卷，以元椠本校自刊本。《艺文志》‘儒家’《晏子》八篇，盖内篇六，《谏上》《谏下》《问上》《问下》《杂上》《杂下》，外篇二，后世始并为一，故七篇。向《叙》云：‘定著二百一十五章。’明吴勉学本止二百三章，余有十子汇本，又以词相同者附注，乱其次第。予尝以沈启南、吴怀保本校梓，分八篇，多十二章，适符叙录之数。及勘元本，亦如此。元本每卷首有总目，又各标于本篇，唯缺末章之大半，因据《太平御览》九百三十五引此书补足之。”② 由此可知，《晏子春秋》孙星衍七卷本是出自元刻本，只是将外篇两篇合并为一，便由八卷变为七卷。

---

① 王叔珉：《诸子斠证》，北京：中华书局，2007年版，第546页。
② 孙星衍：《廉石居藏书记》，上海：商务印书馆，1936年版，第5页。

（三）六卷本

六卷本主要有《群书治要》本、明末刻本（清唐仲实跋）。后者为笔者所未见，我们主要介绍《群书治要》本。

《群书治要》本《晏子春秋》节录了《晏子春秋》内篇的内容，分为“谏上”“谏下”“问上”“问下”“杂上”“杂下”等六篇，每篇下的每章都没有标题，与元刻本及明活字本等有差别。《群书治要》本为唐本，是传世本中最早的本子，具有重要的校勘价值，在很多地方足以补明本之缺，如明活字本作“今吾欲具珪璋牺牲”（《晏子春秋·内篇问下第四·景公欲令祝史求福晏子对以当辞罪而无求第十》），王念孙说：“案‘珪璋’本作‘圭璧’，此后人以意改之也。古者祈祷皆用圭璧，无用璋者。”①《群书治要》本正作“珪璧”，佐证了王念孙的判断，银雀山汉简《晏子春秋》也作“圭璧”，这进一步验证了此处当作“圭璧”而非“珪璋”。

（四）四卷本

《晏子春秋》四卷本主要有明万历十六年吴怀保刻本、明黄之寀刻本、明吴中珩刻本等，这几个本子均为笔者所未见，据《拜经楼藏书题跋记》载有吴怀保刻本的相关情况：“明钞本《晏子春秋》作四卷，卷三后书‘万历十六年冬吴怀保梓’，卷一后书‘崇祯十三年庚辰闰四月初六日校录于雪履斋，仁和郑绍孔伯翼甫识’。盖即从吴刻本传录者。……此并为四卷，且篇目不载全文，视前旧刻本，渐失古意矣。”② 明四卷本将八卷并为四卷，与此前文献关于《晏子春秋》八卷或七卷的记载不符，

① 吴则虞：《晏子春秋集释》，北京：中华书局，1962年版，第202页。
② 于省吾：《双剑誃诸子新证》，北京：中华书局，1962年版，第76页。

属于明人妄改古书的情况①。

从以上论述我们可知，《晏子春秋》的版本流传是相对清楚明白的，在这些本子中，元刻本与明活字本的时代相对较早，而且最为完整，与此前文献中关于《晏子春秋》卷数的记载相符，因此相对来说这两个本子是较好的。今人吴则虞以元刻本与明活字本为底本作《晏子春秋集释》，堪称善本，故而以下如无特殊说明，关于《晏子春秋》的原文均引自此书。

第三节 《晏子春秋》的成书问题考辨

关于《晏子春秋》的成书时代与作者问题，主要有"《晏子春秋》伪作说""《晏子春秋》战国成书说"等几种看法，笔者拟在评述这些说法的基础上，通过对《晏子春秋》文本的挖掘以及将其与相关史籍做对比，以确定《晏子春秋》大致的成书年代与作者。

一 "《晏子春秋》伪作说"及其驳议

现存文献中较早记述《晏子春秋》的是《史记·管晏列传》："吾读管氏《牧民》《山高》《乘马》《轻重》《九府》，及

① 关于明人妄改古书的情况，清人黄廷鉴曾说："妄改之病，唐宋以前谨守师法，未闻有此，其端肇自明人，而盛于启、祯之代，凡《汉魏丛书》以及《稗海》《说海》《秘笈》中诸书，皆割裂分并，句删字易，无一完善，古书面目全失，此载籍之一大厄也。"（黄廷鉴：《第六弦溪文钞》，北京：中华书局，1985年版，第23页。）

《晏子春秋》，详哉其言之也。既见其著书，欲观其行事，故次其传。至其书，世多有之，是以不论，论其轶事。”《史记》明确说《晏子春秋》是晏婴之“著书”。《汉书·艺文志》也认为晏婴作《晏子春秋》。其后《隋书·经籍志》，新、旧《唐书·经籍志》都题《晏子春秋》为晏婴所撰。

不过需要说明的是，《史记》《汉书》等题《晏子春秋》为“晏婴撰”或“晏婴之著书”，其实并非说《晏子春秋》是晏婴自撰，而是由于先秦时期尚无“著作权”观念，《晏子春秋》主要内容涉及晏婴，故而题为晏婴所撰，就如《管子》题为管仲所撰一样，这是古书之通例。关于这一点，余嘉锡说：“古人著书，不自署姓名，唯师师相传，知其书出于某氏，遂书以题之，其或时代过久，或学未名家，则传者失其姓名矣。”① 吕思勉也说：“诸子之文，既非出于一手，并非成于一时。”② 两位先生的论说十分精当，如《汉书·艺文志》著录有《曾子》十八篇，题为曾子所作，实为曾子后学所作。具体到《晏子春秋》，晏婴作为齐相，可能没什么门人，但《晏子春秋》当是服膺晏婴之人所为，在这一意义上也可视为晏婴后学。若有人据《史记》《汉书》的记载而认为《晏子春秋》是晏婴自撰，则是不通古书之通例。宋代《崇文总目》就明确指出：“此书（即《晏子春秋》——引者注）后人采婴行事为书，以为婴撰则非也。”③

至清代，有些学者不仅认为《晏子春秋》非晏婴自撰，而

① 余嘉锡：《目录学发微·古书通例》，北京：中华书局，2007年版，第204页。
② 吕思勉：《经子解题》，上海：商务印书馆，1929年版，第103页。
③ 王尧臣等：《崇文总目》，北京：中华书局，1985年版，第127页。

且还认为《晏子春秋》是后人伪作，清人姚际恒[1]、恽敬[2]、梁章钜[3]、日人古贺侗庵[4]等均持这种观点，吴德旋、管同更是认为《晏子春秋》是六朝人伪造的，吴德旋《书柳子厚辨晏子春秋后》说："《晏子春秋》非晏子所作，柳子之辨审矣，而其说犹有未尽。吾疑是书盖晚出，非太史公、刘向所见本，太史公、刘向所见之《晏子春秋》，不知何时亡失之，而六朝人好作伪者依放为之耳。凡先秦古书于义理或多驳悖，而词气奥劲，必非东汉以来文士所能拟作，如《晋乘》、楚《梼杌》、《孔丛子》诸书，皆断然可决其非出周秦间矣。柳子言为是书者墨之道，吾以为此特因晏子以节俭名当世，非假是不足以成书，故刺取《墨子》意衍其说，未必果为墨者为之也。"[5] 管同《读晏子春秋》也认同六朝人伪造说，并详细论证，他说："汉人所言《晏子春秋》不传久矣，世所有者，后人伪为者耳。何以言之？太史公为《管晏传赞》曰：'其书世多有，故不论，论其轶事。'仲之传载仲言交鲍叔事独详悉，此仲之轶事，《管子》所无。以是推之，荐御者为大夫，脱越石父于缧绁，此亦婴之轶事，而《晏子春秋》所无也。假令当时书有是文，如今《晏子》，太史公安得称曰轶事哉？吾故知非其本也。唐柳宗元者知疑其书，而以为出于墨氏，墨氏之徒去晏子固不甚远，苟所为犹近古，其浅薄不当至是。是书自管、孟、荀、韩下逮韩婴、刘向书，皆见剽窃，

---

① 姚际恒：《古今伪书考》，北京：中华书局，1985年版，第14页。
② 恽敬：《大云山房文稿》，上海：世界书局，1937年版，第37页。
③ 梁章钜：《退庵随笔》，载徐德明、吴平主编：《清代学术笔记丛刊（41）》，北京：学苑出版社，2005年版，第328—329页。
④ 吴则虞：《晏子春秋集释》，北京：中华书局，1962年版，第632—635页。
⑤ 吴则虞：《晏子春秋集释》，北京：中华书局，1962年版，第630页。

其诋訾孔子事，本出《墨子·非儒篇》，为书者见墨子有是意，婴之道必有与翟同者，故既采《非儒篇》入晏子，又往往言墨子闻其道而称之，是此书之附于墨氏，而非墨氏之徒为是书也。且刘向、歆，班彪[①]、固父子，其识皆与太史公相上下，苟所见如今书多墨氏说，彼校书胡为入之儒家哉！然则孰为之？曰：其文浅薄过甚，其诸六朝后人为之者与（《崇文总目》称《晏婴》六篇已亡，今书出后人采掇，其言尤信）？”[②]

此说在近现代也得到一些学者的认同，如黄云眉说：“是书之剽窃古书，不必多引，即举《内篇》‘景公问吾欲观于转附朝儛’一章，以与《孟子·梁惠王章》篇对勘，而作伪之迹若揭矣。如改《孟子》‘秋省敛’为‘秋省实’，‘饥者弗食’为‘贫苦不补’，‘从流下而忘反’为‘从南历而不反’，‘从流上而忘反’为‘从下而不反’，‘从兽无厌’为‘从兽而不归’，‘乐酒无厌’为‘从乐而不归’，不特无谓已甚，竟至不成文理。盖‘从流下而忘反’四句，《晏子》不过泛解‘流连荒亡’四字之意义，非在比切‘遵海而南’之事实，而是书乃曰‘从南历时而不反谓之流’，岂非作伪者强事牵和乎！又若‘方命虐民’四句，与上‘饥者弗食’四句，为子书中所恒有之韵语，而是书则妄删‘睊睊胥谗，民乃作慝，及方命虐民’四句以为简古，是《孟子》引前人书，反得详于前人，有是理乎！盖作伪者意在使后人疑《孟子》异于《晏子》，不知适以使后人疑《晏子》异于《孟子》耳。……夫使此书而非出于有意作伪，则不应采掇《孟子》与之异同如此；与《孟子》而异同如此，此

① 班彪未参与《汉书·艺文志》的写作，此处有误。——引者注。
② 吴则虞：《晏子春秋集释》，北京：中华书局，1962 年版，第 419—420 页。

正作伪者之谬拙，而非采掇之疏略矣。”①

归纳起来，持“《晏子春秋》伪作说”的学者所持的理由略有三点：

其一，“先秦古书于义理或多驳悖，而词气奥劲，必非东汉以来文士所能拟作”，论者认为《晏子春秋》字句不古奥，故而是伪作。但清人孙星衍认为：“《晏子》文最古质。”② 今人王叔岷也说：“《晏子》……其中亦多古字古义，犹存先秦之旧。”③ 为说明《晏子春秋》“文最古质”，我们姑举一例加以说明。王引之举出数例说明“也”字古多通“邪”“欤”“乎”④，而《晏子春秋》中“也”有多处当释为“邪”等，表疑问语气，如《内篇谏下第二·景公为履而饰以金玉晏子谏第十三》：“君奚问天之寒也？”《内篇杂上第五·晏子之晋睹齐累越石父解左骖赎之与归第二十四》：“子何为者也？”

其二，按照《史记》的记载，晏婴荐御者为大夫、脱越石父于缧绁两件事本不该出现于《晏子春秋》一书中，而今本《晏子春秋》载有二事，故而认为《晏子春秋》是伪作。这个观点似是而非，乃未仔细阅读刘向《晏子叙录》关于其编定《晏子春秋》的过程，《晏子叙录》载：“所校中书《晏子》十一篇，臣向谨与长社尉臣参校雠，太史书五篇，臣向书一篇，参书十三篇，凡中外书三十篇，为八百三十八章。除复重二十二篇六百三十八章，定著八篇二百一十五章。”⑤ 可见在《晏子春秋》

① 黄云眉：《古今伪书考补正》，济南：齐鲁书社，1980 年版，第 134—135 页。
② 孙星衍校：《晏子春秋》，北京：中华书局，1985 年版，第 2 页。
③ 王叔岷：《诸子斠证》，北京：中华书局，2007 年版，第 51 页。
④ 王引之：《经传释词》，南京：江苏古籍出版社，2000 年版，第 42—43 页。
⑤ 吴则虞：《晏子春秋集释》，北京：中华书局，1962 年版，第 49 页。

编定前，《晏子春秋》就有不同的版本在流传，司马迁作为太史令，他所见的版本很可能是《叙录》中所说的“太史书五篇”，至于“中书十一篇”，按理说司马迁作为太史令是可以“䌷史记石室金匮之书”① 的，但据《汉书·艺文志》：“至成帝时，以书颇散亡，使谒者陈农求遗书于天下，诏光禄大夫刘向校经传诸子诗赋。”汉成帝时有一次搜集天下遗书的事件，为司马迁所未见，这次搜书极有可能补充了原先秘府中所藏《晏子春秋》，故而司马迁所见的中书《晏子春秋》篇数可能少于《叙录》所说的“十一篇”，至于刘向书一篇、杜参书十三篇也不一定为司马迁所见。而这两则轶事很可能出现于司马迁所未见的《晏子春秋》版本中，故而不能据此就论定《晏子春秋》为伪作。

其三，《晏子春秋》与《孟子》《墨子》等书类似，故而认为《晏子春秋》剽窃《孟子》《墨子》《晏子春秋》是伪作。

我们先来考察一下《晏子春秋》与《孟子》的关系，看看《晏子春秋》是否抄袭了《孟子》。

《孟子·梁惠王下》	《晏子春秋·内篇问下第四·景公问何修则夫先王之游晏子对以省耕实第一》
昔者齐景公问于晏子曰：“吾欲观于转附朝舞，遵海而南，放于琅邪，吾何修而可以比于先王观也？”	景公出游，问于晏子曰：“吾欲观于转附、朝舞，遵海而南，至于琅琊，寡人何修，则夫先王之游？”

① 司马贞《史记索隐》曰：“石室、金匮皆国家藏书之处。”也即刘向所书的中书。

晏子对曰："善哉问也！天子适诸侯曰巡狩，巡狩者，巡所守也。诸侯朝于天子曰述职，述职者，述所职也。无非事者，春省耕而补不足，秋省敛而助不给。夏谚曰：'吾王不游，吾何以休？吾王不豫，吾何以助？一游一豫，为诸侯度。'今也不然。师行而粮食，饥者弗食，劳者弗息，睊睊胥谗，民乃作慝。方命虐民，饮食若流；流连荒亡，为诸侯忧。从流下而忘反谓之流，从流上而忘反谓之连，从兽无厌谓之荒，乐酒无厌谓之亡；先王无流连之乐，荒亡之行，惟君所行也。"景公说，大戒于国，出舍于郊，于是始兴发，补不足。召太师曰："为我作君臣相说之乐。"盖徵招、角招是也。其诗曰："畜君何尤？"畜君者，好君也。	晏子再拜曰："善哉，君之问也！闻天子之诸侯为巡狩，诸侯之天子为述职。故春省耕而补不足者谓之游，秋省实而助不给者谓之豫。夏谚曰：'吾君不游，我曷以休？吾君不豫，我曷以助？一游一豫，为诸侯度。'今君之游不然，师行而粮食，贫苦不补，劳者不息。夫从南历时而不反谓之流，从下而不反谓之连，从兽而不归谓之荒，从乐而不归谓之亡。古者圣王无流连之游，荒亡之行。"公曰："善。"命吏计公掌之粟，藉长幼贫氓之数。吏所委发廪出粟，以予贫民者三千钟，公所身见癃老者七十人，振赡之，然后归也。

比较这两段话，我们可以发现两者所记述的事件大体一致，主要差别在于晏子回答完景公之问后景公所采取的措施，两者的文字不同。黄云眉据《孟子》记述比《晏子春秋》更为详细就认为《晏子春秋》抄《孟子》是十分武断的，因为两者详略不

同可能是各有来源，或者是同来源于《齐春秋》[①]，而《晏子春秋》和《孟子》各经删改所致。其实《晏子春秋》之《外篇重而异者第七》中的篇章与《内篇》中的相应篇章所记事件也大体一样，也只存在文句上的差别，如《晏子春秋·内篇谏上第一·景公病久不愈欲诛祝史以谢晏子谏第十二》和《晏子春秋·外篇第七·景公有疾梁丘据裔款请诛祝史晏子谏第七》，上博竹书《景公疟》与这两篇的内容也一致，这三篇之所以文句有差异，应该也是来源不同，或同来源于《齐春秋》而各经删改导致不同，类似于《孟子》和《晏子春秋》字句上所存在的差异，不能因为有所差异就论定何者为伪作。美国著名汉学家鲍则岳（William G. Boltz）就注意到先秦文献中存在许多相似的故事这一现象，他说："我们只要随意浏览一下先秦文献，就会发现这样一个事实：在一种著名文献中出现的篇章、故事、轶事、寓言通常也会以某种稍微不同的词语（或扩大或缩写）在其他著名文献中出现。例如，我们可以轻易在《战国策》《左传》《国语》《史记》《管子》《淮南子》等文献中发现一个基本相同的故事。甚至我们在同一文献中还能发现同一故事所存在的两个（或更多）不同但却相似的版本。例如，以洪水横流、草木畅茂、禽兽繁殖等词语所表达的宇宙秩序神话在《滕文公》中出现两次（《滕文公上》和《滕文公下》）。《孟子》中出现基本相同故事的两个不同版本，最有可能的原因就在于这两个故事有不

① 《墨子·明鬼下》提到所谓"周之春秋""燕之春秋""宋之春秋""齐之春秋"。孙诒让引《墨子》佚文："吾见百国春秋。"又引《公羊传》何休注曰："古者谓史记为春秋。"（孙诒让：《墨子间诂》，北京：中华书局，2001 年版，第 226 页。）由此可见，当时各国史书均称"春秋"，《齐春秋》即齐国史书，记述齐景公与晏婴的事迹出自《齐春秋》当是十分自然的。

同的来源。对这两个故事仔细分析，我们可以发现甚至《孟子》的编者所吸收的故事在一开始就是独自创作的。”① 因此《晏子春秋》和《孟子》有相似的故事，我们不能据此就认为《晏子春秋》抄《孟子》，两者关于晏子劝谏后景公所采取的措施的记载有所差异，从这一点看，我们更有理由相信这是由于二者的文献来源不同，而并非是《晏子春秋》抄自《孟子》。

《晏子春秋》与《墨子·非儒下》有许多类似的记载。关于《非儒下》，清人毕沅说：“此无‘子墨子言曰’者，门人小子臆说之词，并不敢以诬翟也。”② 胡适认为《非儒》为墨者演墨子的学说所作，其中有许多后人加入的材料，《非儒》《非乐》两篇则更为可疑③。梁启超说：“这篇无‘子墨子曰’字样，不是记墨子之言。”④ 毕沅、胡适、梁启超等人都认为《非儒下》并非记墨子之言，这种看法为吴毓江所发展，他说：“篇中后半所述，‘以所闻孔丘之行’以下至篇末，与上半篇就事立论显然有别，不类一篇文字。辞气粗犷，远不如墨家辩论之谨严。其文又多见于《晏子春秋》，盖后人妄以他书窜入《墨子》者。伪《孔丛子·诘墨篇》即此下半篇为诘问资料，意者即伪《孔丛》者以之窜入《墨子》中而成其诘欤？……盖儒家空言非墨，终嫌有门户之见，不如伪一弱点于《墨子》书中而反诘之，较为有据。不然，《孟子》《荀子》皆以尊孔非墨名世者，假使《非儒》后半为《墨子》原书，则孟、荀早举而辩之非之矣，尚待

---

① Boltz W G. *The Composite Nature of Early Chinese Texts*//Kern Martin. *Text and Ritual in Early China*. Seattle and London：University of Washington Press，2007：63.

② （清）毕沅校注：《墨子（附篇目考）》，北京：中华书局，1985 年版，第 101 页。

③ 胡适：《中国哲学史大纲》，北京：商务印书馆，2011 年版，第 123 页。

④ 梁启超：《墨子学案》，上海：中华书局，1936 年版，第 7 页。

伪《孔丛》者始举而诘之邪?”[①] 吴毓江认为《非儒下》“以所闻孔丘之行”以下至篇末（上引《晏子春秋》这段话正在这个范围内）可能是《孔丛子》的作者将其从他书窜入《墨子》书中，我们姑且不论是否真的是《孔丛子》将其窜入《墨子》中，但这至少说明《非儒下》“以所闻孔丘之行”以下至篇末成书较晚，很有可能晚于孟、荀，否则正如吴毓江所说“孟、荀早举而辩之非之矣，尚待伪《孔丛》者始举而诘之邪”。如果是这样的话，那就不是《晏子春秋》抄《非儒下》而是《非儒下》抄《晏子春秋》。

美国汉学家吴克（Richard L. Walker）还提出一些文本证据表明《晏子春秋》非伪作。他指出，《晏子春秋》记载了齐国与晋、鲁、楚等国的外交关系，却没有提及三个重要的国家：秦、越、郑。但是这三国都远离齐国的利益中心。秦国主要忙于巩固其在西方的地位，而越国主要在南方。虽然郑国在春秋时代起着非常重要的作用，它可以被动地平衡晋、楚两个大国，但这种平衡过程主要发生在西方，而这也并不在齐国的利益范围之内。吴克认为一个作伪者不可能使《晏子春秋》文本如此精确地与当时齐国的政治地理环境相符合。再者，郑国著名政治家子产与晏子同时期，《晏子春秋》记载了晏子同晋国政治家叔向的谈话；《左传》也记载了叔向和子产的谈话。但是这些文献都没有记载晏子和子产的会面。而且，鲁襄公二十七年（前546）发生了一次意义重大的弭兵会议，子产和叔向都参加了这次会议，而《晏子春秋》却没有任何有关这次会议的记载，如果《晏子春

① 吴毓江：《墨子校注》，北京：中华书局，1993年版，第1027—1028页。

秋》是后来伪造的，那么作者可能就会让晏子说一句话表明他了解这次会议并解释没参加这次会议的原因。再者，作伪者也非常不可能不去伪造一些晏子和子产之间的谈话①。吴氏所论极合情理，可视为《晏子春秋》非后人仿造的又一有力证据。

因而持"《晏子春秋》伪作说"的理由是难以站得住脚的，而1972年银雀山汉墓《晏子春秋》竹简本的出土，近年上博竹书《景公疟》的面世文章，以及定州汉简、阜阳汉简、居延汉简中也有《晏子春秋》相关残句，都可以证明《晏子春秋》并非后人所伪造。

二　"《晏子春秋》战国成书说"及其异议

有鉴于"《晏子春秋》伪作说"之不可信，又有学者提出"《晏子春秋》战国成书说"。清人孙星衍首唱此说，他说："《晏子》名'春秋'，见于史迁、《孔丛子·顺说》及《风俗通》，疑其文出于齐之《春秋》，即《墨子·明鬼篇》所引，婴死，其宾客哀之，集其行事成书，虽无年月，尚仍旧名，虞卿、陆贾等袭之，书成在战国之世，凡称子书，多非自著，无足怪者。"② 此说得到大多数学者的认同，如苏舆③、张纯一④、顾实⑤、蒋伯潜等。如蒋伯潜就说："此书非晏子自著，乃后人采

① Walker R L. *Some Notes on the Yen－tzu Ch'un－ch'iu.* Journal of the American Oriental Society, 1953, 73（3）：156—163.

② 孙星衍校：《晏子春秋》，北京：中华书局，1985年版，第2页。

③ 吴则虞：《晏子春秋集释》，北京：中华书局，1962年版，第645—647页。

④ 张纯一：《晏子春秋校注》，见《诸子集成》第四册，北京：中华书局，1954年版，第1—2页。

⑤ 顾实：《汉书艺文志讲疏》，上海：商务印书馆，1929年版，第100页。

其行事，记其言论，纂辑而成；其成书实在战国之世。”他又从五个方面详细论证“《晏子》之成书，确在战国之世矣”[①]。

不过也有学者对“《晏子春秋》战国成书说”提出质疑，如吴则虞就认为《晏子春秋》所引的《诗》是《毛诗》，而到毛亨才形成《毛诗》一派，所以《晏子春秋》成书年代当晚于毛亨。与《韩诗外传》对比，可看出它成书于《外传》之前，所以《晏子春秋》成书年代大约在秦政统一六国后的一段时间内，并且从《晏子春秋》中“击缶”的风俗可以看出其成书于秦国境内[②]。对此，董治安否定了《晏子春秋》引《诗》与《毛诗》同一学派的观点，经过详细考证发现《晏子春秋》引《诗》既不尽同于三家诗，也有异于《毛诗》；他又考证出“击缶”在先秦社会下层是相当普遍的。针对吴则虞所说的另几条内证，他也一一加以驳斥，认为《晏子春秋》作于统一六国之后的秦国的观点，无论从《晏子春秋》的书名和体裁推论，或者根据吴则虞所说的几条内证看，都是不能成立的。而吴则虞所提出的证据，恰恰证明《晏子春秋》产生于秦统一之前的战国时期[③]。高亨则将《晏子春秋》与《古文琐语》《墨子》《荀子》《吕氏春秋》等对比，认为《晏子春秋》作于战国时代，支持了董治安的说法[④]。郑良树认为《晏子春秋》的材料恐怕是多元的，即多人多时多地所积累的，过去学者对本书作者所作任何单一的说

① 蒋伯潜：《诸子通考》，长沙：岳麓书社，2010年版，第283—284页。

② 吴则虞：《晏子春秋集释》，北京：中华书局，1962年版，第19—20页。

③ 董治安的两篇文章均提到这个观点，参见董治安：《说“晏子春秋”》，《山东大学学报》1959年第4期。董治安：《与吴则虞先生谈〈晏子春秋〉的时代》，《文史哲》1962年第2期。

④ 高亨：《文史述林》，北京：中华书局，1980年版，第382—398页。

法，恐怕多是不合逻辑、不符事实的。这批材料最早一部分应该出现于晏婴逝世后不久的春秋末期，或者《左传》成书前的战国初期，由多人多时多地集体参与编写而成①。

1972 年银雀山汉简《晏子春秋》等文献的出土，使学者们能够对《晏子春秋》的成书时代有了更为清楚的认识。

谭家健同意董治安的观点，批驳了吴则虞的观点，他认为从内容推测，其作者可能是景公身边的齐国史官，也有可能是稷下学宫的各派学者，更不排斥晏子的后代或门人宾客。全书文字统一、风格相近，可能经过一个人或少数人的修饰润色②。骈宇骞认为银雀山汉墓等在偏远地区的出土证明西汉初期《晏子春秋》已经广为流行，而当时书籍的传播较为困难，从成书到流传需要一定的时间，再传到文化不发达地区则需要更长的时间。因而《晏子春秋》绝不会成于汉初，也不会产生在秦统一中国后，支持了高亨、董治安的看法③。

但是也有学者认为《晏子春秋》是成书于西汉，出自西汉初期齐地人和久居齐地的人之手④。吴显庆驳斥了这一观点，根据银雀山竹简本《晏子春秋》与今本《晏子春秋》、竹简《孙膑兵法》、汉墓帛书《经法》等四篇古佚书、《战国纵横家》的比较，根据《晏子春秋》自身时代特征及其与《左传》与《孟

---

① 郑良树：《诸子著作年代考》，北京：北京图书馆出版社，2001 年版，第 21—57 页。

② 谭家健：《〈晏子春秋〉简论——兼评〈晏子春秋集释 · 前言〉》，《北京师范大学学报》1982 年第 2 期。

③ 骈宇骞：《对〈晏子春秋〉的再认识——兼谈古书的形成与发展》，《管子学刊》1990 年第 1 期。

④ 毛曦、李仙娥：《〈晏子春秋〉的成书时间与思想特征》，《人文杂志》1997 年第 6 期。

子》的关系否定了《晏子春秋》成书于西汉初年的观点，认为其内容写成于战国后期①。

我们可以看出，持"《晏子春秋》西汉成书说"的理由都被学者驳倒了，相较起来我们完全有理由确认"《晏子春秋》战国成书说"比"《晏子春秋》西汉成书说"更为合理。

三　《晏子春秋》当成书于公元前447年至公元前255年之间

"《晏子春秋》战国成书说"虽然更可信，但学者们对于《晏子春秋》到底成书于战国初期还是中后期仍有争论，以上所举的持"《晏子春秋》战国成书说"的学者大多认为《晏子春秋》成书于战国中后期，但也有学者认为《晏子春秋》的成书时代可能更早，甚至早于春秋末期，如德国汉学家阿尔夫雷德·佛尔克（Alfred Forke）认为由于《左传》有许多一字不差地引自《晏子春秋》的内容，故而可以合理地推论《晏子春秋》在公元前5世纪就已经存在了②。美国汉学家吴克（Richard L. Walker）经过细致的研究，认为："《晏子春秋》是一部真书而非伪书，它很可能作于《左传》之前。其创作时间大约在晏子死后两三代之间，当时关于晏子的故事已成为传奇，并且由于当时距晏子死后不久，所以不可能去伪造晏子的材料，从而也使得《晏子春秋》不可能在哲学上或学理上达到一致性。这可能发生

① 吴显庆：《〈晏子春秋〉并非成书于西汉初年》，《黑龙江社会科学》2000年第6期。

② Forke A. Yen Ying, *Statesmann und Philosoph*, *und das Yen - tse Tch'un - tsch'iu*, 1923（Hirth Anniv）：101 - 144.

在公元前 4 世纪之前的某段时间。”[1] 佛尔克和吴克都认为《晏子春秋》早于《左传》，而《晏子春秋》和《左传》虽然有许多雷同之处，但判断二者孰先孰后实非易事，标准不同，关于二者孰先孰后的看法也就不同，如郑良树通过《晏子春秋》与《左传》的对比，就认为两书重文有四种情况：（一）各有源头；（二）《晏子》抄《左传》；（三）《左传》抄《晏子》；（四）难断。[2] 瑞典汉学家高本汉（Bernhard Karlgren）对此问题有着清醒的认识，他说：“如何断定中国古书中文句雷同的问题，是极费斟酌而极重要的，因为任意解决这个问题曾产生很大的害处。依据逻辑及事实看来，一个作者对于借自古书的文句，有三条路去处理：（甲）他可以依样抄用，一点不改。这里有两类：（一）这段在风格和文字上与他自己的著作大异，人家立刻可以知道这是借用的，是从他种已存的书上取来的。……（二）这段在风格和文字上与他自己的著作并不两样，所以在比较两本时，不能说定孰早孰晚。（乙）他可以各处改动，使它成为同样内容说法略异的一段东西。所以若只比较这两本，也不能说孰早孰晚。（丙）他可以意译一下，使牠较易读，以普通的字替代少见而艰深的字，使文句不那么简短而艰懂。”[3] 他进一步认为：“我们应该明白，只在甲一及丙的情形下，才能用作辨真伪的论证。至于在甲二及乙的情形下，这方面是毫无价值的，且当永莫用来断定

---

① Walker R L. *Some Notes on the Yen – tzu Ch'un – ch'iu*. Journal of the American Oriental Society, 1953, 73 (3): 156—163.

② 郑良树：《诸子著作年代考》，北京：北京图书馆出版社，2001 年版，第 21—57 页。

③ ［瑞典］高本汉著，陆侃如译：《左传真伪考及其他》，上海：商务印书馆，1936 年版，第 9 页。

某作者曾抄某作者的某几段。这是不谨慎的不科学的，而且不该当的。”[①] 显然，《左传》和《晏子春秋》雷同的部分不属于高本汉所说的甲一类，雷同的文字在二书根本不存在“风格大异”的情况，当然也不属于他所说的丙类，因为二者雷同部分文字基本相同，也不存在意译的情况。因而，仅比较《左传》与《晏子春秋》雷同的部分是不足以判定二者孰先孰后的。而且，如上所述，《晏子春秋》和《左传》关于晏子的相同叙述也有可能都来自《齐春秋》之类的齐国史书，二者也可能根本就不存在因袭的情形。

我们认为判定《晏子春秋》的成书时代还得从《晏子春秋》文本本身找线索，如此才能更精准地确定《晏子春秋》大致的成书时代，透过《晏子春秋》中的一些叙述，我们还可以确定《晏子春秋》成书的上下限。

首先，《晏子春秋》的许多用语似乎具有战国时期的特色。如《晏子春秋·内篇杂下第六·晏子使楚楚为小门晏子称使狗国者入狗门第九》载：“晏子对曰：‘齐之临淄三百闾，张袂成阴，挥汗成雨，比肩继踵而在，何为无人？’”而《战国策·齐策一》载苏秦说齐宣王曰：“临淄之途，车毂击，人肩摩，连衽成帷，举袂成幕，挥汗成雨。”[②] 又《晏子春秋·内篇杂上第五·晋欲攻齐使人往观晏子以礼侍而折其谋第十六》载：“仲尼闻之曰：‘夫不出于樽俎之间，而知千里之外，其晏子之谓也。可谓折冲矣！……’”而《战国策·齐策五》载苏代说齐闵王

① ［瑞典］高本汉著，陆侃如译：《左传真伪考及其他》，上海：商务印书馆，1936年版，第10页。

② 诸祖耿：《战国策集注汇考》，南京：江苏古籍出版社，1985年版，第520页。

曰："拔城于尊俎之间，折冲席上者也。"[①] 对比以上两例，可以看出《晏子春秋》与《战国策》在用语上十分相似，这似乎可以说明《晏子春秋》记载这些话语也可能作于战国时期。当然，这不一定意味着两者存在因袭的痕迹，这可能是当时齐国的流行用语。此外，《晏子春秋·外篇不合经术者第八·景公问天下有极大极细晏子对第十四》所载晏子所答"至大""至小"之事与战国时期惠施、庄子所讨论的极大、极小也存在相似之处[②]。

其次，《晏子春秋》中许多故事似乎具有战国时代的痕迹。如《晏子春秋·内篇杂上第五·晏子乞北郭骚米以养母骚杀身以明晏子之贤》所载晏子与北郭骚之事，与《史记·魏公子列传》所载信陵君与侯生之事，情节十分相似；《晏子春秋·内篇杂上第五·晏子再治阿而见信景公任以国政第四》《晏子春秋·外篇重而异者第七·晏子再治东阿上计景公迎贺晏子辞第二十》等所载晏子治东阿之事，与《史记·田敬仲世家》所载齐威王赏即墨大夫而烹阿大夫之事也非常类似。战国时代也确实流传着许多情节类似的故事，如《史记·滑稽列传》所载齐威王"不飞则已，一飞冲天；不鸣而已，一鸣惊人"与《韩非子·喻老》所载楚庄王"虽无飞，飞必冲天；虽无鸣，鸣必惊人"不仅故事情节雷同而且用语也相似。又上博竹书（四）中有一篇《柬大王泊旱》所载楚简王病疥与楚国大旱之事，与上博（六）《景公疟》与上博（二）《鲁邦大旱》之间的故事情节也类似，这表明情节类似的故事的大量涌现可能是战国时代一大特色。《晏子

---

① 诸祖耿：《战国策集注汇考》，南京：江苏古籍出版社，1985 年版，第 640 页。

② 惠施"历物十事"之一就有"至大无外，谓之大一；至小无内，谓之小一"的说法（《庄子·天下篇》）。《庄子·秋水篇》也说："至精无行，至大不可围。"

春秋》有如此多的故事与战国时代故事相似，似乎暗示着其成书年代。

再次，《晏子春秋·内篇问上第三·景公问天下之所以存亡晏子对以六说第十五》载："景公问晏子曰：'寡人持不仁，其无义耳也。不然，北面与夫子而义。'"显然齐景公欲传位于晏子，这是典型的禅让说。关于禅让说发生的历史背景，顾颉刚说："一个大故事的出世，必有它特殊的背景；一个大故事的完成，必有它积久发展的历史。没有战国的时势，便不会有禅让说。"[①] 虽然顾颉刚认为禅让说起于墨家的结论仍有进一步讨论的空间，但其认为禅让说兴盛于战国时期确属不刊之论，近年所出郭店竹书《唐虞之道》、上博竹书《子羔》《容成氏》等鼓吹禅让说的典籍也都被认为是战国时期的书，因而《晏子春秋》中有关于禅让说的记载，似乎也暗示此书当成书于战国时期。

当然我们也认识到，仅从《晏子春秋》的用语与其中的故事与战国时代的用语与故事有相似之处，并不足以判断《晏子春秋》成书于战国时代，因为也有可能这些用语在战国以前就流传着，只不过是战国时代的著作借用了这些用语和故事罢了。高本汉就说："晚周与秦代有许多公有的传说，任何作者都可自由引用，大都不说明来源，对于这时期的许多书也是如此：无论你拿起什么书，你总会找到几段与同时的两三种书相同。在任何一段里，要决定孰早孰晚，几乎都是绝望的。"[②] 但《晏子春秋》

① 顾颉刚：《禅让传说起于墨家考》，见《顾颉刚全集（1）》，北京：中华书局，2010年版，第424页。

② ［瑞典］高本汉著，陆侃如译：《左传真伪考及其他》，上海：商务印书馆，1936年版，第10页。

中有多处与战国时代的用语或故事存在相似之处，这一事实也不能不引起我们的注意，对于我们认清其成书年代也提供了一些线索。接下来，我们试图通过《晏子春秋》文本中一些“蛛丝马迹”来确定其成书上下限，以更为准确地确定《晏子春秋》的成书时代。

其一，《晏子春秋·内篇谏上第一·景公欲废适子阳生而立荼晏子谏第十一》载景公不听晏子谏言而执意废嫡立少，最后文章说：“景公没，田氏杀君荼，立阳生；杀阳生，立简公；杀简公而取齐国。”《晏子春秋》提到田成子杀齐简公之事，这表明《晏子春秋》当作于齐简公被杀之后，而据《左传》记载，田成子杀齐简公之事发生在鲁哀公十四年（前481），这表明《晏子春秋》成书必然在公元前481年之后，此时距离晏婴之死已约30年。

其二，《晏子春秋·内篇问上第三·景公问圣王其行若何晏子对以衰世而讽第五》以及《晏子春秋·内篇杂上第五·景公恶故人晏子退国乱复召晏子第五》均载有“墨子闻之曰”的字样，这说明《晏子春秋》的最终成书不会早于墨子的生年，据孙诒让的研究，墨子“当生于周定王之初年，而卒于安王之季，盖八九十岁”[①]，即公元前468年至公元前380年。钱穆根据墨子止楚攻宋认为，墨子当生于周敬王之末年，卒于周安王十年左右[②]。周敬王末年，我们取周敬王在位最后一年，即周敬王四十三年（前477），则墨子当活动于周敬王四十三年（前477）至

① （清）孙诒让：《墨子间诂》，北京：中华书局，2001年版，第692—706页。

② 钱穆：《先秦诸子系年（外一种）》，石家庄：河北教育出版社，2002年版，第119—121页。

周安王十年（前392）之间。综合孙、钱二人的看法，墨子当活动于公元前477年至公元前380年之间。而《晏子春秋》两处记载墨子在听到晏子的事迹后发表了一段评论，当时墨子既然对晏子的事迹表达了自己的看法并能够为《晏子春秋》的编者记述下来，表明墨子在当时影响已非同寻常，当已开宗立派了，依照古人“三十曰壮”“三十而立”的传统，则墨子当时至少年逾三十，则《晏子春秋》当成书于公元前447年之后。

其三，《晏子春秋·内篇问上第三·景公问莒鲁孰先亡晏子对以鲁后莒先第八》载晏子对景公说：“齐其有鲁与莒乎？”在其中，晏子认为齐国最终会占据莒国和鲁国。据《史记》之《楚世家》和《六国年表》等记载，楚简王元年（前431），楚灭莒。楚考烈王八年（前255），楚灭鲁。可以看出，莒国和鲁国均为楚国所灭，《晏子春秋》中晏子关于莒国和鲁国命运的预测都没有得到应验。这与《晏子春秋》全书突出晏子聪明智慧的主题似乎不符，从《晏子春秋》中有多处提到晏子预测后来“田氏代齐”的情况就可知。合理的解释是《晏子春秋》应该作于楚灭莒和鲁之前，为《晏子春秋》最后的编者所未见。但莒的情况较为特殊：首先，关于莒国到底亡于楚国还是齐国是有争议的，我们前面说到，《史记·楚世家》记载楚简王元年（前431），楚灭莒。但《墨子·非攻中》载：“计莒之所以亡于齐越之间者，以是攻战也。”孙诒让又举《战国策·西周策》“邾莒亡于齐”一句，认为莒实为齐所灭①。近人蒙文通进一步推论齐灭莒当在齐威王九年至十四年（前348—前343）之间②。曹定

① （清）孙诒让：《墨子间诂》，北京：中华书局，2001年版，第134页。
② 蒙文通：《古族甄微》，成都：巴蜀书社，1993年版，第428—429页。

云引1970年在莒地出土的青铜编钟上的铭文："陈翊立事岁，十月己亥[illegible]公孙淳（潮）子造器也。"编镈上的铭文："陈翊立事岁，十月已亥[illegible]公孙淳（潮）子造器。""[illegible]公孙潮子造器"表明器物主人为莒国公族后裔，"陈翊立事岁"则证明为田齐纪年的明证。他也认可蒙文通的结论①。杨善群则指出"亡"并非国家灭亡，并引《战国策·韩三》："燕亡于齐。"鲍彪注："亡，谓丧地。""亡"指丧地，莒"亡于齐越之间"，是指莒国北面的土地大量被齐、越兼并②。杨氏通过对"亡"的解释试图调和《楚世家》"楚灭莒"与《墨子》《战国策》"莒亡于齐"之间的矛盾。我们认为，司马迁不可能没有注意到《墨子》和《战国策》的说法，《楚世家》既然明确记载"楚灭莒"，一定有着明确的证据。而且，战国青铜器《中子化盘》铭文载："中子化用保楚王，用正（征）梠（莒）。"郭沫若据此认为："本铭'中'字，余谓即楚简王名。《楚世家》'惠王卒，子简王中立。简王元年，北伐灭莒。'此言'征梠'，事亦相合。"③因而可以说，《中子化盘》进一步验证了《楚世家》所载"楚灭莒"的真实性。其次，从以上所引《墨子》《战国策》的记载，尤其是1970年莒地出土的青铜器编钟、编镈上的铭文"陈翊立事岁，十月己亥[illegible]公孙淳（潮）子造器"，我们可以看出莒国贵族使用的是田齐的年号，说明当时莒国应该已为齐国所有。结合两者，

① 曹定云：《春秋莒史研究三题》，载中国先秦史学会、政协莒县委员会编：《莒文化研究文集》，济南：山东人民出版社，2002年版，第160—162页。

② 杨善群：《莒国史诸问题探讨》，载中国先秦史学会、政协莒县委员会编：《莒文化研究文集》，济南：山东人民出版社，2002年版，第149页。

③ 郭沫若：《两周金文辞大系图录考释（二）》，载《郭沫若全集（考古编·第八卷）》，北京；科学出版社，2002年版，第360页。

我们可以合理地推论：公元前431年莒国亡于楚国之手，但后来齐国又从楚国手中夺取了莒国。张广志就说：“从传统的灭国——政权之被灭亡这个标准说，莒还是亡于楚的，这有《史记·楚世家》的明确记载可证，若无有力反证，实不宜轻予推翻。但《墨子》《战国策》所言及姚宏、苏时学、孙诒让、蒙文通的看法，也不是毫无根据和一无可取之处。因为，他们毕竟注意到了齐人对莒国壤地的‘兼而有之’，莒地在战国时多‘属齐’的事实。从这个角度说，谓齐是莒国壤地的瓜分者和莒国的灭亡者之一，亦不为过。”[①] 而关于莒在战国时期开始属齐的时间，我们认同蒙文通的考辨，即齐威王九年至十四年（前348—前343）之间，从战国时期莒地多“属齐”这一事实看，《晏子春秋》关于“齐其有莒”的预测并没有错，《晏子春秋》当成书于莒属齐之后，即齐威王九年之后，即公元前348年之后。另一方面，鲁国最后为楚所灭，《晏子春秋》关于“齐其有鲁”的预测则错了，这表明《晏子春秋》应作于楚灭鲁之前，即公元前255年之前。

综上所述，我们认为《晏子春秋》的成书时间当以公元前447年为上限、公元前255年为下限，即《晏子春秋》成书于公元前447年至公元前255年之间，也即齐宣王十年至齐王建十年。而据徐中舒的研究，《左传》成书于公元前375—公元前351年，《左传》在先秦时期主要在三晋地区流传[②]，在古代书籍流传不方便的情况下，《晏子春秋》与《左传》可能不存在因

① 张广志：《莒史三题》，载中国先秦史学会、政协莒县委员会编：《莒文化研究文集》，济南：山东人民出版社，2002年版，第137页。

② 徐中舒编注：《左传选》，北京：中华书局，1985年版，第351—356页。

袭的情形，两书雷同部分可能都是据《齐春秋》之类的齐国史书编辑而成的。

四　《晏子春秋》是稷下学者所为吗?

关于《晏子春秋》的作者，除了普遍认为是晏子后学所作的观点之外，还有几个特别的观点我们还要提及一下。吴则虞认为从《晏子春秋》内容看，其编写者有可能是淳于越之类反对秦朝专制政治的人①。不过吴则虞的观点是立足于《晏子春秋》成书于秦统一之后而理论的，董治安、高亨已驳斥其观点之不确,② 此说不足据是显而易见的。

有鉴于此，有学者又提出所谓“稷下学者作《晏子春秋》”说。胡家聪认为《晏子春秋》有可能经稷下先生整理编成而流传下来③。孙以楷也认为“《晏子春秋》不仅非齐人不能为，而且非稷下学者不能为”④。不过胡、孙两位先生都没有提出什么证据来支持其论点，其论断不过是猜测罢了。

又有学者试图论定到底是哪位稷下学者作《晏子春秋》。吕斌认为《晏子春秋》成书于战国中期，与孟子同时，《晏子春秋》乃淳于髡所作，其所持的理由有：其一，淳于髡有著书；其二，淳于髡“慕晏婴之为人”；其三，《晏子春秋》与淳于髡

---

① 吴则虞：《晏子春秋集释》，北京：中华书局，1962 年版，第 29 页。

② 参见高亨：《晏子春秋的写作时代》，见氏著《文史述林》，北京：中华书局，1980 年版，第 382—398 页。董治安：《说“晏子春秋”》，《山东大学学报》1959 年第 4 期。董治安：《与吴则虞先生谈〈晏子春秋〉的时代》，《文史哲》1962 年第 2 期。

③ 胡家聪：《稷下学宫史钩沉》，《文史哲》1981 年第 4 期。

④ 孙以楷：《稷下学宫学述》，载氏著：《浣云集》，合肥：安徽大学出版社，2005 年版，第 123 页。

的思想相符，都是杂家；其四，《晏子春秋》的风格与淳于髡的风格相符，都是“滑稽”风格；其五，《晏子春秋》的人物形象已不是晏婴本人的形象，书中有些故事就是淳于髡的形象。[①] 吕氏的观点看似论证严密，然似是而非。首先，吕氏所持第一、二点不足据，因为齐人有著书的人有很多，而且晏婴作为齐国名相，“慕晏婴之为人”的肯定不止淳于髡一个，《孟子·公孙丑上》载：“公孙丑问曰：‘夫子当路于齐，管仲、晏子之功，可复许乎？’孟子曰：‘子诚齐人也，知管仲、晏子而已矣！’”可见齐人都极其敬重晏子；其次，第三点是难以成立的，淳于髡“学无所主”，而《晏子春秋》其实是儒家思想占据主导地位的[②]，两者思想并不一致；再次，第四点就更不足据了，吕氏认为淳于髡与《晏子春秋》都是“滑稽”风格，而其所引认为《晏子春秋》为“滑稽”风格的文献是清人马骕的《绎史》，这只是一家之言，能否成立还有待论证。退一步说，即使果真如吕氏所说，《晏子春秋》是“滑稽”风格，而据司马贞《史记索隐》曰：“滑，乱也；稽，同也。言辨捷之人言非若是，说是若非，言能乱异同也。”据此，“滑稽”指的是能言善辩，这种风格为战国诸子所共有的特点，并没有特殊之处。最后，吕氏认为《晏子春秋》中有些人物形象就是淳于髡的形象，其所举的例子是“晏子使楚”的故事与《说苑》《新序》所记载的“淳于髡使楚”的故事类似，据此来论定淳于髡作《晏子春秋》就更没有说服力了。《说苑》《新序》都是西汉刘向编定的书，其中故

---

① 吕斌：《淳于髡著〈晏子春秋〉考》，《齐鲁学刊》1985 年第 1 期。

② 从《晏子春秋》有六篇（其实是七篇，因为《重而异者第七》与前六篇文字大同小异）都被刘向认为符合儒家思想就可以看出来。

事的真实性本身就大打折扣，淳于髡是否真的出使过楚国本身值得怀疑，更遑论据此来论定淳于髡与《晏子春秋》的关系。而且，前面我们已经指出，战国时代确实存在许多发生在不同人物身上而情节却十分类似的故事，《晏子春秋》中许多故事也与战国其他人物（如信陵君与侯生）的故事类似，这是战国时代的一大特色，因而《晏子春秋》中"晏子使楚"故事与《新序》《说苑》所记载的"淳于髡使楚"故事类似也并无任何特殊之处。

赵逵夫也认为《晏子春秋》的编者为淳于髡，其所持理由有八：其一，淳于髡生活于战国中期；其二，淳于髡为齐人，具备搜集晏婴言论的条件及动因；其三，淳于髡有接触齐之佚文旧典的便利条件；其四，《晏子春秋》所反映的齐国历史与齐威王时期情形相似；其五，淳于髡为稷下学者，具备搜集晏婴言论及相关文献，编订有关晏婴轶闻故事的时间与条件；其六，《孟子》《战国策》《史记》等书所反映的淳于髡思想与晏婴接近；其七，淳于髡"慕晏婴之为人"，与晏婴的思想作风相近；其八，淳于髡与晏婴在生理上有个共同点，都是矮子①。王绪霞大致接受了赵逵夫的观点，认为《晏子春秋》大约在战国中期编成，至于编者还无法确定，但稷下学者淳于髡比较有可能②。赵氏所持论点相对吕氏来说，并没有增加很多新的论据。第一、二、三、五、六点与吕氏基本相同，笔者已予以驳斥，兹不赘述。关于第四点，赵氏认为齐景公时期主要问题是田氏专权及景

① 赵逵夫：《〈晏子春秋〉为齐人淳于髡编成考》，《光明日报》2005 年 1 月 28 日。
② 王绪霞：《〈晏子春秋〉成书考论》，西北师范大学 2006 年博士论文，第 131—133 页。

公好治宫室、聚狗马，奢侈、厚赋重利等，而《晏子春秋》中反映最突出的是齐王的好为淫乐或长夜之饮及百官荒乱之类，这与齐威王时期的情形相似。就《晏子春秋》文本本身而言，是否真的如赵氏所言突出反映了齐威王时期的情形呢？答案是否定的。赵氏所论齐景公时期主要问题是田氏专权及景公好治宫室、聚狗马，奢侈、厚赋重利等，依据的是《左传》《史记》等书，而《左传》所记载的晏婴之事基本都见于《晏子春秋》，而《史记》又主要参考了《左传》，这就是说赵氏所归纳的齐景公时期的主要问题也见于《晏子春秋》，或者可以说根本就是据《晏子春秋》所归纳出来的，赵氏又怎么能说《晏子春秋》所反映的主要问题是齐威王时期的呢？再者，司马迁作《史记》时也读过《晏子春秋》，并且司马迁在《史记》中多次记载淳于髡的事迹①，这说明司马迁对于淳于髡是十分熟悉的。若果真是淳于髡作《晏子春秋》，为何司马迁认为《晏子春秋》为晏婴之著书而只字不提淳于髡呢？关于第七点，赵氏认为淳于髡"慕晏婴之为人"，委婉劝谏，与晏婴"君语及之即危言，不及之即危行；国有道即顺命，无道即衡命"的思想作风相近。这一点根本不足据，因为这种劝谏作风并非淳于髡、晏婴二人所独有，如《论语·宪问篇》就载："子曰：'邦有道，危言危行；邦无道，危行言孙。'"《战国策·赵策四》所载左师触龙说赵太后之事也与晏婴之劝谏类似。至于第八点，晏婴与淳于髡在生理上的共同点，顶多可以为淳于髡"慕晏婴之为人"增加了另一个理由，但要据此认为淳于髡作《晏子春秋》，推理实在有些过度了。故

① 《史记·孟子荀卿列传》与《史记·滑稽列传》都记载了淳于髡的事迹。

而我们认为，赵氏所举八点理由其实都很难证明“淳于髡作《晏子春秋》”之说。

如上所述，“淳于髡作《晏子春秋》”之说恐怕难以成立，那么更为宽泛的“稷下学者作《晏子春秋》”之说可信度又如何呢？要了解这一点，我们先来看看关于稷下学宫的基本情况。《中论·亡国篇》载：“昔齐桓公立稷下之宫，设大夫之号，招至贤人而尊宠之。”《史记·田敬仲世家》载：“宣王喜文学游说之士，自如驺衍、淳于髡、田骈、接予、慎到、环渊之徒七十六人，皆赐列第，为上大夫，不治而议论。是以齐稷下学士复盛，且数百千人。”《盐铁论·论儒篇》载：“齐宣王褒儒遵学，孟轲、淳于髡之徒，受上大夫之禄，不任职而论国事，盖稷下先生千有余人。”可知稷下学宫建于田齐桓公（前377—前359在位）之时，兴盛于齐宣王（前319—前301）时期，而在上文我们推断《晏子春秋》大致成书于公元前447年至公元前255年，因而从成书时间上来看，《晏子春秋》完全有可能成书于稷下学者之手。

然从《晏子春秋》文本中对于田氏或田成子的评价来看，我们又有理由相信《晏子春秋》不作于稷下学者之手。在《晏子春秋》中，田氏或田桓子分别见于《内篇谏上第一·景公欲废适子阳生而立荼晏子谏第十一》《内篇问上第三·景公问莒鲁孰先亡晏子对以鲁后莒先第八》《内篇问下第四·晋叔向问齐国若何晏子对以齐德衰民归田氏第十七》《内篇杂下第六·晏子布衣栈车而朝陈桓子侍景公饮酒请浮之第十二》《内篇杂下第六·田无宇请求四方之学士晏子谓君子难得第十三》《内篇杂下第六·田无宇胜栾氏高氏欲分其家晏子使致之公第十四》《内篇杂下第六·景公以晏子衣食弊薄使田无宇致封邑晏子辞第十九》《内篇杂下第六·田桓子疑晏子何以辞邑晏子答以君子之事也第二十》《外篇重而异者第七·景公坐路寝曰谁将有此晏子谏第十》《外篇重而异者第七·景公问后世孰将践有齐者晏子对以田氏第十五》《外篇不合经术者第八·田无宇非晏子有老妻晏子对以去老谓之乱第十》等，其中《内篇杂下第六·田无宇胜栾氏高氏欲分其家晏子使致之公第十四》与《左传·昭公十年》的记载基本相同，《内篇问上第三·景公问莒鲁孰先亡晏子对以鲁后莒先第八》《内篇问下第四·晋叔向问齐国若何晏子对以齐德衰民归田氏第十七》《外篇重而异者第七·景公坐路寝曰谁将有此晏子谏第十》《外篇重而异者第七·景公问后世孰将践有齐者晏子对以田氏第十五》等与《左传》之《昭公三年》和《昭公二十六年》的记载基本相同，这可能是基于史实。但值得注意的是，《外篇重而异者第七·景公坐路寝曰谁将有此晏子谏第十》记载晏子对田氏的评价是“田氏虽无德而施于民”，但在《左传·昭公二十六年》则为“陈氏虽无大德而有施于民”，显然可以看出，《左传》认为田氏“无大德”，对田氏的评价基本客观，而《晏子春秋》则讥讽田氏“无德”，一字之差，可见《晏子春秋》对田氏的看法为否定的。剩余的材料除《内篇杂下第六·景公以晏子衣食弊薄使田无宇致封邑晏子辞第十九》《内篇杂下第六·田桓子疑晏子何以辞邑晏子答以君子之事也第二十》似乎客观记述田桓子与晏子的谈话外，其他全是批评田氏或田桓子的，《内篇谏上第一·景公欲废适子阳生而立荼晏子谏第十一》载：“景公没，田氏杀君荼，立阳生。杀阳生，立简公。杀简公而取齐国。”《内篇杂下第六·晏子布衣栈车而朝陈桓子侍景公饮酒请浮之第十二》载田桓子挑拨景公与晏子的关系，要求景公惩罚晏子；《内篇杂下第六·田无宇请求四方之学士晏子谓君子难得第十三》载晏子批评田桓子昼夜纵酒；《外篇不合经术者第八·田无宇非晏子有老妻晏子对以去老谓之乱第十》载田桓子讥笑晏子妻老。由此可见，《晏子春秋》中涉及田氏或田桓子的材料，没有一则对其加以赞扬，反而大部分是对田氏代齐及田桓子的品行予以抨击，而稷下学者则直接受到田齐君主的资助，可以说是田齐官方学者，如果《晏子春秋》果真是稷下学者所作，齐国君主又怎么会容许他们如此描述田氏及田桓子呢？而据许多学者的研究，田齐设立稷下学宫的目的就是为田氏的权力提供理论依据，稷下学者虽然可以“不治而议论”，可以批评当世君主为政之过失，但并没有证据表明他们可以批评田氏先祖，况且稷下学者还需要为田齐帝制运动制造政治舆论①。而有着大量贬斥田氏内容的《晏子春秋》与此目的刚好相反，因此《晏子春秋》当不成于稷下学者之手，而早就有学者指出此书中有大量齐国地名、齐国民间故事及齐国方言，非齐人不能完成②，因此《晏子春秋》最可能成书于反对田氏政权的齐学者之手。

不过需要说明的是，《晏子春秋》虽不成于稷下学者之手，却对稷下学者产生过很大的影响，据现存文献看，《晏子春秋》

① 关于这一点，郭沫若、胡家聪、白奚、王葆玹等先生均有论述，见郭沫若：《十批判书》，北京：东方出版社，1996年版，第163—164页。胡家聪：《稷下争鸣与黄老新学》，北京：中国社会科学出版社，1998年版，第31—33页。白奚：《稷下学研究——中国古代的思想自由与百家争鸣》，北京：生活·读书·新知三联书店，1998年版，第55—64页。王葆玹：《黄老与老庄》，北京：中国人民大学出版社，2012年版，第53—62页。

② 吴则虞：《晏子春秋集释》，北京：中华书局，1962年版，第21页。

至少对稷下元老淳于髡产生过很大影响[1]，《史记·孟子荀卿列传》载：“淳于髡，齐人也。博闻强记，学无所主，其陈说慕晏婴之为人也。”金德建认为“陈说”有两层含义：一是将“陈说”的“说”当作说话来解释，说明淳于髡在劝谏君王方面效法晏子；二是将“陈说”释为学说，是指淳于髡的著书立说，在理论上远慕晏子。他认为司马迁也许是语意双关把这两种解释都包括在里边的，而主要的还是侧重后一种讲法。他比较了《晏子春秋》和淳于髡的著作《王度记》，得出结论说：“我们是有理由可以证明，淳于髡的能够著作这篇《王度记》，能够论列礼节制度上的种种等级的分别，的确是由于他承受了前此晏婴的影响。虽然《王度记》的佚文，至今可以辑佚得起来的只剩寥寥几条，可是其间渊源于晏婴的地方，其线索依然是显著可寻的。”[2] 作为稷下元老的淳于髡如此推崇晏婴，以晏婴为主角的《晏子春秋》肯定对稷下学者产生过很大的影响，此外，据《孟子·公孙丑下》载，孟子批评公孙丑时说：“子诚齐人也，知管仲、晏子而已矣。”作为齐国名相的晏婴在齐国影响巨大，因而《晏子春秋》的影响力自然不小，久居齐国的稷下先生对于《晏子春秋》应该也不陌生。

综上所述，从《晏子春秋》中关于田氏或田桓子的描述来看，《晏子春秋》不应成于稷下学者之手，而当成于反对田氏政

---

① 白奚说：“淳于髡是稷下元老，早在威王兴齐之初，淳于髡就是稷下先生之首，很可能桓公田午创办学宫时就已是稷下先生了。”（见白奚：《稷下学研究——中国古代的思想自由与百家争鸣》，北京：生活·读书·新知三联书店，1998 年版，第 68 页）

② 金建德：《司马迁所见书考》，上海：上海人民出版社，1963 年版，第 280—282 页。

权的齐学者之手。根据古书之通例，先秦古书大多不成于一人一时，而是陆续成书①，而《晏子春秋》此书显然经过某人或某些人的整理，正如美国汉学家吴克（Richard L. Walker）所指出："现存《晏子春秋》所有的篇章都具有一致的文法。""《晏子春秋》中有一种特定的精炼写作风格，而这种风格贯穿于整个《晏子春秋》。"② 谭家健也说："全书文字统一，风格相近……可能曾有一个人或少数人修饰润色过。"③ 因此，关于《晏子春秋》的成书情况，我们可以得出结论：《晏子春秋》是由反对田氏的齐学者在公元前447年至公元前255年之间陆续成书，最后经过某人或某些人的润色。从《晏子春秋》中反对田氏的论述来看，此书的最终成书很有可能出于反对田氏的学者之手，后来对以淳于髡为代表的稷下先生产生了一定的影响。

第四节　《晏子春秋》学派归属问题考辨

关于《晏子春秋》的学派归属问题，前人的看法不一，争议很大。笔者拟在总结前人观点的基础上，对《晏子春秋》的学派归属提出一点自己的看法。

---

① 关于这一点，余嘉锡有详细论述，参见氏著：《目录学发微·古书通例》，北京：中华书局，2009年第2版，第200—210页。

② Walker R L. *Some Notes on the Yen – tzu Ch'un – ch'iu*. Journal of the American Oriental Society, 1953, 73（3）: pp. 156—163.

③ 谭家健：《〈晏子春秋〉简论——兼评〈晏子春秋集释·前言〉》，《北京师范大学学报》1982年第2期。

一　关于《晏子春秋》归属儒家或墨家的争议

现存文献中，最早论述《晏子春秋》的学派归属问题的是刘向《晏子叙录》："其书六篇，皆忠谏其君，文章可观，义理可法，皆合《六经》之义。"刘向将《晏子春秋》视为儒家著作。其后《汉书·艺文志》将《晏子春秋》著录于"诸子略"儒家之首，《汉书·艺文志》是删刘歆《七略》而来，而刘歆《七略》又是在刘向《别录》的基础上完成的，因而《汉书·艺文志》这种看法当是承刘向而来。《隋书·经籍志》也承袭了这种观点，将《晏子春秋》著录于子部儒家之中。

但也有学者将晏婴视为墨家代表人物，如扬雄就说："墨、晏俭而废礼。"（《法言·五百》）《列子·杨朱篇》张湛注："晏婴，墨者也，自以俭省治身，动遵法度。"这种观点将晏婴视为墨家人物，虽没有提出《晏子春秋》的归属问题，但隐含《晏子春秋》为墨家著作的结论。至唐代柳宗元作《辨晏子春秋》，明确质疑《晏子春秋》归于儒家这种看法，他说："司马迁读《晏子春秋》，高之，而莫知其所以为书。或曰晏子为之，而人接焉；或曰晏子之后为之，皆非也。吾疑其墨子之徒有齐人者为之。墨好俭，晏子以俭名于世，故墨子之徒尊著其事，以增高为己术者。且其旨多尚同、兼爱、非乐、节用、非厚葬久丧者，是皆出墨子。又非孔子，好言鬼事，非儒、明鬼，又出墨子。其言问枣及古冶子等，尤怪诞；又往往言墨子闻其道而称之，此甚显白者。自刘向、歆，班彪[①]、固父子，皆录之儒家中，甚矣！数子之不详也。盖非齐人不能具其事，非墨子之徒，则其言不若是。后之录诸子书者，宜列之墨家，非晏子为墨也，为是书者，墨之道也。”[②] 柳宗元怀疑《晏子》是“墨子之徒有齐人者为之”，并认为此书与墨家学说相吻合，应归属于墨家。

柳宗元看到了《晏子》与墨家的联系，这个说法影响巨大，其追随者甚多，如晁公武《郡斋读书志》、马端临《文献通考·经籍考》皆从其说，将《晏子》改入墨家。柳宗元之后，围绕着《晏子春秋》到底归属于墨家还是儒家，学者们有很大的争议。

有学者发展了柳宗元的观点，认为《晏子春秋》当属于墨家。如宋人薛季宣说：“圣人之道，不掠美以为能，不瞽世以为明，善考从之，非者去之，要在乎据中庸之道以折中于物，而不以己见为必得，此其所以大而无方也。柳子厚辨《晏子春秋》以为墨者齐人尊著晏子之事以增高为己术者，其言信典且当矣，虽圣人有不易。走见而喜其辨，谓其所自见诚有大过人者。晚得《孔丛子》读之，至于《诘墨》，怪其于《墨子》无见，皆《晏子春秋》语也，乃知子厚之辨有自而起。呜呼！若子厚者，可谓掠美瞽世也与！使《孔丛》出于其前，子厚不应无见；如在其后出，则《大业书录》具存，抉剔异书，扳从己出，谓宅人弗见，取像攫金之子，不可谓知。子厚妙文辞者，尚亦为此，剿

① 《汉志》乃是班固据《七略》删减而成，班彪并未参与，此处柳宗元行文失考。——引者注。

② （唐）柳宗元撰，易新鼎点校：《柳宗元集》，北京：中国书店，2000 年版，第 63—64 页。

窃之患，厥有由来矣。"[①] 项安世[②]、焦竑[③]、凌扬藻[④]、尹桐阳[⑤]、陈朝爵[⑥]等人均同意此说。日人古贺侗庵更是详细辨明《史记》《晏子》等所载晏子沮孔子事乃出于《墨子·非儒篇》，而非事实，更进一步他认为《晏子》并非出于墨子弟子之手，而是后来主张墨家者为之[⑦]。法国著名汉学家马伯乐（Henri Maspero）也说："（《晏子春秋》的）作者似乎是公元前4世纪齐国的学者，其哲学倾向与《管子》相反，似乎倾向于墨家而非儒家。"[⑧]

但也有一大批学者坚持《汉书·艺文志》的看法，认为《晏子春秋》当归于儒家。清人孙星衍批驳了柳宗元的观点，他认为："柳宗元文人无学，谓墨氏之徒为之，《郡斋读书志》《文献通考》承其误，可谓无识。晏子尚俭，礼所谓国奢则示之以俭，其居晏桓子之丧尽礼，亦与墨异。《孔丛》云：'察传记晏子之所行，未有以异于儒焉。'儒之道甚大，孔子言'儒行有过失，可微辨而不可面数'，故公伯寮愬子路而同列圣门；晏子尼谿之沮，何害为儒？且古人书外篇半由依托，又刘向所谓疑后世

---

① （宋）薛季宣：《浪语集》，载《景印文渊阁四库全书·集部九八·别集类》，台北：台湾商务印书馆，1986年版，第417页。

② （宋）项安世：《项氏家说》，北京：中华书局，1985年版，第99页。

③ （明）焦竑：《国史经籍志》，上海：商务印书馆，1939年版，第177页。

④ （清）凌扬藻：《蠡勺编》卷二十，载徐德明、吴平主编：《清代学术笔记丛刊（35）》，北京：学苑出版社，2005年版，第183—184页。

⑤ 吴则虞：《晏子春秋集释》，北京：中华书局，1962年版，第607页。

⑥ 陈朝爵：《汉书艺文志约说》，载王承略、刘心明主编：《二十五史艺文经籍志考补萃编（第五卷）》，北京：清华大学出版社，2012年版，第109页。

⑦ 吴则虞：《晏子春秋集释》，北京：中华书局，1962年版，第632—635页。

⑧ Maspero H. *China in Antiquity*. Kierman F A.（tr.）. Amherst: The University of Massachusetts Press, 1978: 359—360.

辩士所为者，恶得以此病晏子！”[①] 孙星衍指出柳宗元“文人无学”，没有看到晏子与墨家在根本上是不同的，而与儒家相通。

其后，清人王鸣盛[②]、谭献[③]、刘师培等人均同意孙说。其中以刘师培所作的《晏子非墨家辨》说理最为透彻，他说：“晏子立言之旨，《淮南·要略》所述至详，其第八一篇，刘向谓似非晏子言，其识至精。至唐代柳宗元始谓墨氏之徒所为，宋代晁氏、马氏辑书目，均循其说。近孙星衍以无识讥之，其说允矣，然意有未尽。夫墨子之学，出于清庙之守，以敬天明鬼为宗，其徒缠子、胡非子、随巢子书虽不存，然考其佚文，亦均敬天明鬼。惟《晏子》书则不然，如《谏篇上》谏诛史祝、谏信楚巫、谏祠灵山河伯、谏禳彗星荧惑；《问篇上》谏以祝干福；《杂篇下》言徒祭不可益寿：均异墨氏所言。又《谏篇上》言乐亡而礼从之，礼亡而政从之，亦与非乐旨殊，不惟居丧尽礼志于《杂篇上》，异于墨子短丧也。使其书出于墨氏之徒，则旨与墨殊，必不并存其说，故特辨之。”[④] 刘师培指出墨子之学以敬天明鬼为其宗旨，而《晏子》一书中有大量的证据表明它是反对敬天明鬼的；并且，墨子非礼乐，而《晏子》重礼乐，与墨子也不一样。所以《晏子》不当归属于墨家，而应从《汉志》归为儒家。吕思勉也说：“今观全书，称引孔子之言甚多……引墨

① 孙星衍校：《晏子春秋》，北京：中华书局，1985 年版，第 2—3 页。

② 王鸣盛说：“柳子厚谓《晏子春秋》非婴著，墨氏之徒剿合而成。今观《汉志》儒家首列《晏子春秋》，柳说恐未是。”（见［清］王鸣盛：《蛾术编》，北京：商务印书馆，1958 年版，第 215 页。）

③ 谭献《复堂日记》卷四云：“校《晏子春秋》。固宜从《汉志》入儒家，柳子厚之言不足依据。”（见［清］谭献撰，范旭仑、牟晓明整理：《复堂日记》，石家庄：河北教育出版社，2001 年版，第 98 页。）

④ 刘师培：《晏子非墨家辨》，载《左盦集（卷七）》，1936 年宁武南氏校印本。

子之言者仅两条……诋毁孔子者，惟外篇不合经术者一至四四章耳。陈义亦多同儒家，而与墨异，以入墨家者非也。”① 现代学者王更生也认为《晏子春秋》当属儒家②。

我们认为柳宗元等人仅据一些语句或片段（如《晏子春秋》中二处“墨子曰”）就断定《晏子春秋》归于墨家，似乎有些武断。柳宗元等人将儒家、墨家绝对对立起来，认为两者思想毫无兼容之处，而根据相关学者的研究，“十论”（兼爱、非攻、尚贤、尚同、天志、明鬼、非乐、非命、节用、节葬等）中一些命题其实并非墨家思想所独有③，而且正如刘师培所说，《晏子春秋》还有许多思想与墨家思想相抵牾，故而将《晏子春秋》归为墨家恐怕是有问题的。至于《晏子春秋》中两处“墨子曰”就更不足为据了，因为《晏子春秋》中有九处“孔子曰”。

那么是不是说《晏子春秋》当归于儒家呢？我们知道，“《晏子春秋》儒家说”起于刘向，他在《晏子叙录》中说：“又有颇不合经术，似非晏子言，疑后世辩士所为者，故亦不敢失，复以为一篇。”也就是说，刘向按照正统儒学的标准，已经发现《晏子春秋》中有不符合儒家思想的篇章，今本《晏子春秋》之《外篇不合经术第八》第一至第五章都是诋毁孔子之言，而《韩非子·显学篇》说：“孔、墨之后，儒分为八，墨离为三，取舍相反不同，而皆自谓真孔、墨。”不管儒、墨在孔子、

① 吕思勉：《经子解题》，上海：商务印书馆，1929 年版，第 130 页。

② 王更生：《晏子春秋研究》，台北：文史哲出版社，1976 年版，第 112—118 页。

③ 如比利时鲁汶大学戴卡琳（Carine Defoort）教授就认为我们习惯称之为墨家思想最主要的代表思想——“兼爱”并非墨家所独有。参见［比利时］戴卡琳撰，袁青、李庭绵译：《墨家“十论”是否代表墨翟的思想——早期子书中的“十论”》，《文史哲》，2014 年第 5 期。而“尚贤”“非攻”“节用”等思想也并非墨家所独有，至少儒家也有类似的主张，而道家也同意“非攻”、“节用”等主张。

墨子之后如何有分歧，但都“自谓真孔、墨”，因此不管八儒、三墨分歧如何大，但都不至于会诋毁孔子和墨子。美国著名汉学家鲁威仪（Mark E. Lewis）也说：“要想成为一个学派就必须有个先师（Master），而有个先师就意味着一个学派的成立。”① 儒家的先师（Master）显然是孔子，若《晏子春秋》属于儒家，也定然不会批判孔子。因此，仅从《晏子春秋》有诋毁孔子之言来看，《晏子春秋》也不能归于儒家。而且，《晏子春秋》中被刘向归为“不合经术者”的篇章出现时间较早，李学勤就指出：“银雀山简《晏子》虽仅有十六章，却含有今传本‘不合经术者’中的两章，即第一章和第十八章，看来《晏子》原书并不那么合于汉人推崇的道德标准。”② 故而将《晏子春秋》归于儒家也是不妥当的。

二 关于《晏子春秋》性质的其他看法及其异议

围绕着《晏子》的学派归属问题，随着研究的深入，又出现了不同的观点。

有学者另辟蹊径，认为《晏子》应归属于道家，如明代凌澄初在《凌刻本题识》中说：“博雅自六经外，侈谈子史，子首老、庄、管、晏、申、韩六家之指，同出于道，各有本领。老氏以清静无为为主，而漆园之要本归之；管氏《牧民》《山高》

---

① Lewis M E. *Writing and Authority in Early China*. Albany: State University of New York Press, 1999: pp. 55—56.

② 李学勤：《〈晏子〉研究二题》，载王振民主编：《晏子研究文集》，济南：齐鲁书社，1998 年版，第 9 页。

《乘马》《轻重》《九府》，而晏子之节俭力行继之。一以道，一以术，其比辅一也。”[①] 从这个论述看，凌澄初认为老庄与管晏，一个论述“道”，一个论述“术”，而其旨皆归于道家。今人张季平则认为《晏子》可能是稷下学宫道家中老子一派人物所作：“因为这个学派倡论‘少私寡欲’。很注意同情别人，过节俭的生活。《老子》六十七章中有‘我恒有三宝，持而宝之：一曰慈；二曰俭；三曰不敢为天下先。’这和晏婴的思想德操非常契合，因此，《晏子春秋》可以说是稷下学宫中道家学派先后编写汇集的。”[②] 《百子全书》则将《晏子春秋》归于法家。凌澄初和《百子全书》都将《管子》与《晏子春秋》相提并论，认为二书性质相似，而《汉书·艺文志》将《管子》列为“诸子略”道家类，《隋书·经籍志》改列为子部法家类，故而一个将《晏子春秋》相应地列入道家类，一个将《晏子春秋》列入法家类。但《管子》通常被认为是稷下学者的作品，是田齐变法的时代产物[③]，而上文我们已经说明，《晏子春秋》并非成于稷下学者之手，两者性质并不一样，并且《晏子春秋》的成书时代当早于《管子》。凌澄初和《百子全书》所以作如此论说，大概是因为晏婴和管仲都是齐国名相，齐人对二人极其敬重，故而将托名于二人之书也相提并论。而张氏只抓住《老子》中一句提倡节俭的思想就认为《晏子春秋》归于道家，实在太过于武断，因为先秦儒家、道家、墨家都提倡节俭[④]。

---

① 吴则虞：《晏子春秋集释》，北京：中华书局，1962 年版，第 639 页。

② 张季平：《晏子和〈晏子春秋〉》，《管子学刊》1987 年第 2 期。

③ 胡家聪：《管子新探》，北京：中国社会科学出版社，2003 年版，第 9—24 页。

④ 如墨家“十论”中就有“节用”，而孔子也说：“奢则不孙，俭则固。与其不孙，宁固。”（《论语·述而篇》）

《四库全书总目提要》则认为："《晏子》一书，由后人摭其轶事为之。虽无传记之名，实传记之祖也。旧列《子部》，今移入于此。"《四库全书简明目录》则说："《晏子春秋》八卷，撰人名氏无考，旧题晏婴撰者，误也。书中皆述婴遗事，实《魏征谏录》《李绛论事集》之流，与著书立说者迥别，列之儒家，于宗旨固非，列之墨家，于体裁亦未允，改隶传记，庶得其真。"《四库提要》将《晏子》由子部移至史部，认为它是传记之祖，此说得到梁启超等人的支持，梁启超说："其书捃撦成篇，虽先秦遗文间藉以保存，然无宗旨、无系统，《汉志》以列儒家故不类，晁、马因子厚之言改隶墨家，尤为无取。《四库》入史部传记，尚较适耳。"①

但将《晏子春秋》归入史部传记类也遭到一些学者的反对，如张舜徽说："前代著录之书，皆入儒家。独柳宗元有《辨晏子春秋》，始谓为墨氏之徒有齐人者为之。盖以墨好俭，晏子以俭名于世也。不悟儒墨同遵俭约，墨固背周道而用夏政，儒亦推崇禹德。仲尼尝云：'禹，吾无间然矣！菲饮食，而致孝乎鬼神；恶衣服，而致美乎黻冕；卑宫室，而尽力乎沟洫。禹，吾无间然矣！'（见《论语·泰伯》）至其平日论事，则言'礼，与其奢宁俭'（见《论语·八佾》）；'以约失之者鲜矣'（见《论语·里仁》）；皆可见儒墨相衡，有同有异，强本节用之说，则其所同也。且观《晏子》书中，称引孔子之言独多，援用墨子之言甚少；陈说义理，亦多同于儒而与墨异。柳宗元谓其书出于墨氏之徒，非也。其后晁公武《郡斋读书志》、马端临《文献通考·

① 梁启超：《汉书艺文志诸子略考释》，见氏著：《饮冰室专集之八十四》，上海：中华书局，1936 年版，第 6—7 页。

经籍考》，皆从其说，改入墨家。《四库全书总目》又改入史部传记类，悉失之。此书虽非晏婴自著，而其言论行事，多在其中。”① 现代学者王更生对《四库提要》关于《晏子春秋》入史部的说法，从子书之成因、《晏子春秋》之命名、书中文义等几个方面进行了批判。②

我们认为若将《晏子春秋》归入史部传记类，则《晏子春秋》当为记载晏婴生平的信史。但我们发现，事实并非如此，《晏子春秋》所载史实是有很多问题的。如上面我们所谈的关于《晏子春秋》所记载的晏子在庄公时期的隐退就不符合史实；又如《晏子春秋·内篇杂下第六·晏子使吴吴王命傧者称天子晏子详惑第八》载晏子使吴见吴王夫差，而据《史记》等书记载吴王夫差于公元前493年即位，而上面我们已经说过晏子在公元前507年之前就已去世，因而晏子不可能出使吴国见到吴王夫差；又如《晏子春秋·内篇谏上第一·景公游公阜一日有三过言晏子谏》记载晏子谏“古而无死”、晏子论“和同”、晏子谏景公禳彗星三事，最后景公说：“夫子一日而三责我。”《晏子春秋》记载三件事发生在同一日。而《左传》也记载了这三事，其中晏子谏“古而无死”、晏子论和同都发生在鲁昭公二十年（前522），晏子谏景公禳彗星发生在鲁昭公二十六年（前516），这三件事根本不发生在同一年，更何况同一日呢？类似的例子还有许多，不一一列举。我们可以看出《晏子春秋》所记晏婴事迹多有讹误，又如何能归入史部传记类呢？美国汉学家杜润德

① 张舜徽：《广校雠略 汉书艺文志通释》，武汉：华中师范大学出版社，2004年版，第257页。

② 王更生：《晏子春秋研究》，台北：文史哲出版社，1976年版，第106—112页。

(Stephen W. Durrant) 就说："在严格的意义上来说，《晏子春秋》不能被当作传记，因为其中关于晏子的事迹与劝谏甚至都没有编年。"①

值得注意的是，清人洪亮吉认为晏子独成一家，他说："晏子不可云墨家，盖晏子在墨子之先也。前人以之入儒家，亦非是。今观《史记·孔子世家》载晏子对景公之言曰：'夫儒者滑稽而不可轨法，倨傲自顺不可以为下，崇丧遂哀，破产厚葬，不可以为俗，游说乞贷，不可以为国'云云，是明与儒者为难矣。其生平行事，亦皆与儒者背驰。愚以为《管子》《晏子》皆自成一家，前史《艺文志》入之儒家既非，唐柳宗元以为墨氏之徒亦前后倒置，特其学与墨氏相近耳。吾友孙兵备星衍校刊《晏子》，亦深以宗元之说为非，谓晏子忠君爱国，自当入之儒家。是又不然，试思墨子重趼救宋，独非忠君爱国者乎？若必据此为儒墨之分，则又一偏之见。《汉书·艺文志》墨子在孔子后，距晏子更远，即如宗元之意，亦当云开墨氏之先，不得云墨氏之徒也。"② 在此，洪亮吉认为《晏子》既非墨家，也非儒家，而是与《管子》自成一家。此观点得到一些学者的响应③。不过显然洪亮吉等论说晏子独成一家，将晏子与《晏子春秋》混同起来，这种观点实际上立足于《晏子春秋》是关于晏子本人的如实记

---

① Durrant S W. *Yen tzu ch'un ch'iu*: *Early Chinese Texts*//Loewe M. A Bibliography Guide. Berkeley: *The Society for the Study of Early China and Institute of East Asian Studies*, University of California, Berkeley, 1993: p. 487.

② （清）洪亮吉：《晓读书斋初录》，载徐德明、吴平主编：《清代学术笔记丛刊（33）》，北京：学苑出版社，2005 年版，第 71 页。

③ 如毛曦、李仙娥认为："《晏子春秋》一书已综合了诸子学说，它既不属于儒家学派，也不属于墨家学派，而是兼采儒墨等各家学说之长，具有超越儒墨的倾向。"见氏著：《〈晏子春秋〉的成书时间与思想特征》，《人文杂志》1997 年第 6 期。

载的基础上的，这种大前提本身就不能成立。而且还将《管子》与《晏子春秋》相提并论，我们在上文已论说过，两者的性质其实是不同的。因此这种观点也是有问题的。

有鉴于《晏子春秋》所载晏婴事迹并不全符合史实，故而又有人主张《晏子春秋》为先秦小说，近人罗焌说："以晏子行事考之……晏子至列于儒家，亦得夫子、史公而名益彰耳。""若就《晏子春秋》考之……《四库简明目录》云：'书中皆述婴遗事，与著书立说者迥别。列之儒家，于宗旨固非；列之墨家，于体裁亦未允；改列传记，庶得其真。'案诸子书中述遗事者甚多，不得以此援子入史也。况子家叙事多涉寓言，尤未可据为信史乎！今案《晏子》一书，所载行事及谏诤之言，大抵淳于髡、优孟、优旃之流，故当时称为天下之辩士（《韩诗外传》卷十），拟之唐魏郑公、李相国，殊未当也。清儒马骕著《绎史》，多采《晏子春秋》，而于晏子使吴章（《内篇·杂下》），则谓其诙谐；于晏子使楚章（同上），则谓其谑对谑；于谏景公饮酒七日七夜章（《内篇·谏上》），则评曰：'谈言解纷，滑稽之所以雄也。'（《绎史》卷七十七）晏子尝讥'儒者，滑稽而不可轨法'，不意后儒之反唇而相稽也。今以诸子十家衡之，当属俳优小说一流。非晏子为小说家也，辑是书者小说家数也。"①罗焌认为应将晏子和《晏子春秋》区分开来，晏子本人可以算作儒家，但《晏子春秋》既不属于儒家也不属于墨家，当然也非史部传记类，而是子部小说家类，《晏子春秋》是俳优小说集。而《汉书·艺文志》说："小说家者流，盖出于稗官。街谈

① 罗焌：《诸子学述》，上海：华东师范大学出版社，2008年版，第251—252页。

巷论，道听途说者之所造也。孔子曰：‘虽小道，必可观者焉，致远恐泥，是以君子弗为也。’然亦弗灭也。闾里小知者之所及，亦使辍而忘。如或一言可采，此亦刍荛狂夫之议也。”对此，袁行霈解释说：“以《汉志》为代表的正统的小说观念，认为小说是采自民间的街谈巷语，浅薄不中义理的小道，丛残小语的短书。此所谓小说，并不是一种纯文艺的体裁，它可以没有人物形象，也不一定要具备故事情节，更无须乎虚构和想象。这同今天的小说观念相比，实在相去太远了。”[①] 既然汉代小说是指“采自民间的街谈巷语，浅薄不中义理的小道，丛残小语的短书”，而显然《晏子春秋》不属于此类，否则班固当会将其列入小说家，故而此说也不确。吴则虞也认为《晏子春秋》是一部古典短篇小说集，但他同时认为今天文学上的小说与《汉志》中的“小说家”并非同一概念，将《晏子春秋》看成一部小说集是可以的，如归入《汉志》的“小说家”又显得不伦不类。因而他认为晏婴的思想没有形成一种独立的学派，他的思想也不属于某一学派[②]。董治安则认为《晏子春秋》是一部接近历史小说的散文作品[③]。这种说法相对而言更为公允，但正如吕思勉所言：“诸子中之记事，十之七八为寓言；即或实有其事，人名地名及年代等，亦不可据；彼其意，固亦当作寓言用也。”[④] 诸子之记事，大多为寓言，若照此标准，则大部分诸子之书都可视为历史小说或小说集，因此这种归类实在太笼统了。而且，此书大

① 袁行霈：《〈汉书艺文志〉小说家考辨》，载《文史》第七辑，北京：中华书局，1979 年版，第 187 页。

② 吴则虞：《晏子春秋集释》，北京：中华书局，1962 年版，第 30 页。

③ 董治安：《说“晏子春秋”》，《山东大学学报》1959 年第 4 期。

④ 吕思勉：《经子解题》，上海：商务印书馆，1929 年版，第 101 页。

多记载晏婴如何劝谏齐景公为政，从根本上说这是一部“见道”之作，作者借晏婴的事迹（实际的或虚构的）来阐发其思想，类似于《庄子》一书中的“重言”或“寓言”，因此将其单纯归入今天我们所说的历史小说也有些不够允当。

三　《晏子春秋》应视为儒墨融合思想下的产物

以上我们论述了前人关于《晏子春秋》学派归属的各种观点，同时也指出各个观点的不足之处。那么我们应该如何定位《晏子春秋》的性质呢？

其一，我们应明确的是，《晏子春秋》是子书，而非史部传记类，《晏子春秋》虽专门记载晏婴的事迹，有后世所谓为晏婴立传的意味，但其书多与史籍记载不合，想必其中当有许多造作故事，作者也似乎在托晏子以尊其言①。

其二，我们应将晏婴本人与《晏子春秋》区分开来，晏婴其人略年长于孔子，他在世时诸子百家尚未兴起，因而可以将晏婴当作一个前诸子人物，而且从《左传》等书所载晏婴事迹看，晏婴似乎可以算作一个前儒家人物②。而《晏子春秋》成书于公元前 447 年至公元前 255 年，当时诸子已兴起，《晏子春秋》肯定会打上时代的烙印，具有诸子分立时的特点，因此说《晏子春秋》完全没有学派倾向也是不当的。

---

① 余嘉锡对于古书多有造作故事有详细阐述，见氏著：《目录学发微 · 古书通例》，北京：中华书局，2009 年版，第 252—264 页。

② 如章太炎就将晏子视为周公与孔子之间的儒家代表人物，见《章太炎讲国学》，长春：吉林人民出版社，2008 年版，第 7 页。

其三，我们还要注意的是，先秦时期学派立场并不明显。现在通行的先秦“六家”为司马谈所分，而“九流十家”则出于刘向、刘歆父子，胡适甚至说：“我不承认古代有什么‘道家’‘名家’‘法家’的名称。”① 胡适根本反对对于先秦诸子的学派划分。美国著名汉学家桂思卓（Sarah A. Queen）教授也指出《论六家要旨》《汉书·艺文志》对先秦诸子的划分都带有各自的学术倾向及政治观点的痕迹，他们都试图统一天下学术以结束“道术将为天下裂”的状态，但《论六家要旨》将统一的任务归于诸如司马谈本人之类的政府官员，而《汉书·艺文志》将其归于“圣王及开明君主”（sagely - ruler and enlightened king）。而且，她还指出“家”这个概念本身就带有争议性而缺乏人们普遍认同的含义②。美国著名汉学家柯马丁（Martin Kern）在这方面走得更远，他径直指出：“……我们应该重新考虑秦朝及汉朝早期不同思潮之间的界限。正如许多学者经常指出的那样，在东周时期只有儒墨才能被列为明显的及具有自我意识（self-conscious）的学派，而司马谈为区分不同诸子所使用的‘家’概念根本不表示学派，我们最好将其理解为论证的‘学术线索’（scholastic lines）。”③ 既然关于先秦诸子“六家”或“九家”的划分本身就存在争议，而且很难有个统一的标准，那么将《晏子春秋》强行归于儒、墨或其他任何一家肯定也会引起争议。

① 胡适：《中国古代哲学史·台北版自记》，载欧阳哲生编：《胡适选集》，长春：吉林人民出版社，2008 年版，第 7 页。

② Queen S A. *Inventories of the Past*: *Rethinking the* “*School*” *Affiliation of the* “*Huainanzi*”. Asia Major, 2001 (14): pp. 51—72.

③ Kern M. *The Stele Inscription of Ch'in Shih—Huang*: *Text and Ritual in Early Chinese Imperial Representation*. New Heaven: American Oriental Society, 2000: p. 64.

但是否说我们要彻底抛弃“家”的概念，或认为《晏子春秋》独立成一家呢？我们认为，作为研究的工具，作为先秦学派标志的“家”仍有其意义，通过学派划分可以更好地看清先秦学术发展的脉络，而如果认为《晏子春秋》独立成一家则是没有意义的，因为先秦诸子的主张其实都各有差别，如同作为儒家的孟子和荀子其实差别就很大，若照此标准，则先秦诸子各自都能独立成一家。美国著名汉学家鲁威仪（Mark E. Lewis）说：“虽然学派（school）这个词包含一些不太确切的成分，诸如‘文本传统’（textual tradition）这样的词可能更为合适，但我仍然要使用学派来指代忠于其先师与其文本的这样一个群体。”[①] 同样，虽然先秦的学派意识并不像后世那么强烈，但我们仍然有将其归派的必要，正如曹峰所说：“先秦没有明确的六家概念，没有明确的门派意识。然而，如果为此而有意识地、彻底地放弃‘学派’等概念的使用，则又是走向了极端。作为一种分析、归类的手段，‘学派’等概念依然具有工具性的意义。……有效地使用‘学派’概念又是为了更好地区别梳理各种不同的思想倾向。”[②] 所以，我们仍然有弄清《晏子春秋》学派归属的必要。

其四，我们上文已经说过，《晏子春秋》不当归入儒家或墨家，更不能归入道家或法家，《晏子春秋》成书于公元前 447 至公元前 255 年，期间正是儒墨之学兴盛时期[③]，而齐国具备发达的文化传统，又与文化繁荣的鲁国是邻国，齐鲁两国交流也很频

① Kern M. *The Stele Inscription of Ch'in Shih—Huang*: *Text and Ritual in Early Chinese Imperial Representation*. New Heaven: American Oriental Society, 2000: p. 55.

② 曹峰：《出土文献与思想史研究方法论刍议》，《社会科学》2012 年第 11 期。

③ 其时，儒家七十子宣扬孔子之说，墨子及其弟子奔走天下宣告自己的学说。

繁，同时齐国经济又很发达，“世为强国”（《盐铁论·轻重》），为当时诸侯国中最为富裕的国家之一，这就为儒墨之学在齐国的传播创造了良好的条件。而且，儒家创始人孔子曾“适齐”，并在齐国受到齐景公的重视，得以传播其“君君、臣臣、父父、子子”的政治理念（《史记·孔子世家》）。更重要的是，孔子弟子如子贡曾在齐国发挥重要的政治作用，子贡后来也是卒于齐国的，而“子贡结驷连骑，束帛之币以聘享诸侯，所至，国君无不分庭与之抗礼。夫使孔子名布扬于天下者，子贡先后之也”（《史记·货殖列传》），孔子还有一些弟子如公冶长、公皙哀等人本就是齐人（《史记·仲尼弟子列传》），有了这些弟子的宣传，再加上齐鲁两国相邻，孔子及其儒学在齐国当十分知名。墨学也一样，据《墨子·鲁问篇》载，齐将伐鲁，墨子就到齐国成功地劝谏项子牛和齐太王不要伐鲁①。墨子弟子如高石子、高何、胜绰、田鸠等要么为齐人，要么在齐国从政②，据《鲁问篇》记载墨子使其弟子胜绰事齐项子牛，由于胜绰没有劝阻项子牛侵鲁而受到墨子的批评，可见墨子有意使其弟子传播墨学思想，有了墨子本人的活动，加上其弟子的努力，墨学也当为齐人所知。因而儒墨之学在齐国比较兴盛，《晏子春秋》成书于此时，当受到儒墨之学的双重影响，这也就是为何我们在《晏子春秋》中既能找到儒学的影子，也能发现墨学的影响，《晏子春秋》可视为儒墨融合思潮的产物，或许《晏子春秋》的作者本

① 孙诒让认为此处的齐太王为齐太公田和，其说见（清）孙诒让：《墨子间诂》，北京：中华书局，2001 年版，第 467 页。钱穆认为当为齐康公。见钱氏著：《先秦诸子系年（外一种）》，石家庄：河北教育出版社，2002 年版，第 203 页。

② （清）孙诒让：《墨子间诂》，北京：中华书局，2001 年版，第 706—722 页。

身就是一个兼治儒墨思想的学者，这一点还可以从《晏子春秋》中只引用了“孔子”和“墨子”二位的话中看出来。齐国兼治儒墨之学的人应该不少，如后来与孟子辩论的告子，赵岐说他就是一个“兼治儒墨之道者”①。不过，显然《晏子春秋》中的儒家色彩更重，这大概也就是《汉书·艺文志》将其列为子部儒家之首的原因。

其五，《晏子春秋》融合儒墨思想的倾向有点类似于《汉书·艺文志》中所说的“杂家”。关于杂家，我们有必要做点说明，《汉书·艺文志》说：“杂家者流，盖出于议官，兼儒、墨，合名、法，知国体之有此，见王治之无不贯，此其所长也。及荡者为之，则漫羡而无所归心。”《隋书·经籍志》说：“杂者，兼儒墨之道，通众家之意，以见王者之化，无所不冠者也。古者，司史历记前言往行，祸福存亡之道。然则杂者，盖出史官之职也。放者为之，不求其本，材少而多学，言非而博，是以杂错漫羡而无所指归。”可见，杂家并不是将各家思想简单地杂糅在一起，真正的杂家是“兼儒墨，合名法，知国体之有此，见王治之无不贯”或“兼儒墨之道，通众家之意，以见王者之化，无所不冠者也”，是为了“见王治之无不贯”这个目的而兼收各家意旨，而“漫羡而无所归心”或“杂错漫羡而无所指归”即简单地将各家思想杂糅在一起乃“放者为之”，并不能算是真正的

① （清）焦循：《孟子正义》，北京：中华书局，1987年版，第731页。

杂家[①]。因此在这个意义上，英文中大多将杂家翻译为“Eclectics”（“折衷派”）[②] 是不准确的，应该翻译为“Comprehensive School”（“综合派”），杂家有兼综各派思想优点并将其贯通起来的特点。《晏子春秋》正符合“兼儒墨”的特征，而且书中也主要借晏子之口阐述施政理念，与杂家特征相符，或许《晏子春秋》正是杂家的先驱，可视为以儒为主的“杂家”。

顺便还要说一下，《汉书·艺文志》将《管子》列为道家类作品，《隋书·经籍志》列入法家，其实《管子》也属于“通众家之意”的杂家作品，只不过《管子》属于以黄老学为主的杂家。《晏子春秋》和《管子》都有杂家倾向，可能跟齐国的实用主义传统有关。《史记·齐太公世家》载：“太公至国，修政，因其俗，简其礼，通商工之业，便鱼盐之利。”齐太公始封齐国时，治国就有实用主义倾向，兼收并蓄，这种传统与杂家“兼儒墨”、一切以王治为目的的特征十分相似。被《汉书·艺文志》列入杂家的《吕氏春秋》应该也受到齐国杂家思想的影响，因为秦国文化主要承袭齐国文化而来[③]。

综上所述，《晏子春秋》为儒墨思想融合的产物，可视为杂家的先驱，不过此杂家并非“折衷派”，而是“综合派”。

---

① 一般理解的杂家就是“杂错漫羡而无所指归”的，如傅斯年在评价杂家时就说：“这样著书法在诸子的精神上是一种腐化，因为儒家果然可兼，名法果然可合，诸子果无不可贯的话，则诸子固已‘挫其锐，解其纷，和其光，同其尘’了。”以杂家代表《吕氏春秋》和《淮南子》为例，他评价说：“《吕氏》《淮南》两书，自身都没有什么内容价值。”（傅斯年：《战国子家叙论·史学方法导论·史记研究》，上海：上海古籍出版社，2012 年版，第 68—69 页。）这种评价是偏颇的。

② 如桂思卓（Sarah A. Queen）在《关于古代的目录：〈淮南子〉学派归属重探》一文中就是如此翻译的。

③ 关于这一点，王葆玹先生有详细阐述，见氏著：《今古文经学新论（增订本）》，北京：中国社会科学出版社，1997 年版，第 19—27 页。

第二章 《晏子春秋》相关出土文献研究

20世纪中后期，大量出土文献不断涌现。出土文献改变了许多思想史上的“定论”，对于中国学术的重要性是不言而喻的，它已成为中国学术研究的一大“显学”。出土文献中，有许多《晏子春秋》的相关文献，主要见于银雀山汉简、上博竹书中，定县汉简、阜阳汉简、居延汉简中也有相关残句，对这些文献加以整理与研究，有助于深化我们对《晏子春秋》的相关认识，从而推动关于《晏子春秋》的研究。

第一节 银雀山汉简《晏子春秋》研究

1972年山东临沂银雀山西汉一号墓中出土了四千九百多枚竹简，其中就有《晏子春秋》简册，经过整理者的辛勤工作，整理出来的《晏子春秋》共一百零二枚竹简，是由数百枚残简缀合而成的。其内容分为十六章，无篇题，散见于今本八篇中的十八章。该批竹简长约27.6厘米，宽0.5至0.9厘米，厚约0.2厘米，每简书写字数一般在三十五字左右，简的上下两端各空1至2厘米[①]。银雀山汉简《晏子春秋》的出土，使我们能有机会看到《晏子春秋》在汉初的版本，其意义是巨大的，我们拟先对银雀山汉简《晏子春秋》相关字词进行考释，在此基础上再探讨其相关的价值。

一 读银雀山汉简《晏子春秋》札记

银雀山汉简《晏子春秋》出土后，已有众多研究成果，重要的有《银雀山汉墓竹简（一）》[②]《银雀山汉简释文》[③]《银雀山汉墓竹简晏子春秋校释》[④] 等，取得了很大的成绩。但部分字词仍有进一步澄清的余地。由于《银雀山汉墓竹简（一）》中《晏子》部分的整理者也是骈宇骞，本书除原简之外，其他引用骈宇骞之说一般来自其较后出版的《银雀山汉墓竹简晏子春秋校释》一文。为简洁之便，凡学界取得基本共识之字，均以通行字直接写出，仅对需要探讨的文字保留原形，括号内的字表示可能的假借字。

---

① 骈宇骞：《银雀山汉墓竹简晏子春秋校释》，北京：书目文献出版社，1988年版，第102页。

② 银雀山汉墓竹简整理小组：《银雀山汉墓竹简（一）》，北京：文物出版社，1985年版。

③ 吴九龙：《银雀山汉简释文》，北京：文物出版社，1985年版。

④ 骈宇骞：《银雀山汉墓竹简晏子春秋校释》，北京：书目文献出版社，1988年版。

1. 景公饮酒【□】（简528）

“景公饮酒【□】”，明活字本作“景公饮酒酲”。吴则虞曰：“《北堂书钞》一百四十八引‘酲’作‘醒’，误。”[①] 孙星衍曰：“酲，《诗传》：‘病酒曰酲。’《说文》：‘一曰醉而觉也。’《玉篇》作‘醉未觉’。”

今按：《说文》释“酲”曰“一曰醉而觉也”，“醉而觉”即是醒，与《北堂书钞》引“酲”作“醒”一致，然其后句有“三日而后发”一句，故而可知此处景公并未醒，故作“醒”误。当作“酲”，“酲”当从《玉篇》释为“醉未觉”，《说文》“一曰醉而觉也”，误也。

2. 过者死（简529）

“过者死”，明活字本作“过之者诛”。孙星衍曰：“郑氏注《周礼》：诛，责让也。”谭步云认为“诛”殆“殊”之误，《晏子春秋》“诛”义当作“责备”，还无“杀”义，而《说文》曰：“殊，死也。”[②]

今按：“诛”亦可释作“杀”，如《庄子·庚桑楚》曰：“为不善乎显明之中者，人得而诛之；为不善乎幽间之中者，鬼得而诛之。”成玄英以“杜伯”“彭生”之类来解释此句[③]，显然将“诛”释为“死”或“杀”，谭说不可从。简本作“过者死”，说明明活字本“过之者诛”之“诛”也当释为“死”或“杀”，而不当释为“责让”，孙说亦误。

---

① 吴则虞：《晏子春秋集释》，北京：中华书局，1962年版，第10页。

② 谭步云：《银雀山汉简本〈晏子春秋〉补释》，载《古文字研究》第24辑，北京：中华书局，2002年版，第436页。

③ 郭庆藩：《庄子集释》，北京：中华书局，2006年版，第795页。

3. 翟王子羊之驾也，寡人甚说之，吾欲禄之以万，其足乎（简 533）

“翟王子羊之驾也，寡人甚说之，吾欲禄之以万，其足乎”，明活字本作“翟王子羡之驾，寡人甚说之，请使之示乎？晏子曰：驾御之事，臣无职焉。公曰：寡人一乐之，是欲禄之以万钟，其足乎”。陶鸿庆疑明活字本“一”为“美”之坏字①，张纯一疑明活字本“一”字、“是”字俱衍②，吴则虞也认为明活字本“是”字衍③。

今按：简文作“吾欲禄之以万”，故“是”字当衍。明活字本“一”与简本“甚”同义，不当为“美”之坏字（陶鸿庆），也不当为衍文（张纯一）。

4. 出〈士〉气（既）事者兼月，瘠者□岁。（简 541）

“出气事者兼月，瘠者□岁”，明活字本作“士既事者兼月，疾者兼岁”。简本“出气事者”较难理解，骈宇骞疑“出”或为“士”之误，“气”当读为“既”，“瘠”与“疾”义通④。

今按：《论语·乡党篇》“不使胜食气”，《说文·皀部》引“气”作“既”，可见“气”与“既”是相通的。“瘠”，《广韵》曰：“病也。”可见简文“瘠者”与明活字本“疾者”同义。简文“瘠者”下所缺字也当补为“兼”。由此，简文与明活字本意思便完全一样了。关于这句话的意思，苏舆曰：“兼月，

---

① 陶鸿庆：《读诸子札记》，北京：中华书局，1959 年版，第 205 页。

② 张纯一：《晏子春秋校注》，载《诸子集成》第四册，北京：中华书局，1954 年版，第 13 页。

③ 吴则虞：《晏子春秋集释》，北京：中华书局，1962 年版，第 34 页。

④ 骈宇骞：《银雀山汉墓竹简晏子春秋校释》，北京：书目文献出版社，1988 年版，第 16 页。

兼一月之粟。兼岁，兼一岁之粟。事，谓已有职业可任者，故但兼月。疾则病苦无能为之人，故须兼岁，乃可自给也。”①

5. 痛磒（简542）

“痛磒”，明活字本无。“磒”，骈宇骞疑读为“瘨”，“瘨”，病也②。谭步云认为“磒”当作“硕”③。

今按：“磒”当读如字，“磒”，《说文》曰：“落也。”“痛磒”则为疼痛落下，可引申为疼痛减轻。景公在梦中很恐惧，醒来自然疼痛就减轻了。

6. 今吾欲使人诛祝史（简545）

“今吾欲使人诛祝史”，明活字本作“今使人召祝史祠之”。

今按：祝史为主管祭祀之官。占梦者进言曰：“师过泰山而不用事，故泰山之神怒。”故而景公若听从占梦者之言，当是去祭祀泰山，而不应该马上杀祝史，笔者以为明活字本作“今使人召祝史祠之”似乎更为合理。又按：《晏子春秋·内篇谏上第一·景公病久不愈欲诛祝史以谢晏子谏第十二》有“诛祝史”之言，不过那是发生在祭祀之后景公之病仍不见好的情况下的，而此处根本还没有祭祀，在这种情况下，当务之急是让祝史去祭祀，而不是杀了他们。

7. 则婴请门（闻）汤（简546）

明活字本作“则婴请言汤、伊尹之状也”。“门”，骈宇骞以

① 吴则虞：《晏子春秋集释》，北京：中华书局，1962年版，第76—77页。

② 骈宇骞：《银雀山汉墓竹简晏子春秋校释》，北京：书目文献出版社，1988年版，第18页。

③ 谭步云：《银雀山汉简本〈晏子春秋〉补释》，载《古文字研究》第24辑，北京：中华书局，2002年版，第436页。

为通“问”[1]。

今按：“门”通“闻”。“则婴请门（闻）汤”之后，先有晏子描述汤和伊尹容貌的话，然后才是景公描述汤和伊尹容貌的话，故而此处不可能是晏子问景公有关汤和伊尹的容貌，而是晏子告诉景公，故不当作“问”而当作“闻”，此处“闻”作使动用法，可译为“使……闻”，即让景公听到，即告知景公，明活字本作“言”，与此同。

8. 今君好酒而养辟（简558）

“今君好酒而养辟”，明活字本作“今君好酒而辟”。骈宇骞认为简本、明本“辟”即“邪”义，明本脱一“养”字[2]。吴九龙认为“辟”读曰“嬖”，无解释[3]。

今按：“今君好酒而养辟”与下文“厚藉敛，急使令”相对，若作“今君好酒而辟”，则与“厚藉敛，急使令”不相对，故当从简本作“君好酒而养辟”。“辟”当读曰“嬖”，《荀子·儒效》：“事其便辟。”杨倞注曰：“辟读为嬖。”可见二字相通。明活字本缺一“养”字，大概是后人不知“辟”读为“嬖”，认为“养辟”不通，故删去“养”字。

9. 利多则民劝（简560）

“利多则民劝”，明活字本作“利多则民欢”。骈宇骞曰：“明本作‘欢’，误。疑形近而讹。作‘劝’意长。”[4]

---

① 骈宇骞：《银雀山汉墓竹简晏子春秋校释》，北京：书目文献出版社，1988年版，第20页。

② 骈宇骞：《银雀山汉墓竹简晏子春秋校释》，北京：书目文献出版社，1988年版，第32页。

③ 吴九龙：《银雀山汉简释文》，北京：文物出版社，1985年版，第53页。

④ 骈宇骞：《银雀山汉墓竹简晏子春秋校释》，北京：书目文献出版社，1988年版，第34页。

今按：“劝”“欢”形近而讹。《战国策·赵策一》：“许之大劝。”《韩非子·说林上》“劝”作“欢”。《孟子·梁惠王上》：“而民欢乐之。”孙奭《孟子音义》：“‘欢’，本亦作‘劝’。”

10. 故节宫室，毋敢大斩伐，毋以服山林（简 562）

明活字本“节宫室”上无“故”字，《群书治要》本同明活字本。简本“毋”，明活字本作“不”，《群书治要》本同明活字本。“毋以服山林”，明活字本作“无偪山林”，《群书治要》本作“以无偪山林”。王叔珉曰：“《子汇》本‘无’上有‘以’字。《治要》引同。是也。黄之寀本、明活字本亦并脱‘以’字。”① 吴则虞曰：“元本、活字本即无‘以’字，緜眇阁、吴勉学诸本有。”② 张纯一曰：“此文疑本作‘不敢大斩伐以偪山林’九字句，‘无’字盖浅人谓与下文‘以偪山林’相反妄增。不知下文义与此文相反者，在无‘不敢’二字也。‘无’与‘不敢’义复，当删。”③

今按：“无”读作“毋”，张说误。此句与下句“节饮食，毋敢多田鱼，以毋怀川泽”相对，故而“毋以服山林”似当作“以毋服山林”，或下句“以毋怀川泽”作“毋以怀川泽”，考虑到《群书治要》本的顺序，似乎第一种可能性更大，此句“毋以”二字误倒。

“服”，明活字本作“偪”，骈宇骞以为“服”“偪”古音相

① 王叔珉：《诸子斠证》，北京：中华书局，2007 年版，第 66 页。
② 吴则虞：《晏子春秋集释》，北京：中华书局，1962 年版，第 202 页。
③ 张纯一：《晏子春秋校注》，载《诸子集成》第四册，北京：中华书局，1954 年版，第 79—80 页。

近，通[①]。

今按："服"当读如字，《尔雅·释言》曰："服，整也。""服"释为整治，则与"偪"意通。

11. 意难之不至也（简 580）

"意难之不至也"，明活字本作"意难，难不至也"。于鬯曰："'意'，盖读为'噫'。"[②] 张纯一曰："见义意以为难，即畏缩不前。"[③] 吴则虞曰："此句有讹脱，不可强为之解。"[④] 骈宇骞疑"意"当作"知"解，"意难之不至也"即"知难之不至也"。[⑤]

今按：明活字本"意难，难不至也"与简本"意难之不至也"均难以解释，骈宇骞释"意"为"知"亦难以说通，故当从吴则虞之说，此句不可强为之解，各本均有脱文。

12. 睹贫穷若弗式（简 583）

"睹贫穷若弗式"，明活字本作"睹贫穷若不识"。

今按："式"通"视"，《汉书·古今人表》："卫视夷。"颜师古注曰："即式夷也。见《吕氏春秋》。"当从简本作"式"，通"视"，"视"与"睹"对应。

13. 非誉不征乎情而言不合乎行（简 583）

"非誉不征乎情而言不合乎行"，明活字本作"非誉乎情而

---

① 骈宇骞：《银雀山汉墓竹简晏子春秋校释》，北京：书目文献出版社，1988 年版，第 36 页

② 于鬯：《香草续校书》，北京：中华书局，1963 年版，第 106 页。

③ 张纯一：《晏子春秋校注》，载《诸子集成》第四册，北京：中华书局，1954 年版，第 91 页。

④ 吴则虞：《晏子春秋集释》，北京：中华书局，1962 年版，第 228 页。

⑤ 骈宇骞：《银雀山汉墓竹简晏子春秋校释》，北京：书目文献出版社，1988 年版，第 52 页。

言不行身”。明活字本作“非誉乎情”难以解释，故而刘师培曰：“戴校云‘乎’疑‘平’字，言毁誉虽公，不能实践也。”[①]张纯一曰：“疑本作‘非誉徇乎情’，今脱‘徇’字，文不成义。非、诽同。情，私意也。徇乎情，谓不当理也。”[②] 简本作“非誉不征乎情”，自可说通，刘说及张说均非。骈宇骞认为“非誉”通“诽誉”，“征”，验证也[③]。

今按：“情”，实也。《论语·子路》：“上好信，则民莫敢不用情。”何晏《论语集解》引孔安国注曰：“情，情实也。”如此，“非誉不征乎情”即说毁谤和称誉都不是根据实情。

明活字本“非誉”上并有“外交以自扬，背亲以自厚，积丰义之养而声矜恤之义”等二十一字，为简本所无。

14. 身殷存所议而好论贤不肖（简583）

“身殷存所议而好论贤不肖”，明活字本作“涉时所议，而好论贤不肖”。

今按：明活字本“涉时所议”，张纯一曰：“偶涉时议，辄纵论人之短长，不自愧怍。”[④] 简本“身殷存所议而好论贤不肖”，“殷”，盛也，大也。《礼记·曾子问》：“服除而后殷祭。”孔颖达疏曰：“殷，大也。大祭谓之殷祭。”“身殷存所议”即说有很多议论。

---

① 刘师培：《晏子春秋斠补（定本）》，1936年宁武南氏校印本。

② 张纯一：《晏子春秋校注》，载《诸子集成》第四册，北京：中华书局，1954年版，第92页。

③ 骈宇骞：《银雀山汉墓竹简晏子春秋校释》，北京：书目文献出版社，1988年版，第56页。

④ 张纯一：《晏子春秋校注》，见《诸子集成》第四册，北京：中华书局，1954年版，第92页。

15. 叹笑相从之数也（简 591）

骈宇骞认为“数”通“速”[①]。

今按：“数”亦可读如字，音朔，屡次也。《礼记 · 祭义》：“祭不欲数。”读为“速”亦通，《史记 · 屈原贾生列传》：“淹数之度兮。”裴骃《史记集解》注曰：“徐广曰：数，速也。”但简本与明活字本均作“数”且“数”读如字亦通，故“数”似音“朔”，释为“屡次”更佳。

16. 九踊而出（简 597）

“九踊而出”，明活字本作“三踊而出”。

今按：《礼记 · 檀弓下》：“辟踊，哀之至也。有算，为之节文也。”孔颖达《正义》曰：“抚心为辟，跳跃为踊。孝子丧亲，哀慕至懑，男踊女辟，是哀痛之极至也。若不裁限，恐伤其性，故辟踊有算，为准节文章。准节之数，其事不一。每一踊三跳，三踊九跳，为一节。士舍死日三日而殡，凡有三踊。初死日袭，袭而踊。明日小敛，小敛而踊。又明日大敛，大敛又踊。凡三日为三踊也。大夫五踊，舍死日四日而殡，初死日一踊，明日袭又一踊，至三日小敛朝一踊，至小敛时又一踊，至四日大敛朝不踊，当大敛时又一踊，凡四日为五踊。诸侯七踊，舍死日六日而殡，初死日一，明日袭又一，至三日小敛朝一，当小敛时又一，四日无事一，五日又一，至六日朝不踊，亦当大敛时又一，凡六日七踊。《周礼》王九踊，舍死日八日而殡，死日一，明日袭一，其间二日为二，至五日小敛为二，其间二日又二，至八日大敛，则其朝不踊也，大敛时又一，凡八日九踊。故云‘为之节

① 骈宇骞：《银雀山汉墓竹简晏子春秋校释》，北京：书目文献出版社，1988 年版，第 62 页。

文也’。故《杂记》云：‘公七踊，大夫五踊，士三踊。’郑注云‘士小敛之朝不踊，君大夫大敛之朝乃不踊’是也。”① 此处是齐庄公死，当为“七踊”，“三踊”或“九踊”可能是春秋末期齐国特有的制度。

17. 台成，公不尚（上）焉（简598）

“台成，公不尚（上）焉”，明活字本作“成而不踊焉”。

今按：“踊”“上”意同。关于明活字本“踊”字，孙星衍曰：“‘不踊’，《说苑》作‘通’，下同，言不到也。‘踊’当是‘踊’之误。”王念孙曰：“作‘踊’者是也。成二年《公羊传》‘萧同侄子踊于棓而阙客’，何注曰：‘踊，上也。凡无高下有绝加蹑板曰棓。’然则踊于棓即登于棓，故何训‘踊’为‘上’也。此言‘不踊’，亦谓台成而公不登也。《说苑·辨物篇》作‘通’者，非字之误，即声之通。孙以‘不通’为‘不到’，失之。”② 苏舆曰：“王说是。《广雅·释诂》亦训‘踊’为‘上’。”③ 张纯一曰：“凡从足又从辵之字，义并同。如‘跡’与‘迹’、‘踰’与‘逾’之类，可证。此‘踊’与‘通’并从甬，声同。足与辵，义同。‘踊’训‘上’，《说文》：‘通，达也。’义近。”④ 吴则虞曰：“以‘踊’为‘上’，盖齐人之言。然‘甬’为舞上之名，水上出谓之‘涌’，是亦通训。”⑤ 简本作“尚”，通“上”，更可见“踊”“上”意通。

---

① 郑玄注，孔颖达疏：《礼记正义》，北京：北京大学出版社，1999年版，第314页。

② 王念孙：《读书杂志》，南京：江苏古籍出版社，1985年版，第547页。

③ 吴则虞：《晏子春秋集释》，北京：中华书局，1962年版，第377页。

④ 张纯一：《晏子春秋校注》，载《诸子集成》第四册，北京：中华书局，1954年版，第153页。

⑤ 吴则虞：《晏子春秋集释》，北京：中华书局，1962年版，第377页。

18、臣请□而去之（简 599）

“臣请□而去之”，明活字本作“臣请禳而去”。孙星衍曰：“‘禳’一本作‘祷’，非。”卢文弨曰：“‘去’下脱‘之’字，《说苑》有。”[①] 吴则虞曰：“凌本、杨本正作‘祷’，《指海》本补‘之’字。”[②]

今按：作“禳”是也。“禳”“祷”均为祭名，然“祷”，《说文》曰：“告事求福也。”“禳”，《说文》曰：“磔禳祀，除疠殃也。”“禳”又通“攘”，意为攘除。简本“去”下有“之”字，明活字本当补。

二 银雀山汉简《晏子春秋》综合研究

银雀山汉简《晏子春秋》共有 16 章，其中第 10 章和 11 章，在今本《晏子春秋》中各分为两章。银雀山汉简《晏子春秋》是现存最早的《晏子春秋》传本，比《群书治要》本的时间还要早得多，它的面世对于厘清《晏子春秋》研究上的许多问题是十分重要的。基于此，笔者拟从三个方面对其进行初步探析：第一是从年代方面；第二是从文本方面；第三是从思想倾向方面。

（一）银雀山汉简《晏子春秋》的抄写年代及其价值

据考古发现，银雀山汉墓下葬的年代在西汉武帝年间[③]。因

① 吴则虞：《晏子春秋集释》，北京：中华书局，1962 年版，第 377 页。
② 吴则虞：《晏子春秋集释》，北京：中华书局，1962 年版，第 377—378 页。
③ 山东省博物馆、临沂文物组：《山东临沂西汉墓发现〈孙子兵法〉和〈孙膑兵法〉等竹简的简报》，《文物》1974 年第 2 期。

此，此墓中所发现的《孙子兵法》《孙膑兵法》《晏子春秋》等竹简的抄写年代当在汉武帝之前。不过关于其中各篇的更为具体的抄写年代，竹简整理者并没有谈到。一般说来，避讳是判定秦汉文献抄写年代的一个重要依据。但竹简整理者发现银雀山汉简中各篇的避讳并不一致，如有些似乎不避“邦”，有些则避，整理者以汉代避讳不严为由而对此问题搁置①。我们认为整理者的论点是建立在这些竹简都是同一时期抄写的观点的基础之上的，但如果这些竹简并不是同时抄写的，而是由不同人在不同时期所抄写的，那些这批竹简的避讳情况不一就能得到很好地解释了。事实上，竹简整理者已发现：“一号墓非一人一时所写，因此书体行款也不尽一致。拿书体来说，可以分为规整和草率两大类，每一类中又各包含多种不同的类型。拿行款来说，大部分都是每行三十余字，但最密的有超过四十字的，最疏的每行只有二十余字。有时候一种书里也包含几种不同的书体和行款。”② 既然这批竹简并非一人一时所抄写而成的，自然其避讳情况也不一致。

关于秦汉是否避讳不严，有必要加以探讨。秦汉避讳不严之说起于陈垣，陈垣说：“秦初避讳，其法尚疏。汉因之，始有同训相代之文字。”③ 此说影响极大，几成定论。不过近年随着出土资料的大量涌现，这一说法已遭到质疑，如陈松长依据岳麓简2026“令曰：黔首徒隶名为秦者更名之，敢有、有弗更，赀二

① 银雀山汉墓竹简整理小组：《银雀山汉墓竹简（一）》，北京：文物出版社，1985年版，第5页。

② 银雀山汉墓竹简整理小组：《银雀山汉墓竹简（一）》，北京：文物出版社，1985年版，第5—6页。

③ 陈垣：《史讳举例》，上海：上海书店，1997年版，第98页。

甲”这则材料判定，秦代避讳制度并不随意，而是有法律规定的①；王中江引用众多出土资料及众人的研究成果，认为：“所谓避讳不严只是猜测，并无实据，同时汉代没有只避高祖讳的规定。”② 我们认为，从众多出土资料（如马王堆帛书、张家山汉简、岳麓书院秦简）及《史记》中也存在大量的避讳现象来看，避讳应该是秦汉时期一个普遍现象，据相关出土文献（如陈松长所举岳麓简）将避讳作为法令规定下来，我们似乎也不能说秦汉避讳不严。因而我们也不能否定避讳是判定古书抄写年代的一个重要依据。并且，我们还注意到《睡虎地秦墓竹简·语书》中的一则材料：“廿年四月丙戌朔丁亥……是以圣王作为法度，以矫端民心。”“廿年”即秦王政二十年（前227）。关于“矫端民心”，整理者注曰：“矫端，即矫正。当时避秦王政讳，用‘端’字代替‘正’字，如正月改为端月，《史记·秦楚之际月表》索隐：‘秦讳正，故云端月也。’又如《吕氏春秋·情欲》‘端直之远’，以及秦刻石，也都避讳‘正’字。下文自端、公端同例。”③ 由此可见，在秦王政在世时，秦国就已经要避秦王政的讳了，可见秦朝避讳制度还是比较严格的，而汉承秦制，避讳制度应该也不至于太宽松。

我们知道，汉代有一套通行的避讳制度，如以“国”代“邦”（汉高祖名）、以“满”代“盈”（汉惠帝名）、以“野鸡”代“雉”（吕后名）、以“常”代“恒”（汉文帝名）、以

① 陈松长：《秦代避讳的新材料——岳麓书院藏秦简中的一枚有关避讳令文略说》，《中国社会科学报》2009年9月10日。

② 王中江：《北大藏汉简〈老子〉的某些特征》，《哲学研究》2013年第5期。

③ 睡虎地秦墓竹简整理小组：《睡虎地秦墓竹简》，北京：文物出版社，1997年版，第13—14页。

“开”代“启”（汉景帝名）、以“通”代“彻”（汉武帝名）等①。具体到银雀山汉简《晏子春秋》，我们发现其中无“邦”字，却有大量的“国”字，似乎有意避刘邦之讳。既不见“盈”和“满”字，也不见“雉”和“野鸡”、不见“恒”字，“常”字出现13次，不过都是见于汉简《晏子春秋》第13章“柏常骞”之名，很难说“常”是否避讳。此外“启”“彻”各出现一次，显然没有避景帝与武帝之讳。因而我们可以得出结论：银雀山汉简的抄写年代应当在汉景帝之前。

既然银雀山汉简《晏子春秋》的抄写年代在汉景帝之前，这就证明现存《晏子春秋》这部书部分篇章并非伪书。西汉时期，银雀山汉简所在的临沂地区是比较偏远的地区，《晏子春秋》从成书到流传至比较偏远的临沂地区需要很长的时间，因而《晏子春秋》的成书时间应远远早于银雀山汉简《晏子春秋》的抄写年代。关于这一点，骈宇骞有比较清楚的认识，他说：“在印刷术尚未发明的西汉时期，书籍的传播多靠简帛的抄写与口授，抄书难，流传更难，从成书到得以流传都需要相当长的时间，再传到文化不太发达的僻远山区，在时间上会更长一些。从《史记》的记载和简本《晏子》的重新问世，足以说明《晏子春秋》的成书时代最晚不会晚于秦统一六国，从书中的内容及书中的语言用字来看，很可能还会更早一些。”②

银雀山汉简《晏子春秋》抄写年代非常早，是现存最早的《晏子春秋》版本，因而它一定可以校订在《晏子春秋》几千年

---

① 陈垣：《史讳举例》，上海：上海书店，1997年版，第97页。

② 骈宇骞：《银雀山汉墓竹简晏子春秋校释》，北京：书目文献出版社，1988年版，第3页。

前流传过程中所出现的文字脱漏、讹误等问题。关于这一点，骈宇骞说："它不但可以纠正今本的不少错误，而且在内容上也可以补今本之不足。"[①] 并举出数例来说明银雀山汉简《晏子春秋》在校勘传世本方面的价值，关于银雀山汉简《晏子春秋》在这方面的价值，从本章第一部分也可以轻易地看出来，兹不赘述。但是我们也应该清醒地认识到银雀山汉简《晏子春秋》毕竟出土在西汉不发达的临沂地区，而且墓主是个主要关心兵法或军事的人[②]，《晏子春秋》根本不涉及兵法或军事，这一切都会影响银雀山汉简《晏子春秋》的版本价值，故而我们也不必过分拔高银雀山汉简《晏子春秋》的价值，当银雀山汉简《晏子春秋》与传世本不一致时，我们不应该盲从银雀山汉简本而一律认为传世本有误，而应该仔细加以分析，以确定银雀山汉简本与传世本哪个更为合理。事实上，通过对银雀山汉简《晏子春秋》与传世本的比照，我们发现传世本也有数处长于银雀山汉简本，如银雀山汉简《晏子春秋》第 9 章简 575 有"不害之以实"一句，明活字本也作"不害之以实"，《群书治要》本作"不害之以罚"，王念孙以为"害之以实"不可通，当从《群书治要》本作"不害之以罚"，谓不以刑罚害民也[③]。骈宇骞则据银雀山汉简本认为"实"字不误，"不害之以实"谓不反以实情使之受害[④]。但显然此句作"不害之以罚"更佳，"不害之以实"确实难以说

① 骈宇骞：《银雀山汉墓竹简晏子春秋校释》，北京：书目文献出版社，1988 年版，第 4 页。

② 这一点从银雀山汉墓主要出土《孙子兵法》《孙膑兵法》等军事典籍可以看出来。

③ 王念孙：《读书杂志》，南京：江苏古籍出版社，1985 年版，第 537 页。

④ 骈宇骞：《银雀山汉墓竹简晏子春秋校释》，北京：书目文献出版社，1988 年版，第 47 页。

得通，骈氏过分相信银雀山汉简本，故而为此句作如此曲说。还有一些是银雀山汉简本与传世本均说不通的地方，如银雀山汉简《晏子春秋》第10章简580有“意难之不至也”一句，明活字本作“意难，难不至也”。于鬯曰：“‘意’，盖读为‘噫’。”[①] 张纯一曰：“见义意以为难，即畏缩不前。”[②] 吴则虞曰：“此句有讹脱，不可强为之解。”[③] 骈宇骞疑“意”当作“知”解，“意难之不至也”即“知难之不至也”[④]。但此句明活字本“意难，难不至也”与简本“意难之不至也”均难以解释，骈宇骞释“意”为“知”亦难以说通，故而此句不可强为之解，可能各本均有脱文。因此，我们不应盲从银雀山汉简本《晏子春秋》，认为它一定比传世本更佳。下面笔者将具体比较银雀山汉简本《晏子春秋》与传世本之间的关系。

（二）银雀山汉简《晏子春秋》与传世本、《群书治要》本的关系

前面我们已经说过，银雀山汉简《晏子春秋》是现存最早的《晏子春秋》版本，而传世本中明活字本最具代表性，此外，《群书治要》成书于唐初，在唐末之后就失传了，直到清末才由日本回传中国，所以《群书治要》本也是一个具有代表性的版本，考察银雀山汉简《晏子春秋》与传世本、《群书治要》本之间的关系，能够深化我们对《晏子春秋》的认识。

---

① （清）于鬯：《香草续校书》，北京：中华书局，1963年版，第106页。

② 张纯一：《晏子春秋校注》，载《诸子集成》第四册，北京：中华书局，1954年版，第91页。

③ 吴则虞：《晏子春秋集释》，北京：中华书局，1962年版，第228页。

④ 骈宇骞：《银雀山汉墓竹简晏子春秋校释》，北京：书目文献出版社，1988年版，第52页。

1. 银雀山汉简《晏子春秋》与传世本的关系

银雀山汉简《晏子春秋》相关篇章均见于传世本《晏子春秋》，因而银雀山汉简本在《晏子春秋》版本源流方面也具有重要的价值，考察两个传本的关系也就十分有必要了。在这方面，李天虹做了十分细致的工作，她指出银雀山汉简本和传世本《晏子》的文本关系大致可以分为以下五种：其一，银雀山汉简本《晏子春秋》各章大多与传世本属于同一文本；其二，银雀山汉简本《晏子春秋》少数章可能因被刘向认为重复而删除；其三，银雀山汉简本第13、第16两章可能是传世本《晏子春秋》的滥觞；其四，银雀山汉简本第10、第11两章，传世本分别划分为两章，可能是刘向析章的结果；其五，银雀山汉简本前后重复的文句，传世本时常不见，可能是被后人精简所致[①]。其结论大体不错，然仍有一些地方值得商榷。

其一，李天虹认为银雀山汉简本第16章比明活字本多出约一半文字，可能是明活字本在流传过程中经过后人的删减。骈宇骞则疑明活字本有脱文[②]。笔者认为明活字本这章可能在流传过程中一度佚失，后从《太平御览》增入《晏子春秋》中。

我们首先来比较明活字本文字以及银雀山汉简本第16章文字：

晏子没十有七年，景公饮诸大夫酒。公射出质，堂上唱善若出一口，公作色太息，播弓矢。弦章入，公曰："章，

① 李天虹：《简本〈晏子春秋〉与今本文本关系试探》，《中国史研究》2010年第3期。

② 骈宇骞：《银雀山汉墓竹简晏子春秋校释》，北京：书目文献出版社，1988年版，第94页。

> 吾失晏子，未尝闻吾不善。”章曰：“臣闻君好臣服，君嗜臣食，尺蠖食黄身黄，食苍身苍，君其食谄人言乎?”公曰：“善。”赐弦章鱼五十乘。弦章归，鱼车塞途。章抚其仆曰：“曩之唱善者，皆欲此鱼也。”固辞不受。（明活字本）
>
> 晏子没十有七年，公饮诸大夫酒。公射出质，堂上唱【□□□】□，公组（沮）色太息，蕃（播）弓矢。弦章入，公曰：[624]“章，自吾失【□□】于今十有七年，未尝闻吾不善。今射出质，唱善者若出一口。”弦章答曰：“此诸臣之不肖[625]也。智不足以知君之不善，勇不足不以犯君之颜。此诸臣之不肖也。然而有一焉。臣闻尺蠖食黄其身[626]黄，食青其身青，君其有食乎谄人之言欤?”公曰：“善。”弦章出，自海入鱼五十乘，以赐弦章＝（章。章）归，鱼塞[627]【□□□□】之手曰：“曩之唱善者，皆欲若鱼者也。昔者晏子辞赏以正君，故过不弇。今诸臣谄谀[628]以弋利，故出质而唱善若出一口。今所以补君未见于□□□□□□□晏子之义，而顺谄谀[629]之欲也。”固辞而弗受。公曰：“弦章之廉，晏子之□[630]……（银雀山汉简本）

比较两者，我们可以看出银雀山汉简本比明活字本多出的文字多处提到晏子，也强调弦章之行与晏子的类似，也受到了晏子的影响，其实这是侧面凸显出晏子的德行；而明活字本显然大大弱化晏子的影响，更像是单纯地记载弦章的德行。如果照银雀山汉简本的记载，虽是记载弦章事迹，然而主要是突出了晏子的德行，如此则此章归入《晏子春秋》中就显得合情合理，而照明活字本的记载则此章与晏子关系不大，不当归入《晏子春秋》

中。如果真是后人直接删减而成明活字本文字，则不当将突出晏子的句子也一并删去。那么合理的解释是什么呢？

我们注意到，明活字本此章与《太平御览·鳞介部七》文字皆同，而《群书治要》本所录文字与银雀山汉简本文字大体相同。这就让我们很有理由怀疑《太平御览》这段文字是编者删改《晏子春秋》而成的。而据学者研究，《太平御览》的编者的确对古书引文多有删节改写①。明活字本既然与《太平御览》引文皆同，很可能是《晏子春秋》在流传过程中此章佚失，后人根据《太平御览》增补进去的，所以才造成明活字本和银雀山汉简本如此大的差异。

其二，银雀山汉简本第 10、第 11 章，传世本各分为两章，李天虹认为是刘向所分。笔者认为这可能并非刘向所分，而极有可能是宋代之后的人所分。据第一章第二节"《晏子春秋》其书"，我们知道《晏子春秋》卷数发生过改变，汉代是八卷本，隋唐则是七卷本，宋代为十二卷本，而今存明活字本是八篇二百一十五章，正合刘向《晏子叙录》及《汉书·艺文志》之数。唐代和宋代《晏子春秋》都不合《晏子叙录》及《汉志》之数，而明活字本却合，这不能不让人怀疑是后人合并以符《汉志》之数②。再者，吴则虞辑录了《晏子春秋》数条佚文③，如果现存《晏子春秋》果真是《晏子叙录》和《汉志》所记载的《晏子春秋》之旧，则不当有如此多的佚文。合理的解释是，诸

① 周生杰：《〈太平御览〉研究》，成都：巴蜀书社，2008 年版，第 454—456 页。

② 吴骞：《附录拜经楼藏书题跋记·附录》，上海：商务印书馆，1939 年版，第 76—77 页。

③ 吴则虞：《晏子春秋集释》，北京：中华书局，1962 年版，第 525—528 页。

如汉简本第10、第11章，传世本各分为两章，当是后人所分，以合《晏子叙录》及《汉志》之数，而并非出于刘向之手。

2. 银雀山汉简本与《群书治要》本的关系

银雀山汉简《晏子春秋》有三章见于《群书治要》本，分别为第7章、第9章、第10章。对比银雀山汉简《晏子春秋》与《群书治要》本，除银雀山汉简本所缺字可以用《群书治要》本和明活字本等传世本补充之外，我们可以发现银雀山汉简本与《群书治要本》的关系主要有以下四种情况：

（1）互有省文

首先是银雀山汉简本与《群书治要》本互相省去了许多无关紧要的虚词，如汉简本《晏子春秋》第9章简573作“景公问于晏子曰”，《群书治要》本省去了“于”字；汉简本《晏子春秋》第7章简564作“今君之政反乎民”，《群书治要》本省去了“之”字；《群书治要》本《问下篇》有一章作“而行悖乎神”，汉简本第7章简564缺少“而”字；《群书治要》本作“意者逆乎”，而汉简本《晏子春秋》第7章简565缺少“者”字。

其次是《群书治要》本相对银雀山汉简本省去了一些短语或句子[①]，但并没有影响全章的意思，如汉简本第7章相对《群书治要》本多了“故邻$_{566}$国患之，百姓亲之，晏子没而后衰”一句，汉简本第9章“苟所求于民，不以事逆，故$_{575}$下不敢犯禁也。古者百里异名，千里异习，故明王修道$_{576}$”也是《群书治要》本所没有的。

① 由于银雀山汉简本有许多阙文，所以不好讨论银雀山汉简本是否相对《群书治要》本有省文。

（2）用字之不同

首先，银雀山汉简本与《群书治要》本存在同义词替换的情况。如汉简本第9章简574作“所求于下者，弗务于上，所禁于民者，弗行于身”，《群书治要》本引此句“弗”均作“不”；汉简本第10章简578作“答曰”，《群书治要》本引作“对曰”；汉简本第7章简561作“寡人志气甚痿”，《群书治要》本作“寡人意气衰”，其中“志气”与“意气”同义，“痿”即“衰”。

其次，两本存在虽文字不同，但可通假的情况。如汉简本第7章简561作“圭璧牺牲”，《群书治要》本作“珪璧牺牲”；汉简本第7章简561有“奸”字，《群书治要》本作“干”字，“奸”“干”通，《左传·襄公十四年》：“谁敢奸君。”《史记·吴太伯世家》《新序·节士》所引“奸”作“干”；又如汉简本第7章简565作“入禄”，《群书治要》本作“纳禄”，而“入”“纳”通也。《左传·僖公四年》：“人谁纳我。”《史记·晋世家》“纳”作“入”。

（3）银雀山汉简本优于《群书治要》本之处

银雀山汉简本作为现存最早的版本，在一些地方还是优于《群书治要》本的，如汉简本第7章简561作“寡人志气甚痿，身体甚病”，《群书治要》本作“寡人意气衰，身甚病”，显然汉简本“志气”是复合词，相对于“身体”，两“甚”字相对，“痿”与“病”相对，句式十分工整，《群书治要》本显然不如汉简本。

（4）《群书治要》本优于银雀山汉简本之处

作为初唐时期的版本，《群书治要》所抄录的版本是刘向收集西汉时期许多《晏子春秋》版本整理而成的，《群书治要》本也有优于银雀山汉简本之处。如汉简本第7章简561作“令祝宗荐之上下”，《群书治要》本作“令祝宗荐之乎上帝宗庙”，《群书治要》本增一“乎”字，“上帝宗庙”相对汉简本“上下”更为明白易懂；又如以上所举的“不害之以实”一句，《群书治要》本作“不害之以罚”，意思也更为清晰。

综上所述，我们可以看出，作为现存较早的两个《晏子春秋》版本，银雀山汉简本和《群书治要》本存在一些差异，两个本子也各有所长，我们应该将两者结合起来，以更好地理解《晏子春秋》。

3. 银雀山汉简《晏子春秋》的思想倾向

在文本源流方面，骈宇骞认为银雀山汉简本《晏子春秋》“仅存十六章，疑当系节选本”[①]，李天虹则认为银雀山汉简本《晏子春秋》是刘向校书之前流行的《晏子春秋》书的一种，而不能简单称其为“节选本”[②]。刘向《晏子叙录》曰：“所校中书《晏子》十一篇……太史书五篇，臣向书一篇，参书十三篇。”可见在刘向校书之前，《晏子春秋》至少有十一篇、五篇、一篇、十三篇等几种不同文本。银雀山汉简本共16章，确实不一定就是“节选本”，从篇数来看，可能接近于刘向所藏一篇本。

从思想内容的角度来看，我们更能确信银雀山汉简本《晏子春秋》自成体系，当不是“节选本”。简本第1章记载晏子劝

① 骈宇骞：《银雀山汉墓竹简晏子春秋校释》，北京：书目文献出版社，1988年版，第3页。

② 李天虹：《简本〈晏子春秋〉与今本文本关系试探》，《中国史研究》2010年第3期。

谏景公不要过度饮酒；简本第2章记载晏子劝谏景公不要为妇人所制，而要厚禄贤人而爱惜民力①；简本第3章劝谏景公爱民；简本第4章劝谏景公不要伐宋；简本第5章劝谏景公爱惜民力，要“节于身而调于民”；简本第6章劝谏景公不要伐鲁；简本第7章劝谏景公不要相信祭祀可以求福；简本第8章劝谏景公任贤爱民，崇尚节俭；简本第9章劝谏景公“养民不苛”；简本第10章阐述忠臣、佞人之别，认为忠臣“不与君行邪”；简本第11章阐述君主应爱民及节俭的思想；简本第12章记载晏子坚持原则，既不为庄公而死，又不屈服于崔杼的淫威；简本第13章记载不相信柏常骞能为景公“请寿”；简本第14章记载晏子“以一心事三君”而“三心不可以事三君”，说明晏子对每个君主都忠诚；简本第15章晏子批评孔子学说之无用；简本第16章记载晏子死后弦章勇于谏君，突出其受了晏子的影响。我们可以看出：第1章、第5章、第8章、第11章都涉及节俭思想；第2章、第3章、第5章、第8章、第9章、第11章都涉及尚贤爱民的思想；第4章和第6章都涉及非攻思想；第7章、第13章都涉及不相信祭祀可以为人求福；第10章、第12章、第14章、第16章都涉及忠臣思想；而第15章又见于《墨子·非儒下》，是晏子对孔子思想的集中批评，批评儒家“重礼乐”“厚葬”等思想，认为儒家礼仪烦琐而无补于世，纯粹浪费民力，这可以视为简本《晏子春秋》的施政纲要及晏子的学术思想倾向宣言。简本这16章在思想方面自成体系，没有矛盾，接近于墨家思想。除了明显涉及墨家“十论”中的“兼爱”“非攻”“尚贤”“节

① 简本此章佚文较多，对照传世本可推知晏子劝谏大意。

用”“节葬”“非乐”思想外，就是第7和第13章涉及不相信祭祀可以求福及第10、12、14、16章所涉及的忠臣思想均与《墨子》思想相通，当然需要说明的是，这些思想并非《墨子》所独有。

我们先来看《墨子》的忠臣思想：

> 鲁阳文君谓子墨子曰："有语我以忠臣者，令之俯则俯，令之仰则仰，处则静，呼则应，可谓忠臣乎？"子墨子曰："令之俯则俯，令之仰则仰，是似景也。处则静，呼则应，是似响也。君将何得于景与响哉？若以翟之所谓忠臣者，上有过则微之以谏，己有善，则访之上，而无敢以告。外匡其邪，而入其善，尚同而无下比，是以美善在上，而怨雠在下，安乐在上，而忧戚在臣。此翟之所谓忠臣者也。"(《墨子·鲁问》)

上引《墨子》关于忠臣当“微之以谏”“外匡其邪，而入其善”的思想与简本《晏子春秋》所涉及的忠臣思想是完全一致的。

再来看《墨子》关于祭祀求福的观点：

> 鲁祝以一豚祭，而求百福于鬼神。子墨子闻之曰："是不可，今施人薄而望人厚，则人唯恐其有赐于己也。今以一豚祭，而求百福于鬼神，唯恐其以牛羊祀也。古者圣王事鬼神，祭而已矣。今以豚祭而求百福，则其富不如其贫也。"(《墨子·鲁问》)

由此可知，《墨子》也不相信祭祀可以求福，认为祭祀只是单纯的“事鬼神”的一种方式罢了，并不能要求祭祀可以给人带来福气。这与简本《晏子春秋》的思想也是一致的。再者，简本第13章章末，晏子认为“弗为损年”，即不祭祀会损害年成，而在传世本中作“不为无损”，两者思想有所差异。简本“弗为损年”思想是接近于《墨子》的，因为按《墨子》的思想，祭祀是“事鬼神”的一种方式，虽然不能以此来求福，但我们知道鬼神在《墨子》思想中是十分重要的，墨家批评儒家一大缺陷之一就是不相信鬼神，认为这足以丧天下①，所以在《墨子》看来，不事鬼神的危害是巨大的，故而简本“弗为损年”与之一致，而传世本“不为无损”则儒家思想相近，与《墨子》思想刚好相反。并且，简本第8章章末有“是以士民蕃滋而尚同”的字样②，这直接出现墨子“十论”之“尚同”，更证明简本与《墨子》思想的一致。因而，从银雀山汉简本思想内容来看，不仅自成体系，可能不是“节选本”，而且从其在关键的地方（如上举“弗为损年”“尚同”）与传世本不同之处，简本《晏子春秋》极有可能是墨家传本。这也可以看出墨家与《晏子春秋》流传之间的密切关系。

4. 结语

以上我们从抄写年代、版本比对、思想倾向等三个方面对银雀山汉简《晏子春秋》作了探究，我们可以看出，银雀山汉简《晏子春秋》是西汉初年的《晏子春秋》版本，它的面世不仅证明《晏子春秋》成书时间较早，而且通过其与传世本、《群书治要》本的比较，可以补充传世本之不足，对于认清《晏子春秋》

① 《墨子·公孟篇》曰：“儒以天为不明，以鬼为不神，天鬼不悦，此足以丧天下。”

② 传世本作“尚司”，见本章第一部分关于简本第8章的注释。

的成书、分章等问题都有十分重要的价值。但我们也应该清醒地认识到，银雀山汉简《晏子春秋》毕竟出土于西汉时期文化并不发达的临沂地区，而且墓主人主要兴趣在于兵法或军事上，这些都可能影响银雀山汉简《晏子春秋》的文本价值，在银雀山汉简本与传世本《晏子春秋》有分歧之处，我们也不应该盲从银雀山汉简本，而应该具体情况具体分析，比对两者谁更为合理。从思想倾向方面，我们还发现，银雀山汉简本《晏子春秋》的墨家思想倾向更为明显，或者可能就是墨家的传本，这对于我们认清《晏子春秋》与墨家的关系有着十分重要的意义。

第二节　上博竹书《景公疟》研究

20 世纪 90 年代末，上海博物馆购置了一批战国竹简，后经过众位学者的努力，其释文得以陆续发表，《景公疟》是《上海博物馆藏战国楚竹书（六）》中的第一篇，其中出现了齐景公和晏子两人，与传世本《晏子春秋》存在对应关系。笔者拟在对其进行释文考释的基础上，再对其进行综合研究，探究其与传世本《晏子春秋》的关系、其思想特色及其所反映的齐楚关系等问题。

一　上博竹书《景公疟》释文考释

经整理者考释，《景公疟》全篇共有 13 简。13 简均断为三段，下段无存。据整理者推测，每简字数约为 55 字。《景公疟》

故事情节相对清晰，主要讲齐景公生病，其宠臣会谴、梁丘据等人向景公谏言应杀掉祝、史二人以讨好鬼神，但晏子向景公讲了一番“诅为无伤，祝亦无益”的道理，使景公信服讨好鬼神的唯一途径是勤政爱民，亲贤远佞，成功劝服景公不杀祝、史二人。本篇与《左传·昭公二十年》（以下简称《昭公二十年》）《晏子春秋·外篇重而异者第七·景公有疾梁丘据裔款请诛祝史晏子谏第七》（以下简称《景公有疾》）、《晏子春秋·内篇谏上第一·景公病久不愈欲诛祝史以谢晏子谏第十二》（以下简称《景公病》），内容类似，部分内容也见于《晏子春秋·内篇谏上第一·景公信用谗佞赏罚失中晏子谏第八》（以下简称《景公信用谗佞》）①，其中《昭公二十年》《景公有疾》字句基本相同，如无特殊说明，以下一般引用《景公有疾》。

《景公疟》发表后，已有众多学者对其进行考释，解决了很多字词上的释读问题，给笔者的研究提供了极大的便利。在充分吸收前贤成果的基础上，笔者希望能在此问题上能有所突破，给出新的释文和编连，以揭示其思想脉络。

笔者参考众说，将《景公疟》分为六个部分：1+2；3+4；5+7；6+11；8+10+9；12+13。② 依据这个编连，笔者力求在博采众家之长的基础上，结合自己的理解，给出新的释文。为简洁之便，凡学界取得基本共识之字，均以通行字直接写出，仅对需要探讨的文字保留原形；括号内的字表示可能的假借字；方框内的字代表据文意所补的字词；“……”代表简断之处。

① 这个观点最早由董珊提出，见董珊：《读〈上博六〉杂记（续二）》，简帛网，2007 年 7 月 11 日。

② 袁青：《上博简〈景公疟〉探析》，《光明日报（国学版）》2013 年 10 月 28 日。

释文：

景公疟【2背】

齐景公疥且疟[一]，逾岁不已。割瘡（会谴）[二]与梁丘据言于公曰："吾币帛甚娧（孅）于吾先君之量（良）矣[三]，吾珪宝[四]大于吾先君之……【1】公疥且疟，逾岁不已，是吾无良祝、史也。吾欲诛诸祝、史。"公举首[五]答之："尚〈甚〉然[六]，是吾所望于汝也。盍戜（诛）之？"二子㯋（急），湎（将）……【2正】

是言也。"高子、国子答曰："身为新（亲），或（又）何�（爱？）焉？[七]是信吾无良祝、史，公盍诛之？"晏子夕，二夫=（大夫）退[八]。公入晏子而告之，若其告高子……【3】木为成于宋，王命屈木问范武子之行焉，文子答曰："夫子吏（理）其私吏（事），听狱于晋邦[九]，塼（溥）情而不愸（偷）[一〇]，吏其厶（私）[一一]。祝、史进……【4】

……𢘓（思）圣[一二]，外内不废，可因于民者，其祝、史之为其君祝敚也[一三]。正（贞）□……祝、史之为【5】君祝敚，毋尃情忍辠（罪）乎[一四]，则言不听，请不获；如顺言弇恶乎，则恐后诛于史者。故其祝、史䂓（制）蔑（篾）耑折祝之[一五]，多堣言[一六]……【7】

忘（亡？）矣，而汤（扬）清者，与得万福焉。今君之贪昏苛慝，币违[一七]……【6】其左右相侩（颂）自善[一八]曰："盍必（比）死愈（偷）为乐乎[一九]？故死期将至，何仁……【11】

诅为无䝱（伤）[二〇]，祝亦无益。今薪蒸思（使）虞守之；泽济史（使）敍守之；山林史（使）衡守之。举邦为钦

(憾)[二一]，约夹（陕）者（诸）闗（关），缚缅（缨）者（诸）貹（市）[二二]。众……内宠之妾，肆夺于市；外宠【8】之臣，出矫于鄄（鄙）[二三]。自姑、尤以西，聊、摄以东，其人数多已，是皆贫痞（苦）约疠（弱）疾[二四]，夫妇皆诅一支（丈）夫，执𢓜（寻）之币、三布之玉，唯是□[二五]……【10】明德观行。勿（物）而未（祟）者也[二六]，非为嬍玉肴牲也。今内宠有割瘔（会谴），外=（外嬖）又（有）梁丘据縈（萦）恚（诳）[二七]，公退（纳）武夫亚（恶）圣人[二八]，番（蕃）浧（逞）壓（臧）菅（笃）[二九]，吏……【9】

二夫可不受皇琝（瓔），则未得与昏（闻）。”[三〇]公强起，▇（违）席曰：“善哉，吾子！……晏子，是攘怨（患）之言也。[三一]祭正（贞）不获祟，以至于此，神见吾经〈淫〉暴[三二]……【12】请祭与正（贞）。”晏子辞。公或（又）谓之，晏子许诺。命割瘔（会谴）不敢监祭，梁丘据不敢监正（贞）。旬又五，公乃出见折[三三]。【13】

注释：

[一] 齐景公疥且疟

濮茅左引用历史上的两种解释：“一取直解，说‘齐景公’是‘疥’‘疟’（或称‘痁’，即‘大疟’）同患。‘疥’，为痒疥之疾，皮肤病。一作假借，‘疥’读为‘痎’，痎是小疟，二日一发，后病情加重成一日一发之‘疟（痁）’，所说的是一个病程，由‘痎’拖延，致大疟（痁）。”他更进一步认为“本书题为《竞公疟》，而不题为《竞公疥且疟》，这一重要结论使千年的谜团化为冰释，书题告诉我们齐竞（景）公并不是患

‘疥’，也不是‘疥’‘疟’同患，而是‘疟’，由小疟而致大疟。”① 由此可见，濮茅左赞成历史上的第二种解释，将“疥”假借作“痎”，“痎”是小疟，“疟”是大疟，齐景公病情积久，病情遂由小致大。

陈惠玲从原隶定字“𧏾”来分析，她认为“疥”下有虫字，说明“疥”是被一种肉眼看不见的疥虫感染而得的，得此病后奇痒无比，患部会产生许多红色的小丘疹。她又认为，依据《周礼》对于疾病与季节的记载“时有痟首疾，夏时有痒疥疾，秋时有疟寒疾，冬时有嗽上气疾”，可了解“疥”与“疟”的高发期是夏季和秋季，因此齐景公“疥且疟”“疥遂痁”的病情或许可解读为“齐景公患了疥病，之后又加上疟病”②。

林圣峰通过将《景公病》《景公有疾》《昭公二十年》对比，认为“疥”字当是一种与“疟”“痁”相关的疾病，只不过程度较为轻微。如此，“疥”当理解为“痎”字，方能切合文意，简文“痎且疟”乃表述齐景公由小疟而致大疟之病程。他还指出，“疥”“痎”二字，在楚文字中形体颇为相似，因而“疥”“痎”二字的异文关系或许是由于“形近讹混”。③

倪薇淳详细考察了历史上关于“疥”的两种解释：“疥”读为本字，即指疥疮，景公所患的是“疥”和“疟”两种病，持此种说法的有陆德明、臧琳、臧庸、宋咸熙、王引之、苏舆、吴则虞等人；另一种则认为“疥”是“痎”的通假字，持这种说

---

① 马承源：《上海博物馆藏战国楚竹书（六）》，上海：上海古籍出版社，2007年版，第160页。

② 陈惠玲：《上博六〈竞公疟〉释“疥”及“旬又五公乃出见折”》，简帛网，2007年10月23日。

③ 林圣峰：《上博六〈竞公疟〉“疥”字札记》，简帛网，2008年3月29日。

法的有颜之推、孔颖达、徐锴等。她指出，古人已注意到疟疾发作的重要病症为发烧，若“疥”读作“痎”，则景公的病程是由“痎”至“痁”，由二日一发转为频日发，而据臧琳、臧庸的看法，疟当以二日一发为最重，频日发者为轻，因而“疥”为“痎”借字之说不能成立。她又指出，按现代医学所分四种疟疾种类，致死率最高者为“恶性疟”，其发烧周期较不固定，有24小时、36小时和48小时，甚或部分患者无规则性的发烧周期。其他三种“良性”疟，其发烧周期分别为：“间日疟”为24或48小时，“卵圆疟”为48小时，“三日疟”为72小时。可见无法以发烧周期判别作为疟疾轻重的依据。她还指出中国传统“疟”有两种含义：现代医学定义的疟，她称之为“疟甲”；非现代疟疾定义的疟，着重于“寒热休作”的病征表现，她称之为“疟乙”。通过研究，她认为齐景公当时应是“疥”“疟”同患，但“疟”非现代医学所说的“疟疾”，而是本文定义的“疟乙”。①

今按：倪薇淳运用现代医学来研究这个问题，确实给人耳目一新的感觉，对于这个问题的解决推动很大。但对于濮茅左所提出的问题，即本简题为《竞公疟》，而不题为《竞公疥且疟》，进而认为齐景公并不是患“疥”，也不是“疥”“疟”同患，而是患“疟”，由小疟而致大疟，倪薇淳并未加以解释。笔者以为濮茅左所持的理由是不充分的，古书有取首句为篇名的惯例，其篇题一般没有实际的意义，若依照濮茅左的说法，“疟”可以概括“疥”与“疟”，似乎与古书之通例不合。如何解释“景公

① 倪薇淳：《〈上博六·竞公疟〉“齐竞公疥且疟”初探》，复旦大学出土文献与古文字研究中心网，2009年6月22日。

疟”这一标题呢？笔者以为，今本《晏子春秋》中《景公有疾》《景公病》开头都是“景公疥且疟”和“景公疥遂痁”，依照古人取首句为篇题的通例，一篇当作“景公疥”，为避免重复，另一篇只能作“景公疟”了。古书中存在类似情形，如《大戴礼记·主言篇》：“孔子闲居，曾子侍。孔子曰：‘参，今之君子，惟士与大夫之言之闲也，其至于君子之言者，甚希矣。于乎！吾主言其不出而死乎？哀哉！’”若按取首句的惯例，此篇篇题应作“孔子闲居”，因《礼记》已有“孔子闲居”篇，故此篇篇题作“主言”，与“景公疟”篇题类似。因而此句当理解为：齐景公患了疥病之后又患了疟疾。

［二］割瘏

何有祖认为“割”上古音属月部见纽，而“会”属月部匣纽。韵部相同，声部为喉牙音，音近可通。在文献中“会”“盖”意近，皆可指盖子，楚简中从“割”的字多有用“盖”的情形。因而“割”在简文中读作“会”应该是可以的。原整理者隶定为“瘏”，从简文看，此字声符与《穷达以时》6号简“管”字同，而“管”上古音属元部见纽，“谴”属元部溪纽；两字韵部相同，声纽则同在牙音，音近可通。因而，他认为“割瘏”即“会谴”。①

郝士宏以为《古文四声韵》卷5·11“割”字下收有“刽”字，而“刽”字似可分析为从刀，“合”声，声符“会”形疑为“合”字隶变而来，“合”“会”古一字分化，故可读为“会”②，更进一步增强“割瘏”读为“会谴”的可能性。

① 何有祖：《读上博六札记》，简帛网，2007年7月9日。
② 郝士宏：《初读〈上博竹书（六）〉》，简帛网，2007年7月21日。

［三］吾币帛甚𡟲（嬍）于吾先君之量（良）矣

“𡟲”，濮茅左以为同“嬍”，读为“倍”①。“量”，李天虹疑“量”为币帛的别称。本句是说“我供奉给鬼神的币帛，比我先君供奉的币帛美很多。”② 王立军则认为“嬍”指内在的善，与“恶”相对③。萧圣中以为诸说似误：如“嬍”字解为“倍”，则“甚倍”为不词；“嬍”若如字读，则与“量”字难有对应，“量”字解为币帛别称，论据也嫌不够充分。因而他认为“嬍”字当通“徽”，意为“大”。④

今按：萧圣中看到了诸说中关于“嬍”与“量”两者解释的不协调，提出“嬍”当释为“徽”，但本句后一句是“吾珪宝大于吾先君之……”，若“嬍”释为“徽”，意为“大”，则与后一句同语反复，似难读通。笔者以为“嬍”当读如字，意为“美”“好”。“量”当读为“良”，“量”“良”两字古音均为来母阳部。《山海经》载：“犬封国有文马……名曰吉量。”郭璞注曰：“一作良。”句意为“我们所供奉的币帛比先君的精美程度要好”。如此解释，“嬍”与“量”两者解释的不协调均可化解。

［四］珪宝

何有祖以为“珪宝”当作“珪璧”，“璧”，从玉从辛，原释文“宝”从玉从呆，读作宝，不确。“珪璧”，为祭祀朝聘等

---

① 马承源：《上海博物馆藏战国楚竹书（六）》，上海：上海古籍出版社，2007年版，第165页。

② 李天虹：《上博六〈景公疟〉字词校释》，载张光裕、黄德宽主编：《古文字学论稿》，合肥：安徽大学出版社，2008年版，第335页。

③ 王立军：《〈上海博物馆藏战国楚竹书（六）〉中两篇竹书：〈竞公疟〉与〈天子建州〉（甲乙本）集疏》，第1页。转引自萧圣中：《上博竹书（六）补释二则》，简帛网，2010年1月11日。

④ 萧圣中：《上博竹书（六）补释二则》，简帛网，2010年1月11日。

所用的玉器。①

今按：今本《晏子春秋》有多处“珪璧”连用，指祭品。如《景公病》：“牺牲珪璧。”《内篇问上第三·景公问欲令祝史求福晏子对以当辞罪而无求第十》作：“珪璧牺牲。”然“珪宝”一词也见于古籍，如《春秋公羊传·僖公三十一年》疏曰：“燎者，取俎上七体，与其珪宝，在辨中，置于柴上烧之。”盖“珪宝”本与“珪璧”同义，因而此处不必改作“珪璧”。

［五］举首

濮茅左释为“与页”，将“页”解释为人名，于文意欠佳。②

何有祖认为简文“举”从与从止，此处“与”当改释为“举”。“页”在简文中并非人名，古文字中“页”“首”常可混用，如包山1号木牍“首”即写作“页”可证，因而简文“页”在此当用作“首”。“举首”即抬头。③

［六］尚〈甚〉然

濮茅左以为“尚”读作“倘”。④

董珊以为作“甚然”⑤，李天虹同⑥。

---

① 何有祖：《上博六〈景公疟〉初探》，简帛网，2007年7月11日。

② 马承源：《上海博物馆藏战国楚竹书（六）》，上海：上海古籍出版社，2007年版，第168页。

③ 何有祖：《读上博六札记》，简帛网，2007年7月9日。

④ 马承源：《上海博物馆藏战国楚竹书（六）》，上海：上海古籍出版社，2007年版，第168页。

⑤ 董珊：《读〈上博六〉杂记》，简帛网，2007年7月10日。

⑥ 李天虹：《上博六〈景公疟〉编联试析》，载吉林大学边疆考古研究中心编：《新果集——庆祝林沄先生七十华诞论文集》，北京：科学出版社，2009年版，第644页。

何有祖开始以为“尚然”当为“当然”[①]。后其观点发生了改变，以为当从整理者意见作“倘然”，指惊疑貌。《庄子·在宥》说：“云将东游，过扶摇之枝而适遭鸿蒙。鸿蒙方将拊脾雀跃而游。云将见之，倘然止，贽然立。”成玄英疏：“倘，惊疑貌。”景公很惊讶，这一心情可从他突然举首看着二宠的动作中看得出来。[②]

凡国栋认为何有祖将“倘然”释为惊疑之色，则“公举首答之倘然”似乎可以看作“公倘然举首答之”的倒文，而且在当时以一手握权柄的君王诛杀几个小臣，理当不会有惊疑之色。因而他将“倘然”理解为“倘若如此”“倘若这样”之类的意思。他说，在前文，会谴与梁丘据建议“诛诸祝史”，景公接着话头这样说：“倘若如此，这件事情就交给你们（仰仗你们了）！”结合语境来看，这样理解比较顺畅。[③]

今按：何有祖以为作“倘然”指惊疑貌，于理不合。而若理解为“倘若如此”，以笔者所见，先秦之“倘然”似乎还没有这层意思。如《汉语大字典》“倘然”释为“倘若如此”，所举的例子来自《二刻拍案惊奇》《老残游记》和《悲惨世界》中译本，并未举先秦文献。“尚”在简文中写作“”，“甚”在简文中作“”，可知两字字形极其相似，“甚”写作“尚”或是形近讹混所致，董说可从。

［七］身为新（亲），或（又）何忕（爱?）焉

濮茅左将全句释为“身为新（薪），或可忕（祮）焉”。

---

① 何有祖：《读上博六札记》，简帛网，2007年7月9日。

② 何有祖：《上博六〈景公疟〉初探》，简帛网，2007年7月11日。

③ 凡国栋：《上博六〈景公疟〉札记》，简帛网，2007年7月17日。

“新”释为“薪”，意为欲焚祝、史。“忕”同“懊”，读为“祰”“祷”，意为祭祀。①

陈伟认为当作“身为新（亲），或（又）何忕（爱?）焉”。类似写法的“爱”，见于上博竹书《鲁邦大旱》2 号、3 号简，《内礼》1 号简。爱，吝惜。②

苏建洲同意“新”释为“薪”，疑“忕”读为“烧”，此句的意思是“景公的身体（背部），长了火热的疽，这如同薪材遇火般会烧起来，比喻身体的状况非常不好。”③

刘信芳以为“”不当隶定为“忕”，而应隶为“忝”，他认为“忝”读为“祰”于简文很难读通；释为“爱”，与字形不合。因而，简文“忝”应读为“妖”，大意是说：身体为亲！有什么妖祥为害于身体。④

今按：《鲁邦大旱》2 号简“”，《鲁邦大旱》3 号简“”，刘乐贤及颜面世铉都认为此字当释为“爱”，此处的“”字形与之基本一样，似可释作“爱”。刘信芳将“”隶为“忝”，释为“妖”，句意难以读通。

［八］晏子夕，二夫=（大夫）退

濮茅左以为“夕”当读为“惜”，古韵部同。二大夫，指祝固、史嚚。⑤ 陈伟谓“夕”当读如字，“夕”指傍晚晋见君王，与“朝”相对。《左传·成公十二年》：“百官承事，朝而不

① 马承源：《上海博物馆藏战国楚竹书（六）》，上海：上海古籍出版社，2007 年版，第 170 页。

② 陈伟：《读〈上博六〉条记》，简帛网，2007 年 7 月 9 日。

③ 苏建洲：《读〈上博六·景公疟〉札记一则》，简帛网，2007 年 7 月 26 日。

④ 刘信芳：《〈上博藏六〉试解之三》，简帛网，2007 年 8 月 9 日。

⑤ 马承源：《上海博物馆藏战国楚竹书（六）》，上海：上海古籍出版社，2007 年版，第 170—171 页。

夕。”孔颖达疏：“旦见君谓之朝，莫见君谓之夕。”《左传·昭公十二年》：“右尹子革夕，王见之。”二大夫，当指此前与景公交谈的高子、国子。[①] 今按：当从陈说。

［九］夫子吏（理）其私吏（事），听狱于晋邦

濮茅左释为“夫□使其私，使听狱于晋邦”，第一个“使”解释为“放纵”之意，第二个“使”解释为“致使”之意。濮茅左如此解释，使得全句语意不明。[②]

陈伟认为“夫”字后所残缺的字当为“子”，这不仅与残存笔画相符，也与《昭公十二年》等传世文献吻合，[③] 当从。

董珊通过简文与《景公有疾》和《昭公二十年》的对照，认为简本应作“夫子使其私吏听狱于晋邦”，并进而推论传世各本“夫子之家事治，言于晋国无隐情”诸语句读、解释皆误，认为传世各本应做“夫子之家事（吏）治言〈狱〉于晋国”。[④] 但此说只是假说，并未提出任何证据。

陈峻志进一步发挥了董珊的观点，也将简文与《昭公二十年》等对比，也认为传世本的“事”疑为“吏”之讹，从而推论“治言”可能与“听狱”同义，但他同时也指出古书中并无此例。[⑤]

今按：本句当作“夫子吏（理）其私吏（事），听狱于晋邦”。《汉书·百官公卿表》：“秩四百石至二百石，是为长吏。

---

① 陈伟：《读〈上博六〉条记》，简帛网，2007年7月9日。

② 马承源：《上海博物馆藏战国楚竹书（六）》，上海：上海古籍出版社，2007年版，第173页。

③ 陈伟：《读〈上博六〉条记》，简帛网，2007年7月9日。

④ 董珊：《读〈上博六〉杂记（续一）》，简帛网，2007年7月11日。

⑤ 陈峻志：《〈竞公疟〉“听狱”与〈左传〉“治言”之疏通》，简帛网，2008年7月8日。

百石以下有斗食、佐史之秩，是为少吏。”颜师古注曰：“吏，理也，主理其县内也。”另“理”“吏”古音均为来母之部，可见“吏”即“理”。“理”，《说文》曰：“治玉也。”“私事”即《景公有疾》中的“家事”，陈峻志引《集韵》、马叙伦之说等，证明“言”“讼”“狱”三者相通。传世本《景公有疾》“言于晋国”较难理解，或传世本“治”字当重，则“治言”与“听狱”同义，则简文“夫子吏（理）其私吏（事），听狱于晋邦”便与《景公有疾》“夫子之家事治，治言于晋国”意思相通。

［一〇］塼（溥）情而不愬（偷）

濮茅左释作“溥情而不愈”，“溥”释为“大”“广”，又可释为“涂”，又有“施行”之意。“愈”释为“胜”“益”，又说“愈”可通“俞”“愉”。①

董珊则以为当作“溥情而不偷”，“逾”亦应读“偷”，谓徇私，即《左传·襄公二十七年》之“无隐情”；“溥”读为“迫”，句意为范武子私吏听狱能“迫近情实，而无私情”，即《昭公二十年》之“竭情无私”。②

陈伟疑“溥”读为“薄”，“薄情”，犹轻情。《昭公十二年》记赵武说：“夫子之家事治，言于晋国，竭情无私。”竭情，即“薄情”。③ 他又疑“愬”为“顺”之异体字。“顺”疑读作“徇”，“不徇”即不谋求私利。④

---

① 马承源：《上海博物馆藏战国楚竹书（六）》，上海：上海古籍出版社，2007年版，第174页。

② 董珊：《读〈上博六〉杂记（续二）》，简帛网，2007年7月11日。

③ 陈伟：《读〈上博六〉条记》，简帛网，2007年7月9日。

④ 陈伟：《新出楚简研读》，武汉：武汉大学出版社，2010年版，第262页。

李天虹认为“[illegible]”可能读为“遁”。[①]

今按：“溥”古音滂母渔部，“迫”古音帮母铎部，“薄”古音并母铎部。“滂”“帮”“并”均为唇音，“渔”部、“铎”部也相近，故“溥”“迫”“薄”可能相通。总之，“溥情”与《昭公二十年》中的“竭情”当是相通的。“[illegible]”似当从董珊作“偷”。

［一一］吏其厶（私）

濮茅左释为“吏（使）其厶（私）”，“使”为放纵，“厶”为奸邪、自营之意。[②]

今按：从句式看，“吏其厶（私）”的主语为“夫子”，也是范武子的行为。此处的“私”指家臣，如《仪礼·士相见礼》载：“见于大夫曰：某也，夫子之贱私。”“吏其私”即“约束其家臣”。

［一二］（思）圣

“”，濮茅左释为“思”，“圣”释为“听”，《论语》中孔子说“君子有九思”，其中有一思是“听思聪”，“思听”即此义。他又认为“思圣”，或指有德之君思圣之训、思圣之诫、思圣之诫。[③]

陈伟认为“”不当释为“思”字，而应与“愠”字类似，疑当释为“愠”。[④]

---

① 李天虹：《上博六〈景公疟〉字词校释》，载张光裕、黄德宽主编：《古文字学论稿》，合肥：安徽大学出版社，2008 年版，第 336 页。

② 马承源：《上海博物馆藏战国楚竹书（六）》，上海：上海古籍出版社，2007 年版，第 174 页。

③ 马承源：《上海博物馆藏战国楚竹书（六）》，上海：上海古籍出版社，2007 年版，第 175 页。

④ 陈伟：《读〈上博六〉条记》，简帛网，2007 年 7 月 9 日。

何有祖疑“”释为“温”，“思圣”读为“温声”，即“愠声”，“愠声”指含怒的声音。此当是由于景公的弊政招致颇多怨声。[①] 后又疑“愠圣”读作“仁圣”，指范武子的品格。[②]

［一三］祝敚

濮茅左认为，“敚”读为“对”，答问，古“对”“答”通用。或读为“说”，义同。[③]

高荣鸿认为简文“敚”应读作“说”，作名词用，训作“祝辞”，简文“祝敚”连用，意谓“以祝辞告于神”。简7亦有“祝敚”一词，“敚”字，濮茅左未读破，此处也应读作“说”。[④]

［一四］毋尃情忍皋（罪）乎

濮茅左释作“毋尃情，忍皋（罪）乎”，“尃”读作“溥”，读为“布”，“忍”即忍受、克制。[⑤]

陈伟认为“忍罪”似无解，“皋”疑是楚简中习见“亲”字的一种写法、即从目从辛之字的误写。忍，抑制。薄情、忍亲相对为文。[⑥]

凡国栋认为“毋”疑为“如”之误字，全句当是两个“如……则”的并列句，因而此句当作“毋〈如〉薄情忍皋〈亲〉乎?”。“忍亲”之“忍”恐当作“舍弃”讲。[⑦]

---

① 何有祖：《读上博六札记》，简帛网，2007年7月9日。
② 何有祖：《上博六〈景公疟〉初探》，简帛网，2007年7月11日。
③ 马承源：《上海博物馆藏战国楚竹书（六）》，上海：上海古籍出版社，2007年版，第176页。
④ 高荣鸿：《读〈上博六·竞公疟〉札记二则》，简帛网，2007年10月1日。
⑤ 马承源：《上海博物馆藏战国楚竹书（六）》，上海：上海古籍出版社，2007年版，第178页。
⑥ 陈伟：《读〈上博六〉条记》，简帛网，2007年7月9日。
⑦ 凡国栋：《上博六〈景公疟〉札记》，简帛网，2007年7月17日。

后来陈伟的观点发生变化，他将此句释为“如尃情忍辠（罪）乎”，“尃”读为“布”，指“陈述”，“情”即实情，“尃情”即说实话。“忍”指忍心，“忍罪”即“忍心于罪，不顾罪恶”。其《补记》又云“布情”与“忍罪”不协，疑“忍”为“认”。① 凡国栋认为“毋”乃“如”之误字，可从。

今按：“尃情”当从陈伟说释为“布情”，即陈述实情。“忍罪”也当从陈伟释为“认罪”，即指认国君的罪行。从句意看，“毋”则若释为“如”，则此句难以读通，“毋”当读如字。“毋尃情忍辠（罪）乎”，相当于《昭公二十年》所说的“祝、史荐信，是言罪也”，本句可译为“（如果）不陈述实情并指认国君的罪行”，与其后“则言不听，请不获”句意相协。

［一五］祝、史裚（制）蔑（篾）耑折祝之

“裚（制）蔑（篾）耑折”，濮茅左释为“祝、史制蔑耑折祝之”，并解释说：“‘制’，从衣，折声，用作‘制’。‘蔑’，没，没有。……‘耑’……《集韵》：‘端，通作耑。’用为‘直、正’之意……‘折’，折断，割取。……本句意为：‘所以其祝、史无中生有，虚美君德，强折民意。’”②

何有祖释为“制蔑短折，祝之多愚言”，句读与濮茅左有所不同，但对于句意并未做解释。③

张崇礼认为“制蔑耑折”说的就是折竹占卜的方法。“制”，应依濮茅左释为“制”，“蔑”，读为“篾”，“耑”，应读为

① 陈伟：《新出楚简研读》，武汉：武汉大学出版社，2010 年版，第 263 页。

② 马承源：《上海博物馆藏战国楚竹书（六）》，上海：上海古籍出版社，2007 年版，第 179 页。

③ 何有祖：《上博六〈景公疟〉初探》，简帛网，2007 年 7 月 11 日。

“篿”，“篿折”，即折竹占卜。① 其说似可从。

［一六］堣言

“堣”，濮茅左读为“讦”，“讦”释为“诡伪”，“多讦言”即“多虚夸之言”。又说“堣”或读为“愚”或“寓”。②

张崇礼认为“堣”当读为“偶”，“偶言”义同于“偶语”，指私下相聚议论。③

何有祖从张崇礼读为“偶”，但认为“偶”在简文中疑指迎合，并举《晏子春秋》“景公问佞人之事君何如晏子对以愚君所信也”章“观上之所欲，而微为之偶”来说明“偶”有迎合之意。并疑前文“制蔑短折祝之”指祝史迎合君王之意而进行占卜，与一般的占卜应有别。④

［一七］忘（亡?）矣，而汤（扬）清者，与得万福焉。今君之贪昏苛慝，帀违

“忘”，何有祖疑读为“妄”；“汤（扬）清”，“汤”，何有祖疑读为“扬”。⑤ 李天虹同意此说，并进而认为“扬”可训为“说”，“清”可能读作“情”，“扬情”即陈说实情。⑥

今按：“忘”，疑读为“亡”，“亡”即“无”。“汤”古音透母阳部，“扬”古音余母阳部，“透”“余”均为舌头音，两者

---

① 张崇礼：《释〈景公疟〉的“制蔑耑折”》，复旦大学出土文献与古文字研究中心网，2008年2月18日。

② 马承源：《上海博物馆藏战国楚竹书（六）》，上海：上海古籍出版社，2007年版，第179页。

③ 张崇礼：《释〈景公疟〉中的“偶言”》，简帛网，2007年7月30日。

④ 何有祖：《〈景公疟〉札记四则》，简帛网，2007年7月27日。

⑤ 何有祖：《上博六〈景公疟〉初探》，简帛网，2007年7月11日。

⑥ 李天虹：《上博六〈景公疟〉字词校释》，载张光裕、黄德宽主编：《古文字学论稿》，合肥：安徽大学出版社，2008年版，第337页。

相通当是可以成立的。《尸子·君治》："扬清激浊，荡去滓秽，义也。""扬清"即称扬美德。

"币"，何有祖疑为"辟"。[①] 按：何说非，"币"当如字读，"币违"即币帛违背（礼制）。

［一八］相俗（颂）自善

"相俗自善"，濮茅左认为"俗"当读为"公"，"自善"即"自善其身"。[②]

陈伟疑"俗"当读为"颂"，相颂、自善相对为文。[③] 后陈伟又引李天虹之说，认为"善"可以释为"喜"，因而他进一步认为从弓从容之字，应该读为"容"，也是喜悦义。[④]

董珊通过与《景公信用谗佞》对照，也作"相颂自善"。[⑤]

［一九］盍必（比）死愈（偷）为乐乎

濮茅左释为"盍必死愈为乐乎"，未作解释。[⑥]

董珊通过与《景公信用谗佞》的对照，认为"必"读为"比"，"必死"即将死，"愈"读为"偷"，苟且也。[⑦]

［二〇］诅为无䵼（伤）

濮茅左认为"䵼"读为"丧"，即"失去""丧失"之义。

---

① 何有祖：《上博六〈景公疟〉初探》，简帛网，2007 年 7 月 11 日。

② 马承源：《上海博物馆藏战国楚竹书（六）》，上海：上海古籍出版社，2007 年版，第 187 页。

③ 陈伟：《读〈上博六〉条记》，简帛网，2007 年 7 月 9 日。

④ 陈伟：《新出楚简研读》，武汉：武汉大学出版社，2010 年版，第 267 页。

⑤ 董珊：《读〈上博六〉杂记（续二）》，简帛网，2007 年 7 月 11 日。

⑥ 马承源：《上海博物馆藏战国楚竹书（六）》，上海：上海古籍出版社，2007 年版，第 186 页。

⑦ 董珊：《读〈上博六〉杂记（续二）》，简帛网，2007 年 7 月 11 日。

“䎭”，或读为“伤”，与“损”字音亦近。[①]

陈伟认为“䎭”当读作“伤”，“伤”即损害义。[②]

[二一] 举邦为钦（憾）

濮茅左认为“钦”读为“敛”，即敛民财、征收赋。[③]

陈伟认为“钦”似当读为“憾”。[④]

杨泽生认为陈伟“钦”读作“憾”从读音上看是没有问题的，但从文义上看不是很妥帖。并进而怀疑应该读“禁”，“举邦为钦”就是举邦为禁，这跟上下文义切合。他又从读音上证明“钦”与“禁”可以相通。[⑤]

沈培同意杨说，并举《上博（二）·容成氏》简37“伊尹既已受命，乃执兵钦（禁）暴”来支持杨说。[⑥]

后陈伟在考察杨说的基础上，仍然认为“钦”当读为“憾”。他认为竹书上面说“今薪蒸思（使）虞守之；泽济史（使）敏守之；山林史（使）衡守之”，下面说“约夹（陕）者（诸）关，缚缅（缨）者（诸）䞣（市）”，都是很具体的叙述，其间似不应插入比较虚泛的“禁”，并且举邦为之。因而“钦”当读为“憾”，“举邦为憾”是说，齐国人都对管制薪蒸、泽济、山林的做法感到愤恨。[⑦]

① 马承源：《上海博物馆藏战国楚竹书（六）》，上海：上海古籍出版社，2007年版，第180页。

② 陈伟：《新出楚简研读》，武汉：武汉大学出版社，2010年版，第263页。

③ 马承源：《上海博物馆藏战国楚竹书（六）》，上海：上海古籍出版社，2007年版，第182页。

④ 陈伟：《读〈上博六〉条记》，简帛网，2007年7月9日。

⑤ 杨泽生：《说〈上博六·竞公疟〉中的“钦”字》，简帛网，2007年7月20日。

⑥ 沈培：《〈上博（六）〉字词浅释（七则）》，简帛网，2007年7月20日。

⑦ 陈伟：《新出楚简研读》，武汉：武汉大学出版社，2010年版，第263—264页。

［二二］约夹（陕）者（诸）闑（关），缚缅（缨）者（诸）賍（市）

“约夹者闑”，濮茅左释作“要挟者忨”，“约夹”即“要挟”，“闑”读为“忨”，或用作“惯”。“缚缅者賍”，濮茅左释为“缚缅者枉”，“缅”读为“应”，“缚应”引申为执法者，“賍”，读为“枉”，即贪财受赇枉法。①

陈伟释为“约夹（陕）者（诸）关，缚缅（膺）者（诸）賍（市）”，他认为“缅”疑当读为“膺”或“缨”，引申有羁络义；“賍”与楚文字“市”近似，只是通常所从的“土”形在这里改作“贝”，他猜想这大概是因为市中交易与“贝”有关。②

董珊释为“要挟诸关，缚缨诸市”，并疑简文“缚”“应”同义连用，简文与《左》《晏》之“应”皆当读为“缨”，意为缠绕绳子，“缚缨”词义为绑缚，引申义为抓人。③

李天虹在陈伟释文的基础上，考察了齐、三晋、楚的“市”字，认为均从“土”，齐国还有从“贝”的“市”字，不见于其他国家。而就目前所见资料，可以肯定为楚文字（不包括《上博六》）的资料里“市”字没有从“贝”作的。所以她推测《景公疟》8号简的从“贝”的“市”字形体的产生，可能有两方面的原因：其一，楚文字“市”本可从“贝”作，以往没有这样的认识，只是因资料局限而已；其二，《景公疟》讲述的是

① 马承源：《上海博物馆藏战国楚竹书（六）》，上海：上海古籍出版社，2007年版，第182页。

② 陈伟：《读〈上博六〉条记》，简帛网，2007年7月9日。

③ 董珊：《读〈上博六〉杂记》，简帛网，2007年7月10日。

齐国之事，其事又见载于《晏子春秋》，本来应该是流行于齐国的文献。是篇后来流传到楚地，为楚地人所转抄，转抄过程中遗留了某些齐文字的特点，因此就出现了从“贝”的“市”字。她认为后者的可能性较大。①

［二三］之臣，出矫于郢（鄙）

濮茅左指出：“‘之’字前有残文，据语意似可补出‘内宠之臣，迫夺于国；外宠’数字。‘乔’，读为‘矫’，违背……或通‘骄’，骄纵、骄逸。……郢……今本作‘鄙’，郢、鄙同韵可通。”②

何有祖认为“鄙”当作“里邑”。③

李天虹认为，濮茅左对语意的理解应该是正确的，但对字义的解释尚有可商之处。“矫”即《左传》“僭令于鄙”中的“僭”，两者同义，均是“狡诈”的意思。此外，“郢”原简作上下结构，只占一字位置，其后无标识符号，因而何有祖的改释恐不可据。但此字亦不必如整理者那样改读。“郢”恐怕就是乡里之“里”的异体，与“鄙”意近，则简文“出矫于里”，与《左传》“僭令于鄙”的语意基本相同。④

后何有祖又疑“里”下面的“邑”是后补的字，相同的情形见《竞建内之》6号简。⑤

今按：既然“郢”“鄙”同韵，《景公有疾》章既然又作

① 李天虹：《上博六〈景公疟〉字词校释》，载张光裕、黄德宽主编：《古文字学论稿》，合肥：安徽大学出版社，2008年版，第337—338页。

② 马承源：《上海博物馆藏战国楚竹书（六）》，上海：上海古籍出版社，2007年版，第185页。

③ 何有祖：《上博六〈景公疟〉初探》，简帛网，2007年7月11日。

④ 李天虹：《上博（六）札记两则》，简帛网，2007年7月21日。

⑤ 何有祖：《〈景公疟〉札记四则》，简帛网，2007年7月27日。

“鄗”，“郢”释为“鄗”未尝不可。《景公有疾》作“内宠之妾，肆夺于市，外宠之臣，僭令于鄗”，既然“僭令于鄗”与“出矫于鄗”同义，此处似可于“出矫于鄗”之前补“内宠之妾，肆夺于市；外宠”数字。

［二四］贫痁（苦）约疒勺（弱）疾

濮茅左释为“贫痁（苦）约疒勺（瘸）疾”。“[illegible]”，濮茅左隶定为“痁”，并引《说文》曰：“痁，久病也。或从固。”读为“苦”。“疒勺”，释为“瘸”，瘸，狂也。①

张崇礼认为“[illegible]”从肉古声，不应隶定为“痁”，而应隶为“殆”，“殆”的意思是骨肉干枯，用来指人，是说人瘦得皮包骨头；“约”字，当解释为“贫困”；“疒勺”从“疒”，勺声，疑可释为‘弱”；“疾”，可以训为“怨”。断句当为“约弱疾，夫妇皆诅”，指的是贫困弱小的人对君主充满怨恨，都私下向神明诅咒景公。② 李天虹同意张说。③

［二五］夫妇皆诅一支（丈）夫，执[illegible]（寻）之币、三布之玉，唯是□

濮茅左释作“夫妇皆诅一支，夫执[illegible]（孅）之币三布之玉，唯是□”，未作过多解释。④

陈伟认为“[illegible]”不当释为“支”，而应释为“丈”，“丈”字见于郭店竹书《六德》27 号简，上博竹书《周易》18 号简。

---

① 马承源：《上海博物馆藏战国楚竹书（六）》，上海：上海古籍出版社，2007 年版，第 186 页。

② 张崇礼：《〈景公疟〉第十简解诂》，简帛网，2007 年 7 月 30 日。

③ 李天虹：《上博六〈景公疟〉字词校释》，载张光裕、黄德宽主编：《古文字学论稿》，合肥：安徽大学出版社，2008 年版，第 340 页。

④ 马承源：《上海博物馆藏战国楚竹书（六）》，上海：上海古籍出版社，2007 年版，第 186 页。

“一丈夫”应该是指齐景公之“祝”。因为对应上文的“人数多已”“夫妇皆诅”，所以这里用“一”字强调。[①]

“”，濮茅左隶定为“”，释为“孅”。何有祖认为“”当隶定为“寻”。上博五《融师有成氏》7号简楚简有“寻”字作“”，其声符部分与本简“寻”字形同。“寻”在此用为长度单位。[②] 李天虹同意何说，并进而认为“布”通“尺”，也是度量单位。[③]

“唯是□”，何有祖释为“虽是夫”，并将“虽是夫”与第9简“明德观行物而祟者也”连读。[④] 今按：此说不可从。首先，何有祖所释“虽是夫”之“夫”本脱漏，脱落之字是否为“夫”本可疑。其次，从第10简末尾竹简的开口和第9简开头的形状来看，两简缀合的可能性不大。

［二六］勿（物）而（祟）者也

濮茅左释作“勿（物）而未者（著）也”，未做解释。[⑤]

何有祖指出“”，相同的字形也见于新蔡零241号简，张新俊释为“祟”，可从。[⑥]

张崇礼认为“勿”应当如字读，表示否定，“而”，表示承接，相当于“则”。“祟”，神祸。[⑦]

---

① 陈伟：《读〈上博六〉条记》，简帛网，2007年7月9日。

② 何有祖：《读上博六札记》，简帛网，2007年7月9日。

③ 李天虹：《上博六〈景公疟〉字词校释》，载张光裕、黄德宽主编：《古文字学论稿》，合肥：安徽大学出版社，2008年版，第341页。

④ 何有祖：《上博六〈景公疟〉初探》，简帛网，2007年7月11日。

⑤ 马承源：《上海博物馆藏战国楚竹书（六）》，上海：上海古籍出版社，2007年版，第184页。

⑥ 何有祖：《读上博六札记》，简帛网，2007年7月9日。

⑦ 张崇礼：《〈景公疟〉第九简解诂》，简帛网，2007年7月28日。

梁静“勿”可以从整理者读作“物”，指作祟之物。或可读为“殁”，训为“终”，同“歿”。《墨子·非命上》：“未殁其世，而王天下，政诸侯。”“殁而祟者也”是说上天先考察世人的德行，然后决定是否降祟。①

范常喜疑“勿”字隶定有问题，此字可能作“参”，“参”在简文中可读作“沴”，是一种天地四时之气不和而生的灾害。②

凡国栋释作“勿（免/没）而祟者（著）也”，并与其前“明德观（劝）行”连读，作“明德观（劝）行勿（免/没）而祟者（著）也”。“勿”读作“没”或“免”，“者”可从濮茅左读作“著”，即显现。“明德观（劝）行勿（免/没）而祟者（著）也”可理解为：光明之德和勤勉之行（即美好的德行）止退了，然后“祟”就显现出来。③

陈伟释为“物而祟者也”，“物”指鬼神精怪。“物而祟者也”即说鬼神作祟。④

今按：当从陈说。

［二七］外=（外嬖）又（有）梁丘据縈（萦）恚（诳）

濮茅左将“外=”释为“外，外”，“縈”疑为“萦”之省字。“恚”，古文“狌”，“狌”，《集韵》曰：“一曰躁也，隶作狂。”因而他认为“恚”当释为“狂”。⑤

何有祖将“外=”视为“外夕”的合文，两字皆当属下读。

---

① 梁静：《〈景公疟〉与〈晏子春秋〉的对比研究》，简帛网，2007年7月28日。

② 范常喜：《〈上博六·竞公疟〉简9“勿”字补议》，简帛网，2007年7月28日。

③ 凡国栋：《〈景公疟〉札记一则》，简帛网，2007年7月29日。

④ 陈伟：《新出楚简研读》，武汉：武汉大学出版社，2010年版，第266页。

⑤ 马承源：《上海博物馆藏战国楚竹书（六）》，上海：上海古籍出版社，2007年版，第184页。

“夕”在文中应当读作“亦”。“夕”上古音属铎部邪纽，亦属铎部喻纽。韵部相同，声纽为舌齿音，音近可通。典籍“亦”“夕”也多可通作。[①] 又认为“繁恚”当读作“营枉”，意为营私枉法。[②]

陈伟将“外=”看作“外间”的合体，他认为楚简中“间”字所从有时写成“外”，例如上博竹书《容成氏》6号简、《庄王既成》3号简（二见）所见皆是。在此当看作“外间”合书。间，似当读为“奸”，指恶人。竹书“内宠”“外奸”对举。[③]

董珊认为“外=”应当是“外嬖”一词的合文，可拆为“外外”读“外闲”，“辟”是支部字，与歌、月、元三部字的通假屡见不鲜；“辟”与“闲”为唇、喉通转，信阳楚简、天星观楚简“前钟”即应读为“编钟”，其声母关系可以与“闲”读为“嬖”，相比当作“外嬖”。[④]

范常喜认为“繁恚”可读作“营诳”，“营”“诳”均有迷惑欺骗之义。简文所记为晏子斥责会谴、梁丘据之语，所以将“繁恚”读作“营诳”，解释为“迷惑欺骗”恰好合适。[⑤]

张崇礼认为“外=”，濮茅左释为“外外”不词；何有祖“夕”通作“亦”的说法也较为勉强；陈伟把“外=”看作“外间”的合书，恐怕也是不大妥当的。他认为“外”字从“卜”，因而“外=”应看作“外卜”的合文。“卜”通“仆”，“外卜”即“外仆”，指古代掌管国君和大臣临时止宿、停留处所等事务

---

① 何有祖：《读上博六札记》，简帛网，2007年7月9日。
② 何有祖：《上博六〈景公疟〉初探》，简帛网，2007年7月11日。
③ 陈伟：《读〈上博六〉条记之二》，简帛网，2007年7月10日。
④ 董珊：《读〈上博六〉杂记》，简帛网，2007年7月10日。
⑤ 范常喜：《读〈上博六〉札记六则》，简帛网，2007年7月25日。

的官员。"内宠"指内官之有权宠者。简文以"内宠"与"外仆"对言，一掌内官事务，一掌出行止宿，似乎内外有别，其实都是君主身边的人。①

刘信芳疑"外="或可释为"外宠"，盖承上文"内宠"而以重文符代替"宠"字，但并无确证。②

李天虹认为董珊将"外="读为"外嬖"在文意上非常恰当，沿其思路，"外="还可读为"外亵"，"亵"即"嬖"。③

陈峻志在范常喜的基础上加以修正，认为"营""荧"古音相近，"营"本无迷惑之义，"营"释为迷惑，应为"荧"之假借。因而"縈"应释为"荧"，训为"惑"，较"营"更直接。④

［二八］公退（纳）武夫亚（恶）圣人

"亚"，濮茅左释作"恶"。⑤

陈伟疑"亚"读如字，"亚"有次的意思，与退相对。⑥

李天虹认为从《晏子春秋》中可见作者对于武夫是批判的，因而"退"恐不能作如字读，疑当读为"内"或"纳"，古"退""内"均为物部字；"退"属透母，"内"属泥母，均为舌音，二字音近可通。如果将"亚"当从整理者读为"恶"。⑦

① 张崇礼：《〈景公疟〉第九简解诂》，简帛网，2007年7月28日。

② 刘信芳：《〈上博藏六〉试解之三》，简帛网，2007年8月9日。

③ 李天虹：《上博六〈景公疟〉字词校释》，载张光裕、黄德宽主编：《古文字学论稿》，合肥：安徽大学出版社，2008年版，第339页。

④ 陈峻志：《〈竞公疟〉"听狱"与〈左传〉"治言"之疏通》，简帛网，2008年7月8日。

⑤ 马承源：《上海博物馆藏战国楚竹书（六）》，上海：上海古籍出版社，2007年版，第184页。

⑥ 陈伟：《读〈上博六〉条记》，简帛网，2007年7月9日。

⑦ 李天虹：《〈景公疟〉校读二则》，简帛网，2007年7月26日。

[二九] 番（蕃）涅（逞）壄（臧）菅（笃）

“番涅壄菅”，濮茅左释为“番涅壄（臧）菅（亯）”，认为“番”当训为“更去也”，“涅”释为“泥滓”或“涂泥”，“臧”通“藏”，“菅”读作“亯”。①

何有祖认为“番涅壄菅”当读作“播盈藏笃”。②

凡国栋在此何说的基础上，疑“涅”读为“淫”，因而“番涅壄菅”可读为“播淫藏笃”。“播”“藏”对文，“淫”“笃”对文。该句承接上文晏子对齐景公“退武夫，恶圣人”的行为批判，应该是晏子进一步对齐景公内心心理状态的剖析与批评。可以解释为“播其淫心，藏其笃行”的意思。③

范常喜认为楚文字中多用“菅”为“笃”，所以将“壄菅”读作“藏笃”当可信，“笃”义为“诚笃，笃厚”。“涅”疑作“逞”，乃放纵、肆行之义，“番”读作“蕃”，意为繁殖，增加。因而“番（蕃）涅（逞）壄（臧）菅（笃）”意为“增加放纵，掩藏诚笃”。④

[三〇] 二夫可（何）不受皇珱（瓔）则未得与昏（闻）

濮茅左释作“二夫可不受皇珱，则未得与闻”，“皇”释为“大”，“珱”则未做解释。⑤

何有祖释为“二夫何不受？皇（况）珱（婴）则未得与闻”，他说“皇”读作“况”，“婴”，即“晏婴”之名，未做过

① 马承源：《上海博物馆藏战国楚竹书（六）》，上海：上海古籍出版社，2007年版，第184页。

② 何有祖：《读上博六札记》，简帛网，2007年7月9日。

③ 凡国栋：《上博六〈景公疟〉札记》，简帛网，2007年7月17日。

④ 范常喜：《读〈上博六〉札记六则》，简帛网，2007年7月25日。

⑤ 马承源：《上海博物馆藏战国楚竹书（六）》，上海：上海古籍出版社，2007年版，第187页。

多解释。①

李佳兴认为“琝”或可读为“印”，因而简文可作“二夫可不受皇琝（印），则未得与闻”，意为“如果不被授予官爵大宝玉，就不能够干预听闻政事”，但她也意识到“琝”读为“印”并没有文献依据。②

今按：濮茅左和何有祖的释文于句意有碍，李佳兴的释文虽然句意通顺，但无文献依据。

［三一］公强起，（违）席曰：“善哉，吾子！……晏子，是攘（患）之言也。”

濮茅左将“”隶定为“追”，本句释为“公强起，（退）席曰：‘善哉，吾□！晏子是让追之言也’”，但对于“让追之言”并未做出解释。③

李天虹认为“”不当从濮茅左释为“退”，而应释为“违”，“违”可训为“去”“离”，也可训为“避”，“违席”即“避席”。④

“吾”字后的残笔，何有祖疑为“子”之残笔，今从之。⑤

“让追之言”，何有祖疑读作“良师之言”。⑥后程燕指出“”不当隶定为“追”，该字应分析为从“辵”，“亘”声。⑦

① 何有祖：《上博六〈景公疟〉初探》，简帛网，2007年7月11日。

② 李佳兴：《〈竞公疟〉试释三则》，复旦大学出土文献与古文字研究中心网，2009年11月25日。

③ 马承源：《上海博物馆藏战国楚竹书（六）》，上海：上海古籍出版社，2007年版，第187页。

④ 李天虹：《上博六〈景公疟〉字词校释》，载张光裕、黄德宽主编：《古文字学论稿》，合肥：安徽大学出版社，2008年版，第342页。

⑤ 何有祖：《读上博六札记》，简帛网，2007年7月9日。

⑥ 何有祖：《上博六〈景公疟〉初探》，简帛网，2007年7月11日。

⑦ 程燕：《读上博六札记》，简帛网，2007年7月24日。

程燕的解释被学界认同。程燕又认为“[illegible]”疑读作“旋”，可读作“晏子是让，旋之言也”。

郭永秉认为程燕将“[illegible]”释为从“辵”从“亘”是对的，但读作“旋”，并作“晏子是让，旋之言也”有些说不通，他认为“[illegible]”当释为“桓”，本句应释作“晏子是襄桓之言也”，“襄桓之言”即齐襄公和齐桓公之言。①

何有祖认为程燕和郭永秉的解释都有问题，疑“襄亘（从辵)”可以读作“良翰”，因而本句当作“善哉，吾子！晏子实良翰之言也”。②

林文华认为“吾”字后的残笔，当是“甬”，读作“用”。“襄桓”从郭永秉释读，但并非郭氏所解释的齐襄公和齐桓公，因为齐襄公乃言行无常、淫乱滥杀之昏君，并不能用来称赞比拟晏子之言，他认为“襄桓”当指“襄和”，乃是治理、调和之道，“襄桓之言”乃是治理、调和国政之言。③

沈培对这句话的断句是：“公强起，违席曰：‘善哉！吾子。’晏子：‘是襄桓之言也！’”④

李天虹将12简分为A、B两段，读作：“公强起，违席曰：‘善哉，吾子……【12A】……晏子，是襄桓之言也’”。⑤

董珊认为此句中“是让桓之言也”当读为“是攘患之言也”

① 郭永秉：《〈景公疟〉的“襄桓之言”》，简帛网，2007年7月25日。

② 何有祖：《释〈景公疟〉的“良翰”》，简帛网，2007年7月25日。

③ 林文华：《〈上博六·景公疟〉“吾用晏子是襄桓之言也”新解》，简帛网，2008年8月2日。

④ 沈培：《〈上博(六)·竞公疟〉“正”字小议》，简帛网，2007年7月31日。

⑤ 李天虹：《上博六〈景公疟〉编联试析》，载吉林大学边疆考古研究中心编：《新果集——庆祝林沄先生七十华诞论文集》，北京：科学出版社，2009年版，第645页。

“攘”通作“禳”，称赞晏子的谏言为能除去灾患的良言，与下文“祭王不获祟，以至于此，神见吾淫暴”文义似可以相接。①

今按：综合濮茅左、程燕、何有祖、林华文、沈培、李天虹和董珊的意见，此句当作“公强起，违席曰：“善哉，吾子！……晏子，是攘𢘋（患）之言也’”。李天虹将此句拆作两句，笔者以为是没有必要的，从她所拆的两句句意来看，都是景公之言，故可能是一句。

［三二］祭正（贞）不获祟，以至于此，神见吾迳〈淫〉暴

“祭正（贞）不获祟，以至于此，神见吾迳〈淫〉暴”，濮茅左释为“祭正不隻，未以至于此”，认为“正”，规范、标准，或读为“隻”。“双”，独，专。②

何有祖指出，“隻”，疑即“获”，“未”当释为“祟”，“迳”后所剩残笔为“暴”字，“迳”在此读作“径”，可指办事的途径，“见吾迳（径）暴”指看到了景公的暴行。③

董珊认为“祭正”是泛称巫卜祝史之官，“隻祟”读“获祟”，即“得祟”；“迳暴”之“迳”是“淫”之误字，“淫暴”乃古书常见之词。“至”“淫”与“涅”三字互讹，在古书、古文字资料中都很常见。④

沈培认为应该把简文中的“正”读为“贞”。“正”与“贞”相通的例子很多。并且古人生病，往往要进行占卜和祭祀。因此，《竞公疟》上引简文所说的“祭”与“正”实际上就是指“祭祀”

① 这条意见暂未公布，董珊先生向笔者提出，特此致谢。

② 马承源：《上海博物馆藏战国楚竹书（六）》，上海：上海古籍出版社，2007年版，第187页。

③ 何有祖：《读上博六札记》，简帛网，2007年7月9日。

④ 董珊：《读〈上博六〉杂记》，简帛网，2007年7月10日。

与"贞卜"两件事情。联系简文前后，大概可以做出这样的推测：景公生病，祝史进行祭与贞的活动，但由于会谴和梁丘据的干扰，没有"得祟"。景公听了晏子的进谏之后，决定让晏子主持祭与贞的活动，而且不让会谴和梁丘据参与。最后，终于得祟，景公的病显然因此也就好了。①

苏建洲引述沈培和董珊的观点，认为占卜存在这样一个过程：卜问有祟与否→求祟之由→得祟→卜问行何种祭祷除祟。从中可以看出，从求祟到得祟的过程，是不需要祭祀的，因而简文"不获祟"不能解释为"不得祟"。他认为当时祝、史有可能就在进行"除祟"的活动。②

今按：综上所述，"祭正（贞）不获祟，以至于此，神见吾迳〈淫〉暴"，说的是祝、史所进行的祭祀活动都没有找到祟由，导致景公之病一直不见好，那是由于神明见到我们的淫暴。论者一般认为是齐景公之语，然从句意看，当是批评景公之语，应为晏子之语。

［三三］公乃出见折

濮茅左释"折"为"折服"，其他则未做解释。③

沈培将"折"读为"厉"，"公乃出，见折"释为"公乃出，见厉"，指通过晏子主持的祭祀和占卜活动，景公在十五天后终于看到了给他带来"祟"的厉鬼。④

苏建洲认为"见厉"当解释为"现厉"，即"厉现"，简文

---

① 沈培：《〈上博(六)·竞公疟〉"正"字小议》，简帛网，2007年7月31日。
② 苏建洲：《〈上博（六）·景公疟〉补释一则》，简帛网，2007年10月7日。
③ 马承源：《上海博物馆藏战国楚竹书（六）》，上海：上海古籍出版社，2007年版，第189页。
④ 沈培：《〈上博（六）·竞公疟〉"正"字小议》，简帛网，2007年7月31日。

读作“旬又五，公乃出，（获祟），见（现）厉”，其中“获祟”可能承上省略未写出来，可以译为“十五天之后，公于是出外活动，因为作祟的厉出现了（并顺利除掉了）”。①

李天虹通过与《景公病》的对比，认为“折”可能是表示病愈的词。不过由于“折”没有用作“痊”或“悛”的先例，因而她对于这个解释也是存疑的。②

陈惠玲则认为“见折”即“视折”，指视察民间伤病情形。③

侯乃峰认为李天虹从全篇文意入手，把“折”理解为表示病愈的词，这一思路无疑是正确的，但直接把“折”字读为“痊”或“悛”恐不可信，“公乃出见折”意即“公乃出视制”，“视制”犹言齐景公能够亲自处理政事，言外之意是说其病愈如初。④

今按：此句作何解，暂不好论定，沈培和苏建洲的意见都于文意有碍，因传世本作“公疾愈”（《景公有疾》）或“改月而君病悛”（《景公病》），“公乃出见折”或可朝这方面解释。

二　上博竹书《景公疟》综合研究

据科学测定，上博竹书的年代距今时间为 2257 ± 65 年⑤，

① 苏建洲：《〈上博（六）· 景公疟〉补释一则》，简帛网，2007 年 10 月 7 日。

② 李天虹：《〈景公疟〉校读三则》，简帛网，2007 年 7 月 24 日。

③ 陈惠玲：《上博六〈竞公疟〉释“疥”及“旬又五公乃出见折”》，简帛网，2007 年 10 月 23 日。

④ 侯乃峰：《上博六賸义赘言》，简帛网，2007 年 10 月 30 日。

⑤ 马承源：《马承源先生谈上博竹书》，载朱渊清、廖名春主编：《上博馆藏战国楚竹书研究》，上海：上海书店出版社，2002 年版，第 3 页。

其年代在公元前300年左右，与郭店楚简的年代大致相当。上博竹书《景公疟》与传世本《晏子春秋》相关篇章大同小异，这又是《晏子春秋》早出的一个有力证据。《景公疟》的出土具有重要意义，下面我们拟从其与传世本《晏子春秋》的关系、其思想特色及其所反映的战国齐楚关系等三个方面对其进行综合研究。

（一）《景公疟》与传世本《晏子春秋》的关系

上博竹书《景公疟》与传世本《晏子春秋·外篇重而异者第七·景公有疾梁丘据裔款请诛祝史晏子谏第七》（以下简称《景公有疾》）、《晏子春秋·内篇谏上第一·景公病久不愈欲诛祝史以谢晏子谏第十二》（以下简称《景公病》）类似，同时也杂糅了传世本《晏子春秋·内篇谏上第一·景公信用谗佞赏罚失中晏子谏第八》（以下简称《景公信用谗佞》）的相关内容[①]。上博竹书《景公疟》的面世，使我们可以通过将其与传世本《景公有疾》《景公病》《景公信用谗佞》等做对比，以更深刻地认识《晏子春秋》文本的形成。

关于《景公疟》与《景公有疾》《景公病》的比较，梁静已经有所论述[②]，笔者试在此基础上加以申说。据梁静的统计，《景公病》有370字，《景公有疾》557字，而简本《景公疟》现存484字，其中重文一，合文二。根据竹简形制可以推测出，此篇残缺240字，则《景公疟》全文共有大概724字，字数将

① 这一点董珊最早提出，见董珊：《读〈上博六〉杂记（续二）》，简帛网，2007年7月11日。

② 参见梁静：《〈景公疟〉与〈晏子春秋〉的对比研究》，简帛网，2007年7月28日；《〈上博六·景公疟〉重编新释与版本对比》，简帛网，2008年11月25日。

近是《景公病》与《景公有疾》章的总和[1]。不过梁静并没有算上《景公信用谗佞》章，其实将《景公有疾》《景公病》与《景公疟》相对照，可以发现《景公疟》文句更接近于《景公有疾》，而《景公疟》第 6 简和第 11 简显然出于《景公信用谗佞》，所以比较《景公疟》与《景公有疾》《景公信用谗佞》的字数更能说明问题。据笔者统计，今本《景公信用谗佞》229 字[2]，与《景公有疾》557 字相加，更接近于《景公疟》的字数。由此似乎可以推断，《景公有疾》与《景公信用谗佞》当是将《景公疟》一分为二而成的。

由于《景公疟》主题思想与《景公有疾》《景公病》是一致的，都是景公想杀祝、史来治愈疾病，晏子加以劝谏，最后景公打消了这个念头。故而我们先来比较三者之间的差别：

其一，简本《景公疟》与今本《景公有疾》章都引用了屈建向赵文子询问范会之德的例子来劝谏齐景公，而《景公病》则没有引用此例。

其二，《景公疟》记载了高子、国子劝谏景公杀祝、史的故事，这是《景公病》与《景公有疾》章所没有的。

其三，《景公病》中晏子的劝谏更为直接，没有拐弯抹角，通过揭露出“祝为有益”这个命题的荒谬性来讲明杀祝、史无助于治愈景公之病的道理；而在《景公疟》与《景公有疾》，晏子详细论述政治与祝、史的关系，指出政治的清明与否直接影响祝、史的命运，而祝、史则影响不了政治，劝谏景公要想病痊

① 梁静：《〈上博六·景公疟〉重编新释与版本对比》，简帛网，2008 年 11 月 25 日。

② 据《四部丛刊》景印明活字本统计。

愈，就要“修德”或“明德”，《景公有疾》说：“君若欲诛于祝史，修德而后可。”《景公疟》第9简说：“明德观行。”这是《景公病》所没有的内容。

其四，《景公疟》和《景公病》都记载在听了晏子的劝谏后，景公罢免了梁丘据等人的官职，然后景公之病得以痊愈；而《景公有疾》则是景公采取了“使有司宽政，毁关去禁，薄敛已责”等措施后，景公之病才痊愈。并且《景公病》在景公病愈之后，还有景公欲赐晏子以封邑，晏子辞的故事，而这是《景公疟》与《景公有疾》所没有的。

其五，《景公疟》和《景公有疾》天人感应的色彩很浓厚，《景公疟》载“旬又五，公乃出见折”，《景公有疾》则记载景公采取了一些政治措施后，“公疾愈”，《昭公二十年》虽与《景公有疾》章基本相同，但唯独没有这三个字。《景公病》的记载是“改月而君病悛”。从以上记载可以看出，《景公疟》和《景公有疾》都有景公一采取措施就马上痊愈的意味，而《景公病》像是客观记载景公痊愈的情形。

其六，《景公疟》糅合了今本《景公信用谗佞》的内容，因而文意相对《景公病》和《景公有疾》而言更具复杂性。

我们再来看看《景公疟》与《景公信用谗佞》之间的关系。《景公信用谗佞》主要讲景公信用谗佞，导致赏罚不公，晏子加以劝谏，粗看起来，这似乎与《景公疟》《景公有疾》《景公病》三者之间的主题（主要都是记载晏子劝谏景公不要试图靠杀祝史二人来取悦鬼神，说明“诅为无伤，祝亦无益”）不一致，但《景公信用谗佞》的内容可以作为晏子在劝谏景公时的论据，说明景公平时行为不端，用来说明景公得病的原因不在于祭祀的物品不够丰富，而在于自身行为不合正道，由此引出“诅为无伤，祝亦无益”的命题。

刘向《晏子叙录》说：“所校中书《晏子》十一篇，臣向谨与长社尉臣参校雠，太史书五篇，臣向书一篇，参书十三篇，凡中外书三十篇，为八百三十八章。除复重二十二篇六百三十八章，定著八篇二百一十五章，外书无有三十六章，中书无有七十一章。”《景公疟》杂糅了传世本《景公病》《景公有疾》《景公信用谗佞》等章的内容，这与银雀山汉简第10、第11章各自都杂糅了传世本《晏子春秋》两篇相似，这或许也是后人将其分开以合《汉志》之数。当然，由于《景公有疾》[1]与《景公信用谗佞》内容相差较大，而且《景公有疾》在《外篇》第7章，而《景公信用谗佞》在《内篇谏上》第12章，两者并非相互临近的两章，这与银雀山汉简是不同的[2]，所以最可能是刘向校书时所分。《景公疟》杂糅了《景公病》《景公有疾》《景公信用谗佞》等篇章的内容，这一事实或许也意味着《景公疟》可能是刘向校书时所删去的“复重二十二篇六百三十八章”之一。不过由于材料太少，我们对于《景公疟》与《景公病》《景公有疾》《景公信用谗佞》等章的关系还不能得出确切的结论。

（二）《景公疟》的思想特色

我们再来看《景公疟》的思想特色。《景公病》顺着景公所承认的“祝为有益”，推出“诅亦有损”的观点，采用归谬法，

① 《景公病》与《景公有疾》两者内容相似，故而两篇只能算作一篇，不过通过对比，《景公疟》文句更接近于《景公有疾》。

② 银雀山汉简本第10章传世本《内篇问上》第20章、第21章，银雀山汉简本第11章对应于传世本《内篇问下》第22章、第23章。

通过揭露“祝为有益、诅亦有损”这个命题的荒谬性来劝说景公不杀祝、史二人。《景公疟》与《景公有疾》部分字句基本相同，两者相关性较大，不过《景公疟》直接指出“诅为无伤，祝亦无益”，而《景公有疾》则是在承认“祝有益也，诅亦有损”的基础上，说明君主要“修德”。可以说《景公病》只是为了达到劝谏景公不杀祝、史的目的而劝谏，《景公有疾》则有天人感应的意味，通过强化鬼神的作用来劝谏君主修德保民，否则会招致鬼神的惩罚，而《景公疟》虽然指出“诅为无伤，祝亦无益”，但同时也提出“勿（物）而未（祟）者也，非为皦玉肴牲也”，鬼神作祟，不是因为币帛牺牲不够好，是因为什么呢？从前后论述来看，当是由于景公统治下的人民生活疾苦，这其实也有着一股浓厚的天人感应色彩。相对《景公疟》和《景公有疾》，《景公病》的论题更为集中，是否可以说《景公病》早于二者呢？笔者以为，《景公疟》与《景公有疾》确有晚出的痕迹，如劝谏更为详尽，而且还糅合了许多其他篇章的内容，天人感应的色彩更为浓厚。

《晏子春秋》中与此主题相关的篇章还有《内篇问上第三·景公问欲令祝史求福晏子对以当辞罪而无求第十》（以下简称《景公欲求福》）①。

> 景公问于晏子曰：“寡人意气衰，身病甚。今吾欲具珪璋牺牲，令祝宗荐之乎上帝宗庙，意者礼可以干福乎？”晏子对曰：“婴闻之：古者先君之干福也，政必合乎民，行必顺乎神；节宫室，不敢大斩伐，以无偪山林；节饮食，无多

① 这段话也见于银雀山汉简本第七章。

畋渔，以无偪川泽；祝宗用事，辞罪而不敢有所求也。是以神民俱顺，而山川纳禄。今君政反乎民，而行悖乎神；大宫室，多斩伐，以偪山林；羡饮食，多畋渔，以偪川泽。是以民神俱怨，而山川收禄，司过荐罪，而祝宗祈福，意者逆乎？”公曰：“寡人非夫子无所闻此，请革心易行。”于是废公阜之游，止海食之献，斩伐者以时，畋渔者有数，居处饮食，节之勿羡，祝宗用事，辞罪而不敢有所求也。故邻国忌之，百姓亲之，晏子没而后衰。

笔者把《景公欲求福》都摘录下来，是因为这段话与《景公疟》等文所体现的思想是如此一致。在上述引文中，景公想通过祭礼来求福，晏子对曰君主应该修政爱民，顺从鬼神，而顺从鬼神的具体内容就是：政合乎民、节宫室、节饮食。在这段话中，晏子是假借鬼神的权威来劝谏齐景公注重民事，这与《景公疟》与《景公有疾》借鬼神之力以谏景公亲贤远佞、勤政爱民的思想有着异曲同工之妙，可以说这是一种表面重神事、实质上却强调人事的思想现象。曹峰注意到上博竹书《鲁邦大旱》《左传》《孔子家语》《礼记》中都存在一种重人事、轻神事的思想倾向①。显然，重人事、轻神事已成为这一时代的共识，考虑到上博竹书的时代一般认为在战国中后期，因此这一现象至少在战国中后期就已形成。

《晏子春秋》这种否定祭祀可以求福而认为求福的关键在于行德政，这种思想与孔孟荀等儒家有相通之处。帛书《要篇》

① 曹峰：《〈鲁邦大旱〉初探》，载朱渊清、廖名春主编：《上博馆藏战国楚竹书研究续编》，上海：上海书店出版社，2004 年版，第 133 页。

载孔子之言："后世之士，疑丘者，或以易乎？吾求其德而已。吾与史巫同途而殊归者也。君子【一五上】德行焉求福，故祭祀而寡也。仁义焉求吉，故卜筮而希也。"① 孔子认为君子要靠德行来求福、仁义来求吉，而非祭祀、卜筮等手段。孟子更是提出"祸福自求"的观点，他说："今国家闲暇，及是时，般乐怠敖，是自求祸也。祸福无不自己求之者，《诗》云：'永言配命，自求多福。'"（《孟子·公孙丑上》）《孟子》的"自求多福"的观点完全否定了通过祭祀、卜筮等手段来求福。而荀子的"天人相分"思想，更是直接否定了天（鬼神）有意志，故而更不可能通过祭祀、卜筮等来向天求福了。

但我们也应该注意到，《景公疟》等篇虽然是重人事，但也没有完全否定鬼神的存在，只是认为靠祭祀是不能取悦鬼神的，但人事做好了，自然能够符合鬼神之意，如果人事做不好的话，也会遭到鬼神的制裁。

《晏子春秋·外篇第七·景公使祝史禳彗星晏子谏第六》载：

> 齐有彗星，景公使祝禳之。晏子谏曰："无益也，祇取诬焉。天道不谄，不贰其命，若之何禳之也！且天之有彗，以除秽也。君无秽德，又何禳焉？若德之秽，禳之何损②？……"

在此，晏子提出"天道不谄，不贰其命"的命题，"天道不

① 张政烺：《张政烺论〈易〉丛稿》，北京：中华书局，2010 年版，第 243 页。

② 吴则虞引刘师培《晏子春秋校补》曰："《论衡·变虚篇》'损'作'益'，新序杂事四、何允中本亦作'益'。"（吴则虞：《晏子春秋集释》，北京：中华书局，1962 年版，第 445 页。）今按："损"字不通，作"益"是也。

谄”即“天道不疑”①，“天道不谄，不贰其命”，也就是说天的运行是有规律的，不会因为人事活动而改变。这颇有荀子“天人相分”的意味，然而《晏子春秋》并没有将像荀子那样将这种思想贯彻到底。《荀子·天论》提出“天行有常”的命题，认为“天有其时，地有其材，人有其治”，天与人各有自己的职分，天人不相干，所以说“明于天人之分，则可谓至人矣”。荀子完全否定了天对人事的干预。《晏子春秋》虽然否定人通过祭祀等手段求福等，但并没有完全否定天对人事的作用，《晏子春秋》认为人事如果做得不好，天是会有所反应的。《景公疟》简9说：“明德观行。勿（物）而未（祟）者也，非为孅玉肴牲也。”物指鬼神，鬼神作祟不是为了美玉肴牲，那是为了什么呢？前一句是“明德观行”，虽然有阙文，但我们可以推测出，鬼神作祟是为了敦促君主“明德”。《景公疟》第12简说：“祭正（贞）不获祟，以至于此，神见吾迳〈淫〉暴。”“以至于此”指的是景公之病不见好，这也就是说神看到景公的淫暴，才导致景公之病不见好。《景公欲求福》在描述景公一系列暴政之后，也说：“是以民神俱怨。”这都体现出一种典型的天人感应思想，认为如果人事做得不好的话，天（鬼神）会惩罚君主。这种天人感应思想与后世董仲舒的天人感应思想相较起来，也有所不同，董仲舒说：“国家将有失道之败，而天乃出灾害以谴告之，不知自醒，又出怪异以警惧之。尚不知变，而伤败乃至。”（《汉书·董仲舒传》）董仲舒的“天人感应”思想夹杂着“灾害”“怪异”等“谴告”之说，具有鲜明的阴阳家色彩，而《晏子春

① “谄”，孙星衍引《左传》杜预注曰：“疑也。”（吴则虞：《晏子春秋集释》，北京：中华书局，1962年版，第445页。）

秋》中的天人感应思想相对朴素得多。

由此，我们可知，《景公疟》等文献中的《晏子春秋》篇章在思想上虽然否定通过祭祀等就可以求福的观点，认为天道是不以人的意志为转移的，但如果君主不行德政，天也会惩罚君主，具有一种较为朴素的天人感应色彩。

（三）从《景公疟》看战国齐楚文化的关系

众所周知，《景公疟》是用楚文字抄写而成的，虽然我们不知道其具体出土地点，但它出土于楚国却是无疑的。楚竹书《景公疟》的面世，显示出战国时期《晏子春秋》的相关篇章已在楚国广为流传。不仅如此，上博竹书（四）中有一篇《柬大王泊旱》，主要记载了楚柬（简）王的两件轶事，其中一件就是楚简王因天气干旱而患病，与《景公疟》记载齐景公“疥且疟”类似，其文曰：

> 简大王泊旱，命龟尹罗贞于大夏，王自临卜。王向日而立，王汗至【1】带。龟尹知王之庶（炙）于日而病，盖仪愈夭。釐尹知王之病，乘龟尹速卜【2】高山深溪。王以问釐尹高：“不谷骚，甚病，骤梦高山深溪。吾所得【8】地于莒中者，无有名山名溪欲祭于楚邦者乎？尚谘而卜之于【3】大夏。如**㞢**，将祭之。”釐尹许诺。谘而卜之，**㞢**。釐尹致命于君王：“既谘【4】而卜之，**㞢**。”王曰：“如**㞢**，速祭之。吾骚，一病。”釐尹对曰：“楚邦有常古【5】，安敢杀祭？以君王之身杀祭未尝有。”
>
> 王入，以告安君与陵尹子高：“向为【7】私偏，人将笑。”君陵尹、釐尹皆辞其言以告太宰：“君圣人且良侲子，将正【19】于君。”太宰谓陵尹：“君入而语仆之言于君王：

君王之骚从今日以瘥。”陵尹与【20】釐尹：“有故乎？愿闻之。”太宰言：“君王元君，不以其身变釐尹之常古；釐尹【21】为楚邦之鬼神主，不敢以君王之身变乱鬼神之常古。夫上帝鬼神高明【6】甚，将必知之。君王之病将从今日以已。”①

楚柬（简）王患病之后命令釐尹速祭，釐尹不肯，太宰告诉不“速祭”符合礼制，上帝鬼神会保佑，君王之病自然会好。《柬大王泊旱》这则故事与《景公疟》情节很相似，只不过将故事中的主人公由“齐景公”换成“楚柬（简）王”，“晏子”换成“太宰”，两则故事中，齐景公与楚柬（简）王都相信祭祀可以医治自己的病。只不过在《景公疟》中晏子认为只要为政措施得民心，自然就能符合鬼神之意，景公之病也就会好；而在《柬大王泊旱》中太宰认为坚持祭祀的礼制，不因君王之故而有所减省就能得到鬼神的庇护，简王之病也会痊愈。《柬大王泊旱》作为楚人的作品②，与成于齐人之手的《景公疟》故事情节之间的相似，以及《景公疟》在楚地的流传，这一事实启发我们思考战国时期齐楚文化之间的关系。

除《景公疟》与《柬大王泊旱》之外，齐楚之间还存在许多内容相似的文献或故事。上博竹书（四）中还有一篇《昭王毁室》，主要记述楚昭王新宫建成后与大夫饮酒，有一位身穿丧

① 以上关于《柬大王泊旱》的释文从陈伟，载《新出楚简研读》，武汉：武汉大学出版社，2010年版，第192—197页。

② 陈伟认为上博竹书（四）中的《昭王毁室》《昭王与龚之脽》及《柬大王泊旱》等三篇的作者都是楚人，见氏著：《新出楚简研读》，武汉：武汉大学出版社，2010年版，第203—210页。

服的人进入宫内，告知楚王他的父亲就埋葬在新宫的阶下，现在宫室建成他就无法祭祀父母了，昭王闻此而毁室[①]。这则故事与《晏子春秋·内篇谏下第二·景公路寝台成逢于何愿合葬晏子谏而许第二十》《晏子春秋·外篇重而异者第七·景公台成盆成适愿合葬其母晏子谏而许第十一》情节十分相似，后二者主要记载逢于何或盆成适之母死，而其父恰恰早就葬于景公所修的路寝之台下，逢于何或盆成适想要将其母合葬于其父所葬之地——景公之台，景公不许，经过晏子的劝谏，景公同意逢于何或盆成适将其父母合葬于路寝之台下。《昭王毁室》与《晏子春秋》二篇都涉及君主所建之宫下有其他人的墓地，结果楚昭王毁掉了宫室，而齐景公也同意别人将其父母合葬于宫室下。此外，《史记·滑稽列传》所载齐威王“不飞则已，一飞冲天；不鸣而已，一鸣惊人”与《韩非子·喻老》所载楚庄王“虽无飞，飞必冲天；虽无鸣，鸣必惊人”，不仅故事情节一致，而且用语也一致。《史记·滑稽列传》所载楚庄王欲以棺椁大夫之礼葬其爱马，楚国优孟谏之，这则故事与《晏子春秋·内篇谏上第一·景公所爱马死欲诛圉人晏子谏第二十五》所载之事也有雷同之处。

齐楚之间如此之多的情节相似的故事，预示着齐楚文化在春秋战国时期一定存在密切的交流，否则很难解释这些故事之间的雷同。下面让我们来考察一下史籍是否记载齐楚文化存在密切交流的时期呢？我们知道，楚国在历史上属于文化落后地区，以至于楚王多次自称“蛮夷”：据《史记·楚世家》载，周夷王时，

---

① 马承源：《上海博物馆藏战国楚竹书（六）》，上海：上海古籍出版社，2007年版，第181—186页。

楚王熊渠说："我蛮夷也。"楚武王三十五年，楚伐随，楚曰："我蛮夷也。"楚国文化落后，自然要吸收其他国家的先进文化。在春秋战国时期，鲁国和齐国是文化最为发达的国家，而齐鲁与楚国在地理位置上也相距不远，为楚国与齐鲁两国的文化交流创造了便利条件，因此文化落后的楚国理应大量吸收了齐鲁文化。从楚地出土的文献看，也确实如此，近年出土的文献如上博简、郭店简等大多数为齐鲁两国的文献。王葆玹早已指出，楚国与鲁国文化关系十分密切，认为楚国在文化上承继了鲁国文化，以至于他将二者合称为楚鲁儒学①。王葆玹这一看法固然有其道理，但从近年楚地出土文献来看，我们也不应忽视楚国文化与齐国文化的关系。从现存史料看，齐楚的交流应始于楚成王时期，楚成王十六年（齐桓公三十年，前656），"齐桓公以兵侵楚，至陉山。楚成王使将军屈完以兵御之，与桓公盟"。齐楚这次会盟为两国文化交流奠定了基础。楚成王三十九年（齐孝公十年，前633），"齐桓公七子皆奔楚，楚尽以为上大夫"。齐桓公七子奔楚，并在楚国都做上了上大夫，而桓公七子都受到了良好教育，一定会自觉或不自觉地在楚国传播齐国的文化。楚威王七年（齐威王二十六年，前333），"楚威王伐齐，败之于徐州"，这使得齐楚两国边境更为接近了，有利于两国文化的交流。而至楚怀王时期，齐楚的交往就更多了，楚怀王六年（齐威王三十六年，前323），"楚使柱国昭阳将兵而攻魏，破之于襄陵，得八邑。又移兵攻齐。"楚怀王十一年（齐宣王二年，前318），"苏秦约从山东六国共攻秦，楚怀王为从长"。在这六国中，齐楚是

① 王葆玹：《今古文经学新论（增订版）》，北京：中国社会科学出版社，2004年版，第19—27页。

当时最为强大的国家，这两国的来往更具有举足轻重的地位，以至于“楚怀王十六年（齐宣王七年，前313），秦欲伐齐，而楚与齐从亲，秦惠王患之”。楚怀王二十年（齐宣王十一年，前309），楚国“合齐以善韩”。《景公疟》等楚简的下葬时间在公元前300年左右，刚好与楚怀王时期吻合，这都表明当时齐楚两国交流十分频繁，在这种情况下，文化的交流当然也就更为密切了。现存史料也直接记载了齐楚文化的交流，如《史记·孟子荀卿列传》载齐国稷下先生就有“环渊”一人，而“环渊，楚人”；齐襄王时期，荀子在齐国“作为老师”，并“三为祭酒”，后到楚国，并死于楚国兰陵。

需要指出的是，齐楚两国的密切关系在楚怀王时期达到顶峰，也在楚怀王时期发生形势的逆转。楚怀王二十四年（齐宣王十五年，前305），楚国“倍齐而合秦”，以这件事为转折点，齐楚从亲关系开始破裂。楚怀王二十六年（齐宣王十七年，前303），“齐、韩、魏为楚负其从亲而合于秦，三国共伐楚”；楚怀王二十八年（齐宣王十九年，前301），“秦乃与齐、韩、魏共攻楚”。至齐湣王十七年[①]（楚顷襄王十五年，前284），燕、秦、楚、三晋合攻齐国，最终导致齐湣王出亡而后为楚使淖齿所杀，淖齿与燕国共分齐之侵地与卤器。随后，齐国便进入齐襄王和齐王建时期，大概是由于齐国在齐湣王末年受到六国的攻击已经元气大伤以致差点灭亡，齐国从此倒向秦国，史载齐襄王王后、齐王建母后君王后，她在齐襄王时期及齐王建初期对齐国政治都发挥了重要作用，据《史记·田敬仲世家》载：“始，君王

---

① 《史记·田敬仲世家》所载是年为齐湣王四十年，误，此依杨宽改，见氏著：《战国史料编年辑证》，上海：上海人民出版社，2001年版，第801页。

后贤，事秦谨，与诸侯信，齐亦东边海上，秦日夜攻三晋、燕、楚，五国各自救于秦，以故王建立四十余年不受兵。”齐国“事秦谨”，以至于齐王建六年（前259），秦攻赵，齐国虽然与楚国表面上去救赵，但赵国断粮，请求齐国支援，齐王不给，最后导致“秦破赵于长平四十余万”；齐王建四十四年（前221），秦攻打齐国，齐国竟然不战而降。而反观楚国，自从楚顷襄王三年（前296），楚怀王卒于秦，秦楚绝，之后秦楚发生了一系列的战争，如楚顷襄王十九年（前280），“秦伐楚，楚军败，割上庸、汉北地予秦”等，秦楚已势同水火。齐楚的不同外交政策当然会影响两国的关系，从楚怀王之后，齐楚便不像以前那样密切了，自然会影响两国的文化交流。因此，我们可以说，齐楚文化交流至楚怀王时期达到顶峰，但也正在此时期，两国的文化交流由盛转衰。

（四）结语

以上我们比较了上博竹书《景公疟》与传世本《晏子春秋》相关篇章，通过《景公疟》我们对《晏子春秋》的成书情况有了更进一步的认识。从其思想特色分析，我们又可以看出，《景公疟》反映了战国时期一种“重人事、轻神事”的思想现象，与孔孟荀等儒家思想有相通之处，但《晏子春秋》并未完全否定鬼神的作用，这种思想与西汉董仲舒的天人感应思想也有相通之处，只是较董仲舒的天人感应更为朴素。从《景公疟》为楚简这一事实看，我们又发现春秋战国时期中齐楚文化存在一个密切交流的时期，两国文化交流在楚怀王时期达到顶峰。

第三节 定县、阜阳及居延汉简《晏子春秋》相关残句考释

除以上所述银雀山汉简和上博竹书有较为完整的《晏子春秋》文献之外，定县汉简、阜阳汉简、居延汉简中也有一些《晏子春秋》相关残句，将这些残句汇集起来加以整理，对于《晏子春秋》的研究也是非常重要的。

一 定县汉简《晏子春秋》相关残句

1973 年河北定县八角廊 40 号汉墓所出土的竹简，整理者将其中长度、编纶、字数和字体相同的简编在一起，根据文义连缀成篇，其中有一篇被整理者命名为《儒家者言》，其中有二章见于今本《晏子春秋》。

《〈儒家者言〉释文》（以下简称《释文》）发表于《文物》1981 年第 8 期上。依据整理者的凡例：释文字体改用现代通行字；不可辨识的字用□代替，疑字加□；1976 年地震前经释文抄录而后原简损失的加“〔 〕”号；异体字、通假字一般随文注出，写入“（ ）”内。依据整理者的释文，笔者摘录其中涉及今本《晏子春秋》的相关内容，并加以注释。

（1）

崔子□□$_{961}$

□公[一]，刦晏子于吁[二]上，曰：子□$_{897}$我[三]，将舍子=（子，子）不我与，将杀子□□□$_{703}$

可之。晏子[四]：劫之$_{933}$

〔□其志，非恿也[五]。□之以[六]〕$_{748}$

非义也。子何不谁之[七]？崔$_{922}$

予[八]，舍之。晏子$_{936}$

□其仆将驰，晏子曰：□之[九]$_{1888}$

安之成节[一〇]$_{661}$

说明：

本篇对应《晏子春秋·内篇杂上第五·崔庆劫齐将军大夫盟晏子不与第三》。其文曰：

崔杼既弑庄公而立景公，杼与庆封相之，劫诸将军大夫及显士庶人于太宫之坎上，令无得不盟者。为坛三仞，埳其下以甲千列环其内外，盟者皆脱剑而入，维晏子不肯，崔杼许之。有敢不盟者，戟拘其颈，剑承其心，令自盟曰："不与崔、庆而与公室者，受其不祥。言不疾，指不至血者死。"所杀七人。次及晏子，晏子奉栖血，仰天叹曰："呜呼！崔子为无道，而弑其君，不与公室而与崔、庆者，受此不祥。"俛而饮血。崔杼谓晏子曰："子变子言，则齐国吾与子共之；子不变子言，戟既在脰，剑既在心，维子图之也。"晏子曰："劫吾以刃，而失其志，非勇也；回吾以利，而倍其君，非义也。崔子！子独不为天讨①乎！《诗》云：'莫莫葛藟，施于条枚，恺悌君子，求福不回。'今婴且可以回而求福乎？曲刃钩之，直兵推之，婴不革矣。"崔杼将杀之，或曰："不可！子以子之君无道而杀之，今其臣有道之士

① "天讨"，当据《吕氏春秋》作"夫诗"。

也，又从而杀之，不可以为教矣。”崔子遂舍之。晏子曰：“若大夫为大不仁，而为小仁，焉有中乎！”趋出，授绥而乘。其仆将驰，晏子抚其手曰：“徐之！疾不必生，徐不必死，鹿生于野，命县于厨，婴命有系矣。”按之成节而后去。《诗》云：“彼己之子，舍命不渝。”晏子之谓也。（据《四部丛刊》景印明活字本）

注释：

［一］□公

《释文》曰：“公字疑误。”今按：“公”字不误，“公”字处当断句，“公”字上疑脱“景”字。《晏子春秋》作“崔杼既弑庄公而立景公”，简本上句若有“崔杼既弑庄公而立”等八字，则“崔杼既弑庄公而立景公，刦晏子于⿰口弓上”文意顺畅。

［二］⿰口弓

《释文》曰：“此字不清晰，形似‘⿰口弓’字，《晏子春秋》作‘坎上’，‘⿰口弓’与‘坎’音近相通。”

［三］子□$_{897}$我

“子”下所缺字，似为“与”字，与下文作“子不我与”相对。如此“子与我，将舍子”“子不我与，将杀子”刚好互文相对。“与”，从也。《国语·齐语》曰：“桓公知天下诸侯多与已也。”韦昭注曰：“与，从也。”

［四］晏子

“晏子”处当断读，其下省去一“曰”字。这在出土文献中很常见，如上博（二）《民之父母》简 1 作“子夏问于孔子”，上博六《孔子见季桓子》简 1“孔子见季桓子”显然都省去一

“曰”字。

［五］□其志，非恿也

《晏子春秋》作“失其志，非勇也”。

［六］□之以

“之”，《释文》作“也”字，似当作“之”字。“□之”与简 933“刲之”相对。

［七］子何不谁之

“谁”，通“推”。《老子》第 66 章：“天下乐推而不厌”。马王堆帛书本“推”作“谁”。“推”，即上引《晏子春秋》“曲刃钩之，直兵推之”之“推”，“钩”“推”互文相连，可见“推”即“钩”之意，乃“杀”。“子何不谁之”即“子何不杀之”之意。

［八］予

《释文》曰：“予误，当是子字，各本作‘崔子舍之’。”今按：若作“予”，当在“予”处断句，由于“予”字上文未见，姑作“予”。

［九］□之

“□之”，《晏子春秋》作“徐之”。

［一〇］安之成节

“安之成节”，《晏子春秋》作“按之成节”。《释文》认为简文“安”当从《晏子春秋》作“按”。今按：“按之成节”意思费解，当作“安之成节”，“之”即适也、往也。《论语·阳货》：“末之也已。”孔安国注曰：“之，适也。”“安之成节”即合于节奏的慢行。《韩诗外传二》作“安行成节”，与“安之成节”意同。如此《晏子春秋》“按之成节”之“按”当通“安”。

(2)

〔于鲁[一]〕$_{684}$

〔如趋〕，受玉$_{982}^{[二]}$

臣敢不趋乎？君之$_{641}^{[三]}$

受敝卑[四]，臣敢$_{642}$

说明：

本篇对应《晏子春秋·内篇杂上第五·晏子使鲁布事已仲尼以为知礼第二十一》。原文曰：

晏子使鲁，仲尼命门弟子往观。子贡反，报曰："孰谓晏子子①习于礼乎？夫礼曰：'登阶不历，堂上不趋，授玉不跪。'今晏子皆反此，孰谓晏子习于礼者？"晏子既已有事于鲁君，退见仲尼，仲尼曰："夫礼，登阶不历，堂上不趋，授玉不跪。夫子反此乎？"晏子曰："婴闻两楹之闲，君臣有位焉，君行其一，臣行其二。君之来遬，是以登阶历，堂上趋，以及位也。君授玉卑，故跪以下之。且吾闻之，大者不逾闲，小者出入可也。"晏子出，仲尼送之以宾客之礼，不计之义②，维晏子为能行之。(据《四部丛刊》景印明活字本)

① 当衍一"子"字。

② "不计之义"，王念孙以为当据《初学记》作"不法之礼"，其上有"反，命门弟子曰"等六字。

注释：

［一］于鲁

《晏子春秋》作“晏子使鲁”，无“于”字。《韩诗外传四》作“晏子聘鲁”。阜阳汉简作“晏子聘于鲁”。

［二］受玉

“受玉”，《晏子春秋》和《韩诗外传》均作“授玉”。

［三］臣敢不趋乎？君之

《韩诗外传四》“君之”上有“今”字。《晏子春秋》无此问句。

［四］受敝卑

“受敝卑”，《晏子春秋》作“授玉卑”，《韩诗外传四》作“授币也卑”。

二　阜阳汉简《晏子春秋》相关残句

1977 年安徽阜阳双古堆西汉汝阴侯墓出土了一批竹简，其中主要有《诗经》《周易》等，除此之外，还有三件木牍，其中两件木牍残损，只有一号木牍完整，其中一号和二号木牍中有《晏子春秋》相关内容，除此之外，还有一些相关竹简。

据整理者韩自强介绍，一号木牍长 23 厘米，宽 5.4 厘米，厚 0.1 厘米，木牍正面和背面各分上中下三排，由右至左书写章题，正面上排 7 行，中排 8 行，下排 9 行；背面上排、中排各 9 行，下排 5 行，尾部书“右方□□字”，木牍共书写 47 个章题，被整理者命名为“《儒家者言》章题”；二号木牍长 23 厘米，宽 5.5 厘米，正背面各分上中下三排，由右至左书写章题，正面上排仅存章题5行，中排存9行，下排存9行。背面上排和下排漫漶不清，仅各存2行，中排存7行，另有难以拼接的残片，两面保存7行，总计存有40个章题，整理者称之为“《春秋事语》章题”；另在竹简中找到相同性质的竹简近百条，于《说苑》《新序》《左传》《国语》等传世文献中找到相同内容，得25章，加上章题的28章，共得53章，尚余百条尚待查找，竹简宽0.5厘米，长17.5厘米，每简书写23字，开章、简首都有大圆点作为分章符号，整理者称之为“《春秋事语》相关竹简”。整理者韩自强将这些内容附录在《阜阳汉简〈周易〉研究》一书中①，我们对其中《晏子春秋》相关残篇进行抄录，并将其与《晏子春秋》相对照，适当附上自己的解释。原牍文或简文用“楷体”书写，以示区别。

1. 一号木牍《儒家者言》章题释文

晏子聘于鲁

韩自强曰：“本章见于《晏子春秋·杂篇》《韩诗外传·卷四》，定县简亦有残句。”②

今按：见于《晏子春秋·内篇杂上第五·晏子使鲁布事己仲尼以为知礼第二十一》（见上述定县汉简第二篇之“说明”），《晏子春秋》作“晏子使鲁”。

2. 二号木牍《春秋事语》章题释文

景公为台成

① 韩自强：《阜阳汉简〈周易〉研究》，上海：上海古籍出版社，2004年版，第149—205页。

② 韩自强：《阜阳汉简〈周易〉研究》，上海：上海古籍出版社，2004年版，第161页。

今按：见于《晏子春秋·内篇谏下第二·景公为台成又欲为钟晏子谏第十》，其文曰：

景公为台，台成，又欲为钟。晏子谏曰："君国者，不乐民之哀。君不胜欲，既筑台矣，今复为钟，是重敛于民，民必哀矣。夫敛民之哀而以为乐，不祥，非所以君国者。"公乃止。（据《四部丛刊》景印明活字本）

齐景公饮酒而乐

今按："齐景公饮酒而乐"，《晏子春秋》无"而"字。见于《晏子春秋·外篇重而异者第七·景公问古而无死其乐若何晏子谏第四》，其文曰：

景公饮酒乐，公曰："古而无死，其乐若何？"晏子对曰："古而无死，则古之乐也，君何得焉？昔爽鸠氏始居此地，季前因之，有逢伯陵因[①]，蒲姑氏因之，而后太公因之。古君无死[②]，爽鸠氏之乐，非君所愿也。"（据《四部丛刊》景印明活字本）

3.《春秋事语》相关竹简释文

齐侯问于晏子曰
问于晏子曰：忠
事君也，何如[一]？合（答）曰。[二]：有难弗死，出
爵而贵之，君

① "因"下当有"之"字。
② "君"当作"若"。

难弗死，出亡弗送
谋而见从，终身弗
若言而不见用[三]，有难而死，是妄死
见从，出亡
者，能但善虐[四]
君，而不与君

说明：

本篇见于《晏子春秋·内篇问上第三·景公问忠臣之事君何若晏子对以不与君陷于难第十九》，其文曰：

景公问于晏子曰："忠臣之事君也，何若？"晏子对曰："有难不死，出亡不送。"公不说，曰："君裂地而封之，疏爵而贵之，君有难不死，出亡不送，可谓忠乎？"对曰："言而见用，终身无难，臣奚死焉？谋而见从，终身不出，臣奚送焉？若言不见用，有难而死之，是妄死也；谋而不从，出亡而送之，是诈伪也。故忠臣也者，能纳善于君，不能与君陷于难。"（据《四部丛刊》景印明活字本）

注释：

［一］何如
"何如"，《晏子春秋》作"何若"。
［二］合（答）曰
"合（答）曰"，《晏子春秋》作"晏子对曰"。
［三］若言而不见用
"若言而不见用"，今本《晏子春秋》无"而"字。

今按：《晏子春秋》"言不见用"与"谋而不从"相对，则当有"而"字。同理，"谋而不从"当作"谋而不见从"，与上文"谋而见从"相对。

［四］能但善虖

"能但善虖"，今本《晏子春秋》作"能纳善于"，《新序》《论衡》《路史·发挥》引"纳"作"尽"。

今按：《法言·渊骞》："郸闻以德诎人矣，未闻以德诎于人也。"某氏《音义》曰："郸犹但也，或古郸但通用，本或作但。"《汉书·地理志》"邯郸"条下，张晏注曰："郸，尽也。"可见，"但""尽"意通。

三 居延汉简《晏子春秋》相关残句

居延汉简中也有一段与《晏子春秋》相关的文献，现笔者摘录于下（其中 EP 代表甲渠侯官遗址，今称破城子，T 代表探方），并试图做些注释。

也，外不在诸侯，不则贪也[一]。晏子溉然而大息[二]，其心甚忧，笑而应之曰："固也，夫齐与鲁，连竟同土[三]，齐不有鲁，恐为之下[四]，往世不（EPT51.390）。"①

说明：

居延汉简这段文字，并不见于今本《晏子春秋》，其中说

① 甘肃省文物考古研究所、甘肃省博物馆、中国文物研究所、中国社科院历史研究所编：《居延新简——甲渠侯官》，北京：中华书局，1994 年版，第 86 页。

"夫齐与鲁，连竟同土，齐不有鲁"，似乎与《晏子春秋·内篇问上第三·景公问莒鲁孰先亡晏子对以鲁后莒先第八莒》相关，其文曰：

> 景公问晏子："莒与鲁孰先亡?"对曰："以臣观之也，莒之细人，变而不化，贪而好假，高勇而贱仁，士武以疾，忿急以速竭，是以上不能养其下，下不能事其上，上下不能相收，则政之大体失矣。故以臣观之也，莒其先亡。"公曰："鲁何如?"对曰："鲁之君臣，犹好为义，下之妥妥也，奄然寡闻，是以上能其养下，下能事其上，上下相收，政之大体存矣。故鲁犹可长守，然其亦有一焉。彼邹、滕雉奔而出其地，犹称公侯，大之事小，弱之事强久矣，彼周者，殷之树国也，鲁近齐而亲殷，以变小国，而不服于邻，以远望鲁，灭国之道也。齐其有鲁与莒乎?"公曰："鲁与莒之事，寡人既得而闻之矣，寡人之德亦薄，然后世孰践有齐国者?"对曰："田无宇之后为几。"公曰："何故也?"对曰："公量小，私量大，以施于民，其与士交也，用财无筐箧之藏，国人负携其子而归之，若水之流下也。夫先与人利，而后辞其难，不亦寡乎！若苟勿辞也，从而抚之，不亦几乎！"(据《四部丛刊》景印明活字本)

注释：

[一] 不则贪也

"则"，薛英群以为当为"效法"之意，"不则贪也"即不要效法贪欲难填之辈，不要总想到征伐别国而贪利。[①]

［二］晏子溉然而大息

“溉”通“慨”，《史记·太史公自序》：“壮有溉。”《集解》：“徐广曰：‘溉，一作慨。’”“溉然”即“慨然”。“大”通“太”，“大息”即“太息”。

［三］连竟同土

“竟”通“境”。《周礼·夏官·候人》：“及归，送之于竟。”《诗·曹风·候人》正义引“竟”作“境”。“连竟同土”即“连境同土”，即说齐鲁边境相连。

［四］齐不有鲁，恐为之下

“齐不有鲁，恐为之下”，“有”和“下”都是“攻占”的意思。[②] 晏子认为齐国应该攻占鲁国，要不然就会被鲁国攻占。在此，晏子似乎主张齐国吞并鲁国，这与《晏子春秋》中晏子反对齐伐鲁、齐伐宋这两件事的态度是相反的[③]。我们推测，导致这种情况的原因可能有两种：其一，由于居延汉简这段话并不见于传世本《晏子春秋》，它也许根本就不是《晏子春秋》的一部分；其二，如果是《晏子春秋》的一部分而传世本佚失，它可能被刘向归入《外篇》“不合经术篇”中。居延汉简这段话主张齐国吞并鲁国，这与儒墨两家反对侵略战争的宗旨都有所不同，似乎更接近法家思想。

---

① 薛英群：《居延汉简通论》，兰州：甘肃教育出版社，1991 年版，第 523 页。

② 薛英群认为“下”当解释为“位置处于低处，兼有退让、屈己尊人之意”（见薛英群：《居延汉简通论》，兰州：甘肃教育出版社，1991 年版，第 523 页）但联系上下文“齐不有鲁，恐为之下”，“下”释为“退让”等义似乎不通，“下”当释为“攻占”，与“有”相对。

③ 这两件事也见于银雀山汉简本《晏子春秋》第四章和第六章。

第三章 《晏子春秋》的治国思想研究

法国著名汉学家马伯乐（Henri Maspero）在谈到《晏子春秋》时说："（《晏子春秋》的）作者知道如何使其人物栩栩如生并且给予其恰当的意义以及言谈方式。然而在其他方面他就显得有所欠缺了：不幸的是，当时社会的风气（the taste of the time）使得《晏子春秋》过多地充斥着关于政治、道德等方面的论述；并且其中的哲学观念也十分平常。"① 晏子在历史上是以一个政治家的形象而为人所熟知的，以晏子为主人公的《晏子春秋》也主要记述了晏子的政治事迹，通读《晏子春秋》，我们确实发现全书充斥着大量有关治国方面的阐述，在某种程度上我

① Maspero H. *China in Antiquity*. Kierman F A. （tr.）. Amherst：The University of Massachusetts Press，1978：p. 360.

们甚至可以说《晏子春秋》主要是一部关于晏子治国观念的专著①。

第一节 《晏子春秋》的治国方略

春秋战国时期，正处于时代巨变时期，诸子对于如何治理好国家及如何在巨变中生存下来都提出了各自的看法，《晏子春秋》中也有一系列的治国思想，首先就表现在作者关于总体治国方略的探讨及对于争霸战争的看法。

一 以大国为小国的总体治国方略

梁启超曾说："凡思想皆应时代之要求而发生，不察其过去及当时之社会状况，则无以见思想之来源。"② 诚哉，斯言！在论述《晏子春秋》的治国思想之前，我们也必须对《晏子春秋》成书的时代背景有所了解。在上文已经论述过，《晏子春秋》大致成书于公元前447年至公元前255年之间（齐宣王十年至齐王建十年之间），其最后的编者当是反对田齐政权的齐人③。晏婴为齐国名相，《晏子春秋》在战国时期成书于反对田齐政权的齐人之手，《晏子春秋》这样的成书背景注定会为此书打上深深的

① 当然并非完全是历史上晏婴的治国思想，其中假托晏婴的故事很多，详见本书第二章有关内容。

② 梁启超：《先秦政治思想史》，北京：东方出版社，1996年版，第10页。

③ 见本书第一章第三节相关内容。

时代与地域的烙印，这首先就体现在其治国立场上。

我们注意到《晏子春秋》成书地——齐国，齐国在先秦时期是最为富强的国家之一。据《史记·齐太公世家》载："太公至国，修政，因其俗，简其礼，通商工之业，便鱼盐之利，而人民多归齐，齐为大国。"《盐铁论·轻重》也说齐国"世为强国"。这就是说，齐国从其第一代统治者姜太公开始，就因经济富饶而跻身大国之列，在春秋战国时期齐国一直都是最为富强的国家之一。《晏子春秋》的成书时代正处于齐国政治发生激烈变化之际。据《左传·庄公二十二年》："及陈之初亡也，陈桓子始大于齐；其后亡也，成子得政。"《左传·昭公十年》："陈氏始大。"当然，《左传》的说法似乎有些夸张，事实上陈氏在齐国得政应在春秋之末鲁哀公之时①。战国时期，齐国十分强大，据《史记·田敬仲完世家》载："康公之十九年，田和立为齐侯，列于周室纪元年。"田氏代齐之后，齐国先后经历田齐太公和、田齐桓公午、田齐威王、田齐宣王、田齐湣王等几位君主的统治②，而这几位君主都是有为之君，在位期间都积极争霸。我们先来看田齐太公和，田和时期，正是齐国对外扩张时期，虽然也一度受到别国的攻击，如"（晋）烈公十二年（前404），王命韩景子、赵烈子、翟员伐齐，入长城"③，但更多的时候是齐

① 童书业：《春秋左传研究》，上海：上海人民出版社，1980年版，第361—362页。

② 《史记·田敬仲完世家》司马贞《索隐》引《竹书纪年》认为"田齐桓公午"之前还有"田侯剡"这位君主，后十年为田齐桓公午所弑，《春秋后传》则载"田午弑田侯及其孺子喜而兼齐，是为桓侯"。田齐桓公午既然后来能杀掉田侯剡和孺子喜，说明在田侯剡之时田齐的实际掌权者也是田齐桓公午。

③ 王修龄、方诗铭：《古本竹书纪年辑证（修订本）》，上海：上海古籍出版社，2005年版，第101页。

国取得胜利的，如齐康公十一年（前394）齐伐鲁，取最地（《史记索隐》）；齐康公十五年（前390）齐攻魏，陷襄陵①。至齐康公十九年（前386），田和终于“立为齐侯，列于周室纪元年”，这就是历史上著名的“田氏代齐”事件。“田氏代齐”之后，齐国不久进入田齐桓公时期，田齐桓公是一位颇有作为的国君，这从其谥号为“桓”也可以看出来，苏洵《谥法》曰：“克亟成功曰桓。新改、旧法曰：‘克亟动民曰桓，武定四方曰桓。’克亟动民，行恶谥也。武定四方，行善谥也。桓者，刚勇急切、不害之称也，不可遂为恶，亦不可遂许其善，故合之曰克亟成功曰桓。齐桓用管仲刑名之术，以霸天下而谥为桓，则克亟成功之故欤？”② 田齐桓公在位期间开始设立著名的稷下学宫③，在军事上也取得一系列的胜利，如田齐桓公五年（前380），秦、魏攻韩，韩求救于齐，最后在田臣思的建议下田齐桓公发兵救韩，楚、赵闻之也起兵救韩，齐趁五国混乱之机袭击燕国并取得桑丘。（《史记·田敬仲完世家》）④ 齐威王时期，齐威王任用邹忌进行改革，重用田忌、孙膑等军事家，优待淳于髡等稷下先生，

① 《史记》之《魏世家》及《六国年表》载此事发生在魏武侯三十五年，杨宽认为当作“魏武侯六年”即齐康公十五年。见杨宽：《战国史料编年辑证》，上海：上海人民出版社，2001年版，第222页。

② 苏洵：《谥法》，北京：中华书局，1985年版，第14页。

③ 《中论·亡国篇》载：“昔齐桓公立稷下学宫，设大夫之号，招至贤人而尊宠之。”

④ 此段记载有争议，杨宽以为《史记》所载“田齐桓公五年”当为田侯剡五年，又引吴师道之说以为此段记载全不可信。见杨宽：《战国史料编年辑证》，上海：上海人民出版社，2001年版，第244—245页。

先后取得对魏国的桂陵、马陵之战①的胜利，使得当时“泗上十二诸侯皆来朝”“齐最强于诸侯，自称为王，以令天下”（《史记·田敬仲完世家》）。此外，金文陈侯四器中，《陈侯午敦》《陈侯午錞一》《陈侯午錞二》三器中有“群诸侯献金”语，《陈侯因資錞》也有“诸侯[illegible]荐吉金”之语，而陈侯午即田齐桓公午，陈侯因資即齐威王，陈侯四器表明田齐桓公和齐威王父子时期齐国十分强盛，使得诸侯都来齐国朝贡②。齐威王死后，齐宣王继承了威王的霸业，齐国更加强大，以至于孟子认为“以齐王，由反手也”（《孟子·公孙丑上》），齐宣王的抱负更大，他试图实现“辟土地，朝秦楚，莅中国而抚四夷也”（《孟子·梁惠王上》）的雄心。齐宣王之后，继位的齐湣王更是雄心勃勃，齐湣王任用著名的战国四公子之一孟尝君为相，公元前298年，孟尝君率领齐、韩、魏三国军队进攻秦国，使得强大的秦国不得不屈服，只能求和。公元前288年，秦约齐共同称帝，秦昭王称西帝，齐湣王称东帝，两年后又趁势灭宋，“齐南割楚之淮北，西侵三晋，欲以并周室，为天子。泗上诸侯邹鲁之君皆称臣，诸侯恐惧”（《史记·田敬仲世家》），此时齐国达到极盛时期。但齐国的盛极而衰也正在此时，齐国的扩张运动引起邻国的担忧，公元前284年，燕国联合秦、楚、三晋共同讨伐齐国，齐湣王出逃，后被杀死，燕将乐毅攻入齐国都城临淄。其后，虽然在田单的努力下，齐国得以复国，但实力已经大减，不复从前的

① 《史记·田敬仲世家》载马陵之战在齐宣王二年，杨宽以为当在齐威王十六年（前431）。见杨宽：《战国史料编年辑证》，上海：上海人民出版社，2001年版，第372页。

② 徐中舒：《陈侯四器考释》，见氏著：《徐中舒历史论文选辑》，北京：中华书局，1998年版，第405—446页。

雄风了。[①]《晏子春秋》成书于公元前447年至公元前255年之间，正处于齐国由盛转衰时期。

了解《晏子春秋》成书这一时代背景之后，我们再来看看《晏子春秋》治国方略的特点。

据《晏子春秋·内篇问上第三·景公问欲善齐国之政以干霸王晏子对以官未具第六》载：

> 景公问晏子曰："吾欲善治齐国之政，以干霸王之诸侯。"晏子作色对曰："官未具也。臣数以闻，而君不肯听也。故臣闻仲尼居处惰倦，廉隅不正，则季次、原宪侍；气郁而疾，志意不通，则仲由、卜商侍；德不盛，行不厚，则颜回、骞、雍侍。今君之朝臣万人，兵车千乘，不善政之所失于下，霣坠下民者众矣，未有能士敢以闻者。臣故曰：官未具也。"公曰："寡人今欲从夫子而善齐国之政，可乎？"对曰："婴闻国有具官，然后其政可善。"公作色不说，曰："齐国虽小，则何谓官不具？"对曰："此非臣之所复也。昔吾先君桓公身体惰懈，辞令不给，则隰朋暱侍；左右多过，狱谳不中，则弦宁暱侍；田野不修，民氓不安，则宁戚暱侍；军吏怠，戎士偷，则王子成甫暱侍；居处佚怠，左右慑畏，繁乎乐，省乎治，则东郭牙暱侍；德义不中，信行衰微，则管子暱侍。先君能以人之长续其短，以人之厚补其薄，是以辞令穷远而不逆，兵加于有罪而不顿，是以诸侯朝其德，而天子致其胙。今君之过失多矣，未有一士以闻也。

① 关于这方面的详细论述，详见杨宽：《战国史》，台北：台湾商务印书馆，1997年版；李玉洁：《齐国史》，北京：新华出版社，2007年版；王阁森、唐致卿主编：《齐国史》，济南：山东人民出版社，1992年版。

故曰：官不具。”公曰：“善。”

上述这段材料中，景公想要“善治齐国之政，以干霸王之诸侯”，但晏子以齐国“官未具”而加以反对。这段材料出现了“干霸王”的字样，这显然不是春秋而是战国时语，钱穆就说：“以王霸分说，诚为战国时人语，春秋时无王天下者。”[①] 笔者在第一章已经说过，《晏子春秋》成书于战国时期，这段材料更可以证明这一点。因而这段材料体现出了战国初期田齐而非晏子所处的春秋末期姜齐的状况。

《晏子春秋》记载景公欲“干霸王”之问，晏子以“官未具”来作答，反对霸王之策，这可以视作《晏子春秋》对于田齐争霸政策的批评，联系第一章笔者所说的《晏子春秋》可能成书于反对田齐政权的齐人之手，《晏子春秋》反对田齐争霸政策的原因就不言自明了。此外，《晏子春秋》作于田齐由盛转衰时期，也可以视《晏子春秋》为对于田齐争霸政策所做的反思，尤其是对于齐湣王过于激进的争霸政策的反思。

那么《晏子春秋》的治国方略是什么呢？我们认为《晏子春秋》的总体治国方略是以大国为小国，这颇类似于《老子》所说的“治大国若烹小鲜”（《老子》第六十章）[②]。事实上，笔者认为《老子》就是立足于大国来论述其政治思想的，以大国为小国正是其治国方略，即便通常人们认为可以代表《老子》理想社会的“小国寡民”也是如此，“小国寡民”这个命题中的“小”“寡”都是动词，意为“以……小”“以……寡”，“小国

① 钱穆：《先秦诸子系年（外一种）》，石家庄：河北教育出版社，2002年版，第39页。

② 如无特殊说明，本书引用《老子》均从王弼本。

寡民”即“小其国而寡其民”，意为将国家看得很小、将人民看得很少。“小国寡民”并非一般人所认为的理想社会，而是一种统治术，一种治国方略①。《晏子春秋》也是如此，《晏子春秋》作于“世为强国”（《盐铁论·轻重》）的齐国，其作者也是齐人，因而《晏子春秋》的治国思想当也是立足于大国的，这在《晏子春秋》中也有反映，如《晏子春秋·内篇谏上第一·景公异荧惑守虚而不去晏子谏第二十二》载：“天下大国十二，皆曰诸侯，齐独何以当？”显然这是将齐国看成“天下大国十二”之一了。《晏子春秋·内篇问上第三·景公问圣王其行若何晏子对以衰世而讽第五》载晏子对景公曰：“不侵大国之地，不耗小国之民。”能“侵大国之地，耗小国之民”的自然不可能是小国而是大国，可见《晏子春秋》立足于大国立场。又如《晏子春秋·内篇杂上第五·景公使晏子予鲁地而鲁使不尽受》载晏子对景公之说“鲁处卑而不贪乎尊”，认为鲁国处在卑下的位置，观晏子对景公之说显然也是立足于大国立场的。

《晏子春秋》立足于大国立场当然是无疑义的，但体现出来的治国方略却具有浓厚的小国意识。首先，《晏子春秋》反对国家一味求大，认为那是亡国之行，《晏子春秋·内篇问上第三·景公问古者离散其民如何晏子对以今闻公令如寇雠第二十五》载晏子认为“国贫而好大，智薄而好专”是会导致“离散其民，而陨失其国”的后果的。其次，《晏子春秋》认为“傲大贱小则国危”，而“事大养小，安国之器也”（《晏子春秋·内篇问下第四·鲁昭公问安国众民晏子对以事大养小谨听节俭第十四》）。

① 袁青：《老子“小国寡民”新论》，《中州学刊》2014 年第 4 期。

考虑到《晏子春秋》的作者处在强大的齐国，将“事大养小”作为“安国之器”也可以说是作者所主张的一种治国策略，就如《老子》所说的“大国者下流”（《老子》第六十一章），通过这种策略以实现“大国以下小国，则取小国；小国以下大国，则取大国”的目的。《晏子春秋》虽然没有《老子》说得那么明白，但也透露出这种信息，在《晏子春秋·内篇问上第三·景公问伐鲁晏子对以不若修政待其乱第三》载景公欲伐鲁，晏子认为现在还未到伐鲁的时机，“不若修政而待其乱也”，到时再对其加以征伐。其三，《晏子春秋》反对兼并战争，反对以力服人，《晏子春秋·内篇问下第四·景公问国如何则谓安晏子对以内安政外归义第八》载晏子对景公曰：“地博不兼小，兵强不劫弱。”《晏子春秋·内篇问下第四·吴王问保威强不失之道晏子对以先民后身第十一》载晏子对吴王曰：“强不暴弱，贵不凌贱，富不傲贫……不以威强退人之君，不以众强兼人之地。”

《晏子春秋》中不仅具有浓厚的小国氛围，而且还体现出无为而治、谦卑守弱的思想特点。据《晏子春秋·内篇谏上第一·景公从畋十八日不返国晏子谏第二十三》载：

> 景公畋于署梁，十有八日而不返。晏子自国往见公，比至，衣冠不正，不革衣冠，望游而驰。公望见晏子，下而急带曰：“夫子何为遽？国家无有故乎？”晏子对曰：“不亦急也！虽然，婴愿有复也。国人皆以君为安野而不安国，好兽而恶民，毋乃不可乎？”公曰：“何哉？为夫妇狱讼之不正乎？则泰士子牛存矣；为社稷宗庙之不享乎？则泰祝子游存矣；为诸侯宾客莫之应乎？则行人子羽存矣；为田野之不僻，仓库之不实？则申田存矣；为国家之有余不足聘乎？则

> 吾子存矣。寡人之有五子，犹心之有四支，心有四支，故心得佚焉。今寡人有五子，故寡人得佚焉，岂不可哉?”晏子对曰：“婴闻之，与君言异。若乃心之有四支，而心得佚焉，可；得令四支无心，十有八日，不亦久乎?”公于是罢畋而归。

在此，晏子同意“心有四支，心得佚焉”的说法，“心”代表君主，“四支”代表重要的大臣，台湾学者张成秋说：“盖国君可以无为，而邦不可以无君，此亦‘无用之用’之意乎?”①这其实可以说是《晏子春秋》所体现出的“无为而治”思想。

《晏子春秋·内篇问下第四·景公问廉政而长久晏子对以其行水也第四》又载：

> 景公问晏子曰：“廉政而长久，其行何也?”晏子对曰：“其行水也。美哉！水乎清清，其浊无不雩途，其清无不洒除，是以长久也。”公曰：“廉政而遬亡，其行何也?”对曰：“其行石也。坚哉！石乎落落，视之则坚，循之则坚，内外皆坚，无以为久，是以遬亡也。”

在上述这段话中，晏子用“水”“石”作为隐喻（metaphor）来阐明其政治观点。晏子认为“水”之所以能长久，是因为它能做到“其浊无不雩途，其清无不洒除”，而石则因“内外皆坚”故而难以长久，这其实就是《老子》所说的“柔弱胜刚强”，《老子》说：“天下莫柔弱于水，而攻坚者莫之能胜，以其无以易之。弱之胜强，柔之胜刚，天下莫不知，莫能行。”（《老子》第七十

① 张成秋：《先秦道家思想研究》，台北：台湾中华书局，1971年版，第339页。

八章）又说："天下之至柔，驰骋天下之至坚。无有入无间，吾是以知无为之有益。"（《老子》第四十三章）《老子》认为由于柔弱胜刚强，所以需要谦卑守弱。《晏子春秋》虽然没有明说，但认为"内外皆坚"是不能长久的，而水因"其浊无不雩途，其清无不洒除"而能长久，这其实也暗含了这一道理。

《晏子春秋》既立足于大国立场，又具有浓厚的小国意识，同时还暗含着无为而治、谦卑守弱的思想特征，这说明《晏子春秋》的治国方略是以大国为小国，这种治国方略与《老子》有相通之处[①]。

那这是否可以说《晏子春秋》与《老子》存在相互影响的关系呢？要回答这个问题，首先就要弄清《老子》的成书时间。关于《老子》成书时间争议较大[②]，英国著名汉学家葛瑞汉（A. C. Graham）详细讨论了老聃传说的形成过程，他最后得出结论，认为关于老聃的传说经历了五个阶段：其一，儒家记述的关于孔子问礼于老聃的故事在公元前4世纪就已经出现了；其二，《庄子·内篇》所记述的作为庄子代言人的老聃，这发生在公元前300年左右；其三，归于老聃的《老子》书的出现；其四，将公元前374年预言了秦国崛起的太史儋和老聃融为一体，由此产生了老聃西游并为关尹著书的故事，第三和第四个阶段在公元前240年之前就已经完成；其五，公元前206年之后，太史儋的后代将太史儋的名字改为老聃，由此形成了司马迁所记述的

① 袁青：《老子"小国寡民"新论》，《中州学刊》2014年第4期。

② 如胡适就认为老子早于孔子，相应地《老子》也成书较早（胡适：《中国哲学史大纲》，北京：东方出版社，2012年版，第39—40页）。而梁启超则认为《老子》书作于战国末年（梁启超：《论〈老子〉书作于战国之末》，见罗根泽编著：《古史辨（四）》上海：上海古籍出版社，1982年版，第305—307页）。

老聃世系。[1] 由此可见，《老子》的成书时间当早于公元前 240 年。所以葛瑞汉又说："由于《庄子·内篇》没有任何熟知《老子》的确证，所以，宜将其看做成于庄子之后，尽管没有正面的证据说明它是晚出的。"[2] 但 1993 年郭店竹书《老子》的出土，证明《老子》可能在公元前 300 年前就已经出现了，与《晏子春秋》的成书时间大致相同，两者究竟谁影响了谁，在新的材料出现之前难以论定。

二 以义服人，反对争霸

《晏子春秋·内篇问上第三·景公问古者君民用国不危弱晏子对以文王第二十三》载晏子回答景公之问时描绘了他心中理想的统治：

> 古者文王修德，不以要利，灭暴不以顺纣，干崇侯之暴，而礼梅伯之醢，是以诸侯明乎其行，百姓通乎其德，故君民而不危，用国而不弱也。

在这则材料中，晏子认为像文王那样以德来统治人民才能够达到"君民而不危，用国而不弱"，"不以要利"表明晏子反对统治者不修行自己的德行而一味求利，他认为统治者一味求利是难以做到"君民而不危，用国而不弱"的，只有通过德治才能

① Graham A C. *The origins of the legend of Lao Tan* 老聃//*Studies in Chinese Philosophy & Philosophical Literatures*. Singapore: Institute of East Asian Philosophies in National University of Singapore, 1986: pp. 111 - 124.

② ［英］葛瑞汉著，张海晏译：《论道者——中国古代哲学论辩》，北京：中国社会科学出版社，2003 年版，第 253 页。

使得“天下怀其德而归其义”（《晏子春秋 · 内篇谏下第二 · 景公欲以圣王之居服而致诸侯晏子谏第十四》），从而达到天下大治。为何只能德治而非通过求利才能使得天下大治，晏子又说：“凡有血气者，皆有争心，怨利生孽[①]，维义可以为长存。”（《晏子春秋 · 内篇杂下第六 · 田无宇胜栾氏高氏欲分其家晏子使致之公第十四》）因而《晏子春秋》所主张的统治方式为德治，即以义服人，而非以利服人。这一点颇近于孔孟荀等儒家，而与墨子相区别，因为墨子是重利的。

《晏子春秋》主张以义服人的一大表现就在于《晏子春秋》反对田齐君主积极争霸的政策，这一点我们在上文已有所涉及，这部分笔者将对此详细加以讨论。

我们知道，“霸”通常与“王”联系在一起，在中国思想史上王霸之辨是一个重要的议题，有许多思想家都对此加以讨论。《晏子春秋》对此问题也有所涉及。为更好地把握《晏子春秋》关于王霸的论述，有必要先来了解一下王霸的起源。

关于王霸的起源，罗根泽曾作《古代政治学中之“皇”“帝”“王”“霸”》一文，对此问题加以详细讨论，他得出结论说：“王始于周，霸始于春秋，而王政霸政之说，则在战国中世。”[②] 他引用《左传》《论语》《墨子》等书，认为这些书中的“霸诸侯”之“霸”“乃就形势言，非就政治言，言势为诸侯之长而成霸者，非言行如何之政而为霸政。故霸为制度名词，非政

① 依据王念孙之说，“怨”通“蕴”。详见吴则虞：《晏子春秋集释》，北京：中华书局，1962 年版，第 404 页。

② 罗根泽：《管子探源》，香港：太平书局，1966 年版，第 247 页。

治名词也”[①]。他认为霸成为政治名词，始于儒家孟子[②]。罗氏此说，材料丰富，逻辑严密，当可成立。

那么《晏子春秋》中的“霸”是制度名词还是政治名词呢？《晏子春秋·内篇谏上第一·景公爱嬖妾随其所欲晏子谏第九》载：“昔者先君桓公之地狭于今，修法治，广政教，以霸诸侯。”《晏子春秋·内篇谏下第二·景公自矜冠裳游处之贵晏子谏第十五》载：“昔仲父之霸何如？”“昔管文仲之霸何如？”“何暇在霸哉！”“以谁与图霸哉？”《晏子春秋·内篇谏下第二·景公嬖妾死守之三日不敛晏子谏第二十一》载：“昔吾先君桓公用管仲而霸。”《晏子春秋·内篇问上第三·景公问欲善齐国之政以干霸王晏子对以官未具第六》载：“吾欲善治齐国之政，以干霸王之诸侯。”《晏子春秋·内篇问下第四·景公问桓公何以致霸晏子对以下贤以身第二》载：“桓公之霸也，君奚疑焉？”不难看出，《晏子春秋》中的“霸”都是说其势力在诸侯中最大从而成为霸者（“势为诸侯之长而成霸者”），而并非是其通过采取什么政治措施而成为霸者（“行如何之政而为霸政”），因此《晏子春秋》中的“霸”为“制度名词”而非“政治名词”。

但是《晏子春秋》又多次出现景公欲行“圣王之道”的字样，如《晏子春秋·内篇谏下第二·景公欲以圣王之居服而致诸侯晏子谏第十四》载景公问晏子曰：“吾欲服圣王之服，居圣王之室，如此，则诸侯其至乎？”《晏子春秋·内篇谏下第二·景公嬖妾死守之三日不敛晏子谏第二十一》载晏子谏景公曰：“且古圣王畜私不伤行，敛死不失爱，送死不失哀。行伤则溺

① 罗根泽：《管子探源》，香港：太平书局，1966 年版，第 250 页。
② 罗根泽：《管子探源》，香港：太平书局，1966 年版，第 250 页。

己，爱失则伤生，哀失则害性。是故圣王节之也。”这是景公向晏子陈述圣王之道。《晏子春秋·内篇问上第三·景公问圣王其行若何晏子对以衰世而讽第五》载景公问晏子曰：“古之圣王，其行若何?”这是景公问晏子有关圣王之行。《晏子春秋·内篇杂上第五·景公探雀鷇鷇弱反之晏子称长幼以贺第九》载晏子称赞景公曰：“吾君有圣王之道矣。”晏子答景公曰：“君探雀鷇，鷇弱，反之，是长幼也。吾君仁爱，曾禽兽之加焉，而况于人乎！此圣王之道也。”这是晏子称赞景公有圣王之行。在此，《晏子春秋》既叙述了采取何种措施实现“圣王之道”，也对“圣王之道”称赞有加，显然此处的“圣王之道”为“政治名词”。前引钱穆之语曰：“春秋时无王天下者。”[①] 《晏子春秋》说景公有“圣王之道”，故而当为战国时语。联系《晏子春秋》成书于一直处于积极争霸的田齐这个背景，虽然《晏子春秋》中的“霸”字并非“政治名词”，但《晏子春秋》提倡“圣王之道”，而《晏子春秋》成书于反对田齐政权的齐人之手，故而我们可以合理地推论：《晏子春秋》实际上是反对争霸的。这一点还可以从以下这一点得到印证：《晏子春秋》中有多处记述了晏子否定景公欲霸诸侯的想法[②]。

我们再来看一般认为是稷下学派作品的、作为田齐官方学说的《黄帝四经》和《管子》是如何看待争霸的。《经法·大分》说：“王天下者有玄德，有□□独知□□□□王天下而天下莫知

① 钱穆：《先秦诸子系年（外一种）》，石家庄：河北教育出版社，2002 年版，第 39 页。

② 见《晏子春秋·内篇谏下第二·景公自矜冠裳游处之贵晏子谏第十五》《晏子春秋·内篇问上第三·景公问欲善齐国之政以干霸王晏子对以官未具第六》等。

其所以。王天下者，轻县国而重士，故国重而身安；贱财而贵有智，故功得而财生；贱身而贵有道，故身贵而令行。□□天下□天下则之。霸主积甲士而征不服，诛禁当罪而不私其利，故令行天下而莫敢不听。自此以下，兵战力争，危亡无日，而莫知其所从来。夫言霸王，其□□□唯王者能兼夫覆载天下，物曲成焉。"[①] 在此，《大分》将天下君主分为三等：一为"有玄德"的"王天下者"，二为"令行天下而莫敢不听"的"霸主"，三为"危亡无日"的其他君主。其中"王天下者"的层次最高，因为"唯王者能兼覆载天下，物曲成焉"，霸主次之，一般的君主最下，他们时刻处于危亡无日的兵战中而却不知危难从何而来。《大分》虽然认为"霸主"不如"王天下者"的层次高，但可以做到"令行天下而莫敢不听"，也是为其肯定的。《管子》则提出所谓"帝王霸"或"皇帝王霸"之说，如《管子·乘马》说："无为者帝，为而无以为者王，为而不贵者霸。"《管子·幼官》说："尊贤授德则帝，身行仁义、服忠用信则王，审谋章礼、选士利械则霸。"《管子·兵法》说："明一者皇，察道者帝，通德者王，谋得兵胜者霸。"《管子·禁藏》说："凡有天下者，以情伐者帝，以事伐者王，以政伐者霸。"胡家聪认为"这些处'帝、王、霸'联提反映了田齐君主由威、宣变法改革、富国强兵而争霸，争霸取胜而称王，由威王称王进而至宣、

① 国家文物局古文献研究室编：《马王堆汉墓帛书（壹）》，北京：文物出版社，1980年版，第49—50页。为方便起见，文中假字均以通行字直接写出。马王堆汉墓出土的帛书《经法》《十六经》《称》《道原》四篇，在《马王堆汉墓帛书（壹）》中整理者将其称作"《老子》乙本卷前古佚书"，唐兰认为这四篇就是久已失传的《黄帝四经》四篇（唐兰：《马王堆出土〈老子〉乙本卷前古佚书的研究——兼论其与汉初儒法斗争的关系》，《考古学报》1975年第1期）。此说为大多数学者所接受，已成学界的共识。

滑时酝酿称帝的帝制运动。"[①]《黄帝四经》中出现"王霸"之说，而《管子》中则有"帝王霸"之说，这可能是《黄帝四经》早于《管子》的一大证据[②]。不过，通过以上叙述我们可知，无论《黄帝四经》还是《管子》都对争霸之说持肯定态度，只是认为"霸"不如"王"或"帝""皇"的层次高，作为田齐官方学说，它们能起到为田齐政权积极争霸提供理论依据的作用。《晏子春秋》反对诸侯争霸，而《黄帝四经》和《管子》则支持争霸学说，两者的分歧，究其原因在于《晏子春秋》作于反对田齐政权的齐人之手，对于田齐积极争霸政策当然有微词；而《黄帝四经》和《管子》则为田齐官方学者稷下先生的集体作品，自然要为田齐争霸政策提供理论依据。

《晏子春秋》和《黄帝四经》《管子》对于"王""霸"的不同观点还分别与孟子和荀子的观点相似，甚至还可以说两者之间存在相互影响的关系。孟子说："以力假仁者霸，霸必有大国。以德行仁者王，王不待大，汤以七十里，文王以百里。以力服人者，非心服也，力不赡也。以德服人者，中心悦而诚服也，如七十子之服孔子也。"（《孟子·公孙丑上》）朱熹注曰："力，谓土地甲兵之力。假仁者，本无是心，而借其事以为功者也。霸，若齐桓、晋文是也。以德行仁，则自吾之得于心者推之，无适而非仁也。"[③] 焦循曰："王者任德，霸者兼力，力服心服，优

---

① 胡家聪：《管子新探》，北京：中国社会科学出版社，2003年版，第15页。

② 白奚曾从人性论的发展演变、认识论的发展、阴阳五行思想等方面论证《黄帝四经》早出（见氏著：《稷下学研究：中国古代的思想自由与百家争鸣》，北京：生活·读书·新知三联书店，1998年版，第97—114页）。此处的"王霸"学说或许也是《黄帝四经》早出的一大证据。

③（宋）朱熹：《四书章句集注》，北京：中华书局，1983年版，第235页。

劣不同。"[1] 王者以德服人，使人"中心悦而诚服"；霸者以力服人，别人只是力量不如罢了，而并非内心诚服：王者高于霸者是显而易见的。王者高于霸者也为《黄帝四经》和《管子》所承认，但《孟子》认为王者和霸者一个是以德服人，一个是以力服人，两者性质有根本不同，《孟子》对霸者是持鄙薄态度的，所以孟子又说："五霸者，三王之罪人也。"（《孟子·告子下》）"仲尼之徒无道桓、文之事者，是以后世无传焉。"（《孟子·梁惠王上》）故而孟子对使齐桓公称霸的管仲持不屑态度，自称是"不为管仲者"（《孟子·公孙丑下》）。《晏子春秋》的成书时代与《孟子》相当[2]，孟子曾"游事齐宣王"（《史记·孟子荀卿列传》），又与"慕晏婴之为人"（《史记·孟子荀卿列传》语）的稷下先生淳于髡辩论过（《孟子·离娄上》），齐人对于晏婴是非常推崇的，以至于孟子对公孙丑说"子诚齐人也，知管仲、晏子而已矣"（《孟子·公孙丑上》），孟子对于晏子的事迹当不陌生，两者在反对争霸观点上保持了一致性，《晏子春秋》成书时代与《孟子》相当，但《晏子春秋》的部分材料肯定在《晏

① （清）焦循：《孟子正义》，北京：中华书局，1987年版，第222页。

② 根据本书第一章，《晏子春秋》成书于公元前447年—公元前255年之间，而据钱穆的考证，孟子的生卒年大致在公元前390年至公元前305年。详见钱穆：《先秦诸子系年（外一种）》，石家庄：河北教育出版社，2002年版，第218—219页。杨泽波指出钱穆观点中的几点问题，修正其说，认为孟子生卒年约为公元前372年至公元前289年，并指出孟子归邹并讲学著述当在公元前311年之后，当从。详见杨泽波：《孟子评传》，第100—109页。而关于《孟子》的著作情况，司马迁说："天下方务合从连衡，以功伐为贤，而孟轲乃述唐、虞、三代之德，是以所如者不合。退而与万章之徒序《诗》《书》，述仲尼之意，作《孟子》七篇。"（《史记·孟子荀卿列传》）可见《孟子》是在孟子晚年与其弟子万章等人开始写作的，据杨泽波的考证，这当发生在公元前311年之后，《孟子》的成书时代可能与《晏子春秋》大致相当。

子春秋》成书之前就广为流传，再加上《孟子》的王霸之说比《晏子春秋》更为精致，所以我们可以说《孟子》可能受到了《晏子春秋》的影响。

荀子说："用国者，义立而王，信立而霸，权谋立而亡。"(《荀子·王霸》) 在荀子看来，"义立"的王政和"信立"的霸政都可以使国家强大，只是"权谋立"才会使国家灭亡，可见荀子对王、霸两种治国手段都持肯定态度。他又认为："粹而王，驳而霸，无一焉而亡。"(《荀子·王霸》) 杨倞注曰："粹，全也。若舜举皋陶，不仁者远，即巨用之，綦大而王者也。驳，杂也。若齐桓外任管仲，内任竖貂，则小巨分流者。"① 即说，王政和霸政虽然都能使国家存留下来而不至于灭亡，但王政相对霸政更为理想。这一点显然和《黄帝四经》和《管子》相通。考虑到荀子不仅曾游学于齐，还在齐襄王时期"最为老师""三为祭酒"(《史记·孟子荀卿列传》)，荀子是齐襄王时期稷下学宫的领袖人物，自然十分熟悉作为田齐官方学说、成于稷下学者之手的《黄帝四经》和《管子》，因而说荀子受到《黄帝四经》和《管子》的影响当不为过。

《晏子春秋》反对争霸的思想还体现在其反对争霸战争方面。一方面，《晏子春秋》中载有多则故事表明晏子反对侵略战争，如《晏子春秋·内篇谏上第一·景公将伐宋瞢二丈夫立而怒晏子谏第二十二》载晏子劝谏景公不要伐宋，《晏子春秋·内篇问上第三·景公问伐鲁晏子对以不若修政待其乱第三》载晏子劝谏景公不要伐鲁，《晏子春秋·内篇问下第四·晏子使晋晋

① (清) 王先谦：《荀子集解》，北京：中华书局，1988 年版，第 209 页。

平公问先君得众若何晏子对以如美渊泽第十五》载晏子认为齐庄公死于非命的一个重要原因就是“好兵作武”，诸如此类，不一而举；另一方面，《晏子春秋·内篇问下第四·吴王问保危强不失之道晏子对以先民后身第十一》载晏子回答吴王“长保威强勿失之道”时说：“其用兵，为众屏患，故民不疾其劳。”《晏子春秋·内篇问上第三·景公伐藜胜之问所当赏晏子对以谋胜禄臣第四》载：“用智者不偷业，用力者不伤苦，此古之善伐者也。”《晏子春秋》认为战争的目的在于保护老百姓的安全，可见《晏子春秋》对于战争也不是完全持否定的态度。不过《晏子春秋》认为战争的目的在于保护老百姓的安全，这说明《晏子春秋》所主张的战争是要一切以百姓的利益为目的，而非为了满足君主争霸的需要，这其实是主张自卫反击战，从侧面表明《晏子春秋》反对争霸的思想。

《晏子春秋》的反争霸战争思想也与《孟子》有相通之处。一方面，孟子激烈地批评一切侵略战争，他说：“春秋无义战。”（《孟子·尽心下》）“争地以战，杀人盈野；争城以战，杀人盈城。此所谓率土地而食人肉，罪不容于死。故善战者服上刑，连诸侯者次之，辟草莱、任土地者次之。”（《孟子·离娄上》）又认为只有“不嗜杀人者”才能统一天下（《孟子·梁惠王上》）。另一方面，孟子对于汤、武讨伐作为“独夫”“民贼”的桀、纣的战争是肯定的，他说：“臣闻七十里为政于天下者，汤是也。……《书》曰：‘汤一征，自葛始。’天下信之。‘东面而征，西夷怨；南面而征，北狄怨。曰，奚为后我？’民望之，若大旱之望云霓也。归市者不止，耕者不变。诛其君而吊其民，若时雨降，民大悦。”（《孟子·梁惠王下》）孟子主张“以德服人”，认为君主行仁政，“四海之内皆举首而望之，欲以为君”(《孟子·滕文公下》)，如此再去讨伐天下之暴君，便可做到“无敌于天下”，而“无敌于天下者，天吏也。然而不王者，未之有也”(《孟子·公孙丑上》)。可见，孟子对于战国时期的争霸战争是深恶痛绝的，在反对争霸战争方面，《孟子》比《晏子春秋》态度更为激烈。

我们再来看作为田齐官方学说的《黄帝四经》和《管子》对于争霸战争的态度。《经法·四度》说：“因天时，伐天毁，谓之武。武刃而以文随其后，则有成功矣。用二文一武者王。”①《四度》认为武功杀伐之后再施以文德教化就能成就功名，此处的“武”指“因天时，伐天毁”，实际上也包含了争霸战争，可见《黄帝四经》对于诸侯之间的争霸战争是多有肯定的。《十六经·五正》说：“夫作争者凶，不争【者】亦无成功。何不可矣？黄帝于是出其锵钺，奋其戎兵，身提鼓枹，以遇蚩尤，因而擒之。”《十六经·正乱》也说：“于是出其锵钺，奋其戎兵。黄帝身遇蚩尤，因而擒之。剥其□革以为干侯，使人射之，多中者赏。”此处《黄帝四经》认为挑起战争是为凶事，但不发动战争则无以成功，因而《黄帝四经》对于黄帝出战蚩尤持肯定态度。但《黄帝四经》也不是一味推崇争霸战争，《黄帝四经》又从多个角度对战争加以论述。其一，关于战争的时机问题，《十六经·姓争》说：“争不衰，时静不静，国家不定。可作不作，天稽环周，人反为之【客】。静作得时，天地与之。静作失时，天

① 国家文物局古文献研究室：《马王堆汉墓帛书（壹）》，北京：文物出版社，1980 年版，第 51—52 页。以下所引《黄帝四经》原文，均引自此书，不另注。为书写之便，简文直接以通行字写出。

地夺之。”这也就是说战争与否皆取决于天时，当静不静或当作不作都是违背天时的，都会招致祸害。其二，《黄帝四经》又区分了战争的目的，《十六经·本伐》说：“储库藏兵之国，皆有兵道。世兵道三，有为利者，有为义者，有行忿者。”《黄帝四经》依据目的将战争分为“为利者”“为义者”和“行忿者”三类，它认为仅仅因为“行忿”而发动的战争是“非道”的，“为利”的战争是既无大利，也无大害，只有“为义”的战争才合乎天道，因为“【义】者，众之所死也”。其三，《黄帝四经》也认识到战争的有限作用，反对一味穷兵黩武，《称》说：“□□不执偃兵，不执用兵。兵者不得已而行。”关于此句，整理者解释说：“执，读为暬，《说文》：‘暬，日狎习相慢也。’古书通用‘亵’字。偃，止也。偃兵与用兵对言，其说盛于战国。……‘不亵用兵’即后世戒‘黩武’之意。《十六经·本伐》也说：“道之行也，由不得已。”由此可见，《黄帝四经》既论述了争霸战争的必要性，认为战争是成就功名的一个重要手段，应该发动战争的时候而不战争，会给自己带来灾难，但同时《黄帝四经》对战争的局限性也有着清醒的认识[①]。《管子》与此相类似，《管子·兵法》说：“故夫兵，虽非备道至德，然而所以辅王成霸。”这也就说，战争是成就王霸事业的手段。但《管子》也看到了战争的危害性：“贫民伤财，莫大于兵；危国忧主，莫速于兵。”（《管子·法法》）战争可能会导致“贫民伤财”“危国忧主”，但战争并不能废，《管子·法法》说：“兵当废而不废，则惑也；不当废而欲废之，则亦惑也。此二者伤国一

① 关于《黄帝四经》中的战争思想，还可参见余明光：《黄帝四经与黄老思想》，哈尔滨：黑龙江出版社，1989年版，第50—55页。

也。黄帝唐虞，帝之隆也，资有天下，制在一人。当此之时，兵不废。今德不及三帝，天下不顺，而求废兵，不亦难乎?”虽然《管子》说“兵当废而不废，则惑也”，但又说到“黄帝唐虞”等圣王时期都不废兵，何况今之君呢?可见，在《管子》看来，“废兵”只在理论上具有可能性，或说只是在理想的层面上才有可能，在现实政治中，“废兵”并无可能，所以《管子》对于当时社会上流传的“寝兵”之说加以批判，并说：“寝兵之说胜，则险阻不守。”(《管子·立政》)

《荀子》也看到了战争的重要作用，荀子说：“重用兵者强，轻用兵者弱。”(《荀子·议兵》)荀子又区分了“仁者之兵”(或“王者之兵”)与“亡国之兵”(或“危国之兵”)，前者尚“礼义教化”，后者“隆执诈、尚功利”，这一点与《黄帝四经》和《管子》的看法相似。初看起来，荀子重视战争的观点与儒家所提倡的“仁义”似乎存在矛盾，《荀子》对于这一点也有论述：

> 陈嚣问孙卿子曰：“先生议兵，常以仁义为本。仁者爱人，义者循理，然则又何以兵为?凡所为有兵者，为争夺也。”孙卿子曰：“非女所知也!彼仁者爱人，爱人，故恶人之害之也；义者循理，循理，故恶人之乱之也。彼兵者，所以禁暴除害也，非争夺也。故仁者之兵，所存者神，所过者化，若时雨之降，莫不说喜。是以尧伐驩兜，舜伐有苗，禹伐共工，汤伐有夏，文王伐崇，武王伐纣，此四帝两王，皆以仁义之兵行于天下也。故近者亲其善，远方慕其德，兵不血刃，远迩来服，德盛于此，施及四极。”(《荀子·议兵》)

荀子所主张的战争的目的在于“禁暴除害”，发动这样的战争正合乎儒家的仁义之理，如“尧伐驩兜，舜伐有苗，禹伐共工，汤伐有夏，文王伐崇，武王伐纣”皆是此类。我们可以看出，荀子此处所论述的战争是其所谓的“仁者之兵”（或“王者之兵”），也就是今天我们所说正义的战争，这种战争是荀子所提倡的，在一点上荀子和孟子的观点是一致的。不同的是，孟子虽然肯定历史上汤伐桀之类的战争，但对于现实中的战争的作用不太强调，他认为“春秋无义战”，而荀子肯定战争能使国家强大，认为“齐桓、晋文、楚庄、吴阖闾、越勾践，是皆和齐之兵也，可谓入其域矣”（《荀子·议兵》），虽然没有达到至善的境界，不足以王但足以霸，因而肯定了战争的作用，从这一点说《荀子》的战争观更多地接近于《黄帝四经》和《管子》。

总而言之，《晏子春秋》反对争霸，否定争霸战争，而《黄帝四经》和《管子》肯定诸侯争霸，也论述了争霸战争的积极作用，究其原因在于《晏子春秋》成书于反对田齐政权的齐人之手，而《黄帝四经》和《管子》则是田齐官方学说，是为田齐政权的合法性提供理论依据的。再者，在对待争霸及争霸战争的态度方面，《晏子春秋》和《孟子》的观点相类似，而《黄帝四经》《管子》和《荀子》的观点相近，考虑到孟子和荀子曾经先后游学于稷下学宫，对田齐时期的学说十分熟悉，而《晏子春秋》的部分材料肯定在孟子之前就已经流行了，《黄帝四经》和《管子》成书早于《荀子》，我们有理由说：《晏子春秋》关于争霸和争霸战争的观点影响了《孟子》，而《黄帝四经》和《管子》则影响了《荀子》。

三 结语

通过以上论述，我们可知，《晏子春秋》成书于“世为强国”的齐国，并且田齐政权一直奉行争霸的政策，结合《晏子春秋》的成书背景及《晏子春秋》文本中的相关论述，可见《晏子春秋》立足于大国的立场，但我们又发现《晏子春秋》中暗含浓厚的小国意识，并且其中还具有无为而治、谦卑守弱的小国意识，因此我们可以说《晏子春秋》坚持一种以大国为小国的治国方略，而这种治国方略与《老子》有相通之处。

《晏子春秋》主张以义服人，反对以利服人，这一点颇类似于儒家，而与墨家不同。在关于争霸及战争方面，《晏子春秋》反对诸侯争霸及争霸战争，此观点有可能影响了《孟子》；《黄帝四经》和《管子》则肯定了诸侯争霸，对于争霸战争也不像《晏子春秋》那样完全否定，有可能影响了《荀子》。究其原因在于二者的作者所持的立场不同：《晏子春秋》的作者反对田齐政权，而《黄帝四经》和《管子》则是由作为田齐官方学者的稷下先生所著，本来就是为田齐政权的合法性提供理论依据的。两者的观点可能分别影响了《孟子》和《荀子》，孟、荀观点的不同可以追溯到《晏子春秋》和《黄帝四经》《管子》之间的差异。

第二节　《晏子春秋》的节俭尚贤思想

刘泽华在论述中国古代政治时曾用“王权主义”加以概括，他说：“（先秦思想家）有一个共同关心的问题，即在历史进或退中决定性的力量是什么？思想家们从不同角度出发，得出了一个大致相同的结论，即取决于君主的好坏。”① 以色列著名汉学家尤锐（Yuri Pines）同意此观点，他同时对“王权主义”这个概念进行限定，认为“王权主义”应该用英文中的“Monarchism”来翻译，而非纯粹的独裁主义（authoritarianism），“王权主义”指代对独一无二的君主制保持的一种文化信仰，而非强调将权力集中于个人手中的政治操弄②。当然也有学者提出异议③。在此暂且不论“王权主义”是否能概括中国政治思想的核心，但君主在中国政治思想中确实占据十分重要的位置。本节笔者将论述《晏子春秋》关于君主应该如何行动才能使国家长治久安。

① 刘泽华：《中国的王权主义》，上海：上海人民出版社，2000 年版，第 119 页。

② ［以色列］尤锐著、孙英刚译、王宇校：《展望永恒帝国——战国时代的中国政治思想》，上海：上海古籍出版社，2013 年版，第 20 页。

③ 如梁涛、吴光、陈启云等学者都持这种态度。参见梁涛：《论国学研究的态度、立场与方法——评刘泽华先生王权主义的“国学观”》，《光明日报（国学版）》，2009 年 12 月 7 日。吴光：《历史的误读与历史观的偏颇——与刘泽华、张分田二先生商榷》，《光明日报（国学版）》2010 年 1 月 18 日。陈启云：《王权、君道与国学》，《中华读书报》2010 年 5 月 12 日。

一　身先行之，力倡节俭

《晏子春秋·内篇杂下第六·灵公禁妇人为丈夫饰不止晏子请先内勿服第一》载：

> 灵公好妇人而丈夫饰者，国人尽服之，公使吏禁之，曰："女子而男子饰者，裂其衣，断其带。"裂衣断带相望，而不止。晏子见，公问曰："寡人使吏禁女子而男子饰者，裂断其衣带，相望而不止者，何也？"晏子对曰："君使服之于内，而禁之于外，犹悬牛首于门，而卖马肉于内也。公何以不使内勿服，则外莫敢为也。"公曰："善。"使内勿服，逾月，而国人莫之服。

在这则故事中，齐灵公在宫内让女人穿男人的衣服，这种风气影响了民众，灵公想要禁止民众之"女子而男子饰者"，却屡禁不止，晏子指出了症结所在——"君使服之于内，而禁之于外，犹悬牛首于门，而卖马肉于内也"，要想彻底禁止这种风气，首先要从宫内做起，这也就是说，宫内的风气会直接影响到宫外。因此，君主的行为就尤其重要，君主必须以身作则，身先行之："齐人甚好毂击，相犯以为乐，禁之不止。晏子患之，乃为新车良马，出与人相犯也，曰：'毂击者不祥，臣其祭祀不顺，居处不敬乎？'下车而弃去之，然后国人乃不为。故曰：'禁之以制，而身不先行，民不能止。故化其心，莫若教也。'"（《晏子春秋·内篇杂下第六·齐人好毂击晏子绐以不祥而禁之第二》）这则故事形象地说明了统治者如果"身不先行"就无法治国好国家，认为只有统治者“身先行之”，使用教化的手段才能使得民众臣服。

强调统治者“身先行之”才能治理好国家的传统是儒墨两家共有的思想。《论语·颜渊篇》载：“季康子问政于孔子，孔子对曰：‘政者，正也。子帅以正，孰敢不正？’”“季康子问政于孔子曰：‘如杀无道，以就有道，何如？’孔子对曰：‘子为政，焉用杀？子欲善而民善矣。君子之德风，小人之德草。草上之风，必偃。’”孔子注重教化及强调君主以身作则的思想已为人熟知，至于孔子为何重视君主以身作则，萧公权说：“盖政事尽于行仁，而行仁以从政者之修身为起点，前节已经说明。若不仁而在高位，则政治失其起点。纵有作为，犹不免治丝愈棼，徒劳无益。’[①] 尤锐则注意到，《论语》这两段话的谈话对象并非鲁国合法的君主而是季康子，因此得出结论说：“很明显，孔子关于君主道德影响臣民的论断，并不局限于正统的君主，也适合于其他类型的统治者。”[②]《晏子春秋》中关于君主德行影响臣民的论断，也不仅是说君主，其实也适用于晏子一类的“社稷之臣”。

孟子继承了孔子的思想，孟子说：“上有好者，下必有甚焉者矣。‘君子之德，风也；小人之德，草也。草尚之风，必偃。’”（《孟子·滕文公上》）在此，《孟子》中“君子之德，风也；小人之德，草也。草尚之风，必偃”这段话应直接袭自《论语·颜渊篇》，“尚”，《论语·颜渊篇》作“上”，二字通用。孟子也认为君主的德行会直接影响百姓，由此他进一步认为

① 萧公权：《中国政治思想史》，沈阳：沈阳教育出版社，1998 年版，第 61 页。

② ［以色列］尤锐著、孙英刚译、王宇校：《展望永恒帝国——战国时代的中国政治思想》，上海：上海古籍出版社，2013 年版，第 44 页。

君王治国当以修身为本，君主具有好的德行便能使得国家安定，他说："人有恒言，皆曰'天下国家'。天下之本在国，国之本在家，家之本在身。"（《孟子·离娄上》）朱熹注曰："恒，常也。虽常言之，而未必知其言之有序也。故推言之，而又以家本乎身也。……《大学》所谓'自天子至于庶人，壹是皆以修身为本'，为是故也。"① 《大学》说"自天子至于庶人，壹是皆以修身为本"，就在于"天下之本在国，国之本在家，家之本在身"，故而修身为治国之本，孟子说："行有不得者，皆反求诸己，其身正而天下归之。"（《孟子·离娄上》）又说："君仁莫不仁，君义莫不义，君正莫不正。一正君而国定矣。"（《孟子·离娄上》）

荀子相比孔孟更加强调君主的作用，他说："君者，国之隆也；父者，家之隆也。隆一而治，二而乱，自古及今，未有二隆争重而能长久者。"（《荀子·致士》）杨倞注曰："隆犹尊也。"②萧公权据此认为荀子大唱尊君之论，并认为"其意逼近法家之门户，与孟学大有径庭"③，但他同时认为"虽然，荀子尊君，固有与法家根本不同之点。法家倾向于以君为政治之主体，荀子则不废民贵之义。盖荀子尊君之主要理由，为君主有重要之职务。以今语释之，荀子思想中之君主，乃一高贵威严之公仆，而非广土众民之所有人"④。这一点是荀子与孔孟的不同之处。不过荀子也十分重视君主之道德，《荀子·君道》载："'请问为国？'曰：'闻修身，未尝闻为国也。君者，仪也，仪正而景正；

① （宋）朱熹：《四书章句集注》，北京：中华书局，1983年版，第278页。
② （清）王先谦：《荀子集解》，北京：中华书局，1988年版，第263页。
③ 萧公权：《中国政治思想史》，沈阳：沈阳教育出版社，1998年版，第102页。
④ 萧公权：《中国政治思想史》，沈阳：沈阳教育出版社，1998年版，第103—104页。

君者，槃也，槃圆而水圆；君者，盂也，盂方而水方。君射则臣决。楚庄王好细腰，故朝有饿人。故曰：闻修身，未尝闻为国也。'" 对于这段话，王念孙曰："案《广韵》'君'字注所引，与《帝范》注同。既言'仪正而景正'，则当有'民者景也'句，既言'槃圆而水圆'，则当有'民者水也'句，（吕、钱本并有'民者水也'句。）既以槃喻君，则不必更以盂喻。二书所引有'民者景也'，'民者水也'，而无'君者盂也'二句，于义为长。(《艺文类聚·杂器物部》《太平御览·器物部》并引作'君者盘也，民者水也，盘圆则水圆，盘方则水方'。)"① 王说可从。在上述这段话中，荀子认为修身才是治国之本，他将君主比作"仪""槃"，而相应地民为"景"（影）、"水"，君主的道德修为对民众会起决定性影响，就如楚庄王喜欢细腰，故而宫内有为瘦身而饿死的人。从这一点上说，荀子与孔孟又有相通之处。故而萧公权说："孔孟重君主之道德而不重其权势，申商重君主之权势而不求其道德。荀子乃兼重之。"② 荀子既重视君主之道德，又重视君主之权势。《晏子春秋》说："禁之以制，而身不先行，民不能止。""制"即各种法度、规章等，其中当然也包括君主之权势，可见《晏子春秋》对于君主之权势并不十分看重，这一点与荀子有所距离，而近于孔孟之学。

墨子也有类似观点，他反复说"君说之，故臣为之"，君主的行为对臣下有绝对影响，他举了几个例子来说明此观点：晋文公好士之恶衣，故其臣皆牂羊之裘；楚灵王好细腰，故其臣皆以一饭为节；越王勾践好士之勇，故其臣能蹈火（《墨子·兼爱

① （清）王先谦：《荀子集解》，北京：中华书局，1988 年版，第 234 页。
② 萧公权：《中国政治思想史》，沈阳：沈阳教育出版社，1998 年版，第 109 页。

中》)。但正如尤锐所说，相对孔孟，“墨子更加极端，他认为君主对臣民具有绝对的主导作用。君主的任何爱好，包括细腰、鲁莽的勇气，甚至‘兼爱’，都会被臣民所仿效。君主作为道德楷模的理念是墨子政治理论的中枢”①，墨子提出了“尚同”之说，他认为“古者民始生未有刑政之时，盖其语‘人异义’。是以一人则一义，二人则二义，十人则十义，其人兹众，其所为义者亦兹众”，这样便会导致天下大乱。解决的办法是“选天下之贤可者，立以为天子”，随后再立三公、诸侯国君、正长等，“天子之所是皆是之，所非皆非之。去若不善言，学天子之善言；去若不善行，学天子之善行”，可见在墨子眼中，天子是绝对善的，故而才能做到“天子之所是皆是之，所非皆非之”。② 墨子这种观点相对孔孟确实更为绝对，孔孟只是说君主对臣下有影响，因而君主应该以身作则，但而墨子则说“天子之所是皆是之，所非皆非之”，做到“上同而不下比”，更加突出君主的作用。从这一点上说，《晏子春秋》全书中多有对君主的批评，其强调君主“身先行之”的观点更近于孔孟，而离墨子较远。

《晏子春秋》认为君主的行为对臣下有很大的影响，故而君主应以身作则，《晏子春秋》进而认为，君主首先应该做的就是节俭。《晏子春秋·内篇谏下第二·景公欲以圣王之居服而致诸侯晏子谏第十四》载：

> 景公问晏子曰：“吾欲服圣王之服，居圣王之室，如此，则诸侯其至乎?”晏子对曰：“法其节俭则可，法其服，

① ［以色列］尤锐著、孙英刚译、王宇校：《展望永恒帝国——战国时代的中国政治思想》，上海：上海古籍出版社，2013 年版，第 44—45 页。

② 以上所引，皆见《墨子·尚同上》《尚同中》《尚同下》的论述与此类似。

居其室，无益也。三王不同服而王，非以服致诸侯也。诚于爱民，果于行善，天下怀其德而归其义，善其衣服节俭而众说也。夫冠足以修敬，不务其饰；衣足以掩形御寒，不务其美。衣不务于隅肶之削，冠无觚羸之理，身服不杂彩，首服不镂刻。且古者尝有紩衣挛领而王天下者，其义好生而恶杀，节上而羡下，天下不朝其服，而共归其义。古者尝有处橧巢窟穴而不恶，予而不取，天下不朝其室，而共归其仁。及三代作服，为益敬也，首服足以修敬，而不重也，身服足以行洁，而不害于动作。服之轻重便于身，用财之费顺于民。其不为橧巢者，以避风也；其不为窟穴者，以避湿也。是故明堂之制，下之润湿，不能及也；上之寒暑，不能入也。土事不文，木事不镂，示民知节也。及其衰也，衣服之侈，过足以敬；宫室之美，过避润湿，用力甚多，用财甚费，与民为雠。今君欲法圣王之服室，不法其制。法其节俭也，则虽未成治，庶其有益也。今君穷台榭之高，极污池之深而不止；务于刻镂之巧，文章之观而不厌，则亦与民而雠矣。若臣之虑，恐国之危，而公不平也。公乃愿致诸侯，不亦难乎？公之言过矣！”

在这则故事中，晏子认为古圣王一个重要的德行就是节俭，他们对于穿着和财富的准则就是“服之轻重便于身，用财之费顺于民”，故而他们“土事不文，木事不镂”，这样就能向民众展示其节俭，民众便也会效法其节俭；而衰世的一个重要特征是君主追求“衣服之侈”“宫室之美”，这样只能导致“与民为雠’。这也就是说，节俭是圣王的德行而奢侈则是衰世的特点，“古之人君，其宫室节，不侵生民之苦，台榭俭，不残死人之墓”（《晏子春秋·内篇谏下第二·景公路寝台成逢于何愿合葬晏子谏第二十》），圣王“节于身，调于民”①，而桀纣等暴君则极尽奢侈，最后都导致身死国灭，“及夏之衰也，其王桀背弃德行，为璿室玉门。殷之衰也，其王纣作为顷宫灵台，卑狭者有罪，高大者有赏，是以身及焉”（《晏子春秋·内篇谏下第二·景公登路寝台不终不悦晏子谏第十八》）。总的来说，《晏子春秋》强调的节俭包括两个方面：一是君主自身生活节俭，如不穿特别华丽的衣服等；二是君主不应过度地搜刮民众的财富，这就是所谓的“其取下节，其自养俭”（《晏子春秋·内篇问上第三·景公问贤君治国若何晏子对以任贤爱民第十七》）。

在《晏子春秋》中，晏子不仅要求国君节俭，他本人也身体力行，如景公与晏子邶殿，晏子不受，并对子尾讲了他的财富观：“且夫富，如布帛之有幅焉，为之制度，使无迁也。”认为富贵须有节制（《晏子春秋·内篇杂下第六·子尾疑晏子不受庆氏之邑晏子谓足欲则亡第十五》）；景公禄晏子以平阴与槀邑，晏子反市者十一社（《晏子春秋·内篇杂下第六·景公禄晏子平阴与槀邑晏子愿行三言以辞第十六》）；梁丘据见晏子中食，而肉不足（《晏子春秋·内篇杂下第六·梁丘据言晏子食肉不足景公割地将封晏子辞第十七》）；晏子分食给景公使者食之，使者不饱，晏子亦不饱（《晏子春秋·内篇杂下第六·景公以晏子食不足致千金而晏子固不受第十八》）；晏子相齐，衣十升之布，脱粟之食，五卵、苔菜而已（《晏子春秋·内篇杂下第六·景公

① 《晏子春秋·内篇谏下第二·景公登路寝台不终不悦晏子谏第十八》作“节于身，谓于民”，王念孙以为“谓”当作“调”，银雀山汉简本《晏子春秋》正作“调”，参见本书第三章。

以晏子衣食弊薄使田无宇致封邑晏子辞第十九》)；在回答田桓子问晏子何以辞邑时，晏子说："节受于上者，宠长于君；俭居于处者，名广于外。夫长宠广名，君子之事也。"(《晏子春秋·内篇杂下第六·田桓子疑晏子何以辞邑晏子答以君子之事也第二十》) 晏子所居之宅十分破旧，景公想更换其宅，晏子辞（见《晏子春秋·内篇杂下第六·景公欲更晏子宅晏子辞以近市得求讽公省刑第二十一》《晏子春秋·内篇杂下第六·景公毁晏子邻以益其宅晏子因陈桓子以辞第二十二》等)。如此等等，不一而足，均说明晏子自身节俭。至于他为何要节俭，晏子说："君使臣临百官之吏，臣节其衣服饮食之养，以先国之民；然犹恐其侈靡而不顾其行也。"(《晏子春秋·内篇杂下第六·景公以晏子乘弊车驽马使梁丘据遗之三返不受第二十五》) 即说，晏子节俭，也是以身作则，为民众所效仿，从而达到移风易俗之目的。

《晏子春秋》虽然提倡节俭，但也不是要人一味地节俭，而是要有度。《晏子春秋》区分了啬与吝、爱的不同：

> 叔向问晏子曰："啬、吝、爱之于行何如?"晏子对曰："啬者，君子之道；吝、爱者，小人之行也。"叔向曰："何谓也?"晏子曰："称财多寡而节用之，富无金藏，贫不假贷，谓之啬；积多不能分人，而厚自养，谓之吝；不能分人，又不能自养，谓之爱。故夫啬者，君子之道；吝、爱者，小人之行也。"(《晏子春秋·内篇问下第四·叔向问啬吝爱之于行何如晏子对以啬者君子之道第二十三》)

在此，我们可以明白，《晏子春秋》所提倡的节俭是根据财富的多少而花费，也就是量力而行，这就是啬，是君子之行，而不是提倡人们做守财奴，这样是吝、爱，吝、爱是小人之行。

提倡节俭并非《晏子春秋》的独创，先秦时期许多思想家都有这种思想，关于这方面张祥浩有详细论述。他比较了晏子与孔子、墨子、老子尚俭思想的不同，认为晏子尚俭所注重的是物质生活之俭，而非精神生活之俭，这一点与老子不同，而与孔墨相同；晏子尚俭的目的是为道德政治，这一点与孔子相同，而和墨子不同；孔子尚俭，以礼为界限和标准，晏子尚俭，不以礼为节度，这一点与墨子相同，而与孔子不同。[①] 笔者认为张祥浩关于孔子和老子尚俭思想的论述大体不错，但关于晏子和墨子尚俭思想的论述则稍有些简单了，他说："墨子尚俭，他只着眼于社会消费，而不像晏子那样，着眼于道德和政治。"[②] 《墨子·七患》说："其生财密，其用之节也。"墨子认为"生财"才是"用"的基础，在财密的基础上再节用，这样才能使得财物增加，国家富强。可见墨子的节用不仅仅着眼于社会消费，同时他也非常重视生产的增加。对于墨子的节用，萧公权说："节用之直接目的在于充裕民生，其最后之目的在于爱利。故墨子谓古之圣王'爱民谨忠，利民谨厚'，于是制为节用之法。"[③] 墨子的节用理论最后落实在爱利民众，这当然就不仅仅是一个社会消费问题了，而与政治生活息息相关。再者，墨子还指出，统治者的奢靡生活不仅造成浪费，影响再生产，而且还使得政治荒废，造成"国家必贫，人民必寡，刑政必乱"的后果，因为"若法若言，行若道，使为上者行此，则不能听治；使为下者行此，则不能从

① 张祥浩：《论晏子的尚俭思想》，《管子学刊》1991年第1期。
② 张祥浩：《论晏子的尚俭思想》，《管子学刊》1991年第1期。
③ 萧公权：《中国政治思想史》，沈阳：沈阳教育出版社，1998年版，第140页。

事。上不听治，刑政必乱；下不从事，衣食之财必不足”（《墨子·节葬下》）。从这方面来看，墨子的尚俭理论也不仅仅是一个社会消费的问题，而是一个社会政治问题。关于墨子的尚俭理论，萧公权还说：“按墨子尚俭之说，虽针对社会全体而发，然就其内容而论，似尤注重王公大人之接受奉行。”“其尚俭之效果欲使君长之生活皆下比于平民。”[①]《晏子春秋》的尚俭理论正是主要针对统治者而言的，通过统治者“身先行之”，带动社会风气，而且观晏子之俭朴生活及晏子对景公所论述的衣物之规定[②]，也确实有使“君长之生活皆下比于平民”的意思。而《晏子春秋·内篇谏下第二·景公欲以圣王之居服而致诸侯晏子谏第十四》载：“及其衰也，衣服之侈，过足以敬；宫室之美，过避润湿，用力甚多，用财甚费，与民为雠。”因此《晏子春秋》也并不仅仅着眼于道德和政治，也强调了社会消费之节俭。但正如张祥浩所说，《晏子春秋》与孔子的尚俭理论却有不同，孔子尚俭以礼为节度，而《晏子春秋》虽重礼，但尚俭却没有以礼为节度[③]。晏子的节俭也并不合乎儒家之礼，孔子就批评晏子说：“晏平仲祀其先人，豚肩不掩豆，贤大夫也，而难为下也。”（《礼记·杂记上》）有若也讥讽晏子“焉知礼”（《礼记·檀弓上》）。因而，单就尚俭这一点来说，《晏子春秋》的思想更近于《墨子》，扬雄说“墨、晏俭而废礼”（《法言·五百》），将墨子

---

① 萧公权：《中国政治思想史》，沈阳：沈阳教育出版社，1998 年版，第 142 页。

② 如上引《晏子春秋·内篇谏下第二·景公欲以圣王之居服而致诸侯晏子谏第十四》所载晏子答景公关于君主衣物之规定就说：“夫冠足以修敬，不务其饰；衣足以掩形御寒，不务其美。衣不务于隅肶之削，冠无觚羸之理，身服不杂彩，首服不镂刻。”

③ 张祥浩：《论晏子的尚俭思想》，《管子学刊》1991 年第 1 期。

与晏子相提并论大概就出于此吧。

由以上论述我们可知，在强调君主应“身先行之”方面，《晏子春秋》更近于孔孟，但在尚俭方面，《晏子春秋》则更近于墨子，可证《晏子春秋》为儒墨融合思潮下的产物。

二 下贤以身，疏远谄谀

君主除了要“身先行之”，力倡节俭，以自身的道德影响臣民之外，举贤才以辅政也是治理国家的一大要务。《晏子春秋》认为国家有三不祥：“夫有贤而不知，一不祥；知而不用，二不祥；用而不任，三不祥也。”（《晏子春秋 · 内篇谏下第二 · 景公猎逢蛇虎以为不祥晏子谏第十》）国家的“三不祥”均与废弃贤才有关。在另一处，晏子又认为“为政之患”在于“善恶不分”，而要避免此种情况，就要谨慎地选择君主左右之人，因为“左右善，则百僚各得其所宜，而善恶分”。晏子的这段话十分有道理，以至于孔子听到后也不禁赞叹道：“此言也信矣！善进，则不善无由入矣；不善进，则善无由入矣。”（《晏子春秋 · 内篇问上第三 · 景公问为政何患晏子对以善恶不分第三十》）从《晏子春秋》用“善”与“恶”来判定“贤”与“不贤”，我们可知《晏子春秋》更看重贤人之德。

《晏子春秋》将佞臣谗夫比作社鼠和猛狗，认为他们是治国之大患，《晏子春秋 · 内篇问上第三 · 景公问治国何患晏子对以社鼠猛狗第九》载：

> 景公问于晏子曰：“治国何患？”晏子对曰：“患夫社鼠。”公曰：“何谓也？”对曰：“夫社，束木而涂之，鼠因

往托焉，熏之则恐烧其木，灌之则恐败其涂，此鼠所以不可得杀者，以社故也。夫国亦有焉，人主左右是也。内则蔽善恶于君上，外则卖权重于百姓，不诛之则乱，诛之则为人主所案据，腹而有之，此亦国之社鼠也。人有酤酒者，为器甚洁清，置表甚长，而酒酸不售，问之里人其故，里人云：'公狗之猛，人挈器而入，且酤公酒，狗迎而噬之，此酒所以酸而不售也。'夫国亦有猛狗，用事者是也。有道术之士，欲干万乘之主，而用事者迎而龁之，此亦国之猛狗也。左右为社鼠，用事者为猛狗，主安得无壅，国安得无患乎？"

此段记载又见于《晏子春秋·外篇第七·景公问治国之患晏子对以佞人谗夫在君侧第十四》，文字稍有不同，《韩非子·外储说右上》也有类似的记载，只不过《韩非子》中对话的主人公变为齐桓公与管仲了。社鼠和猛狗都会给人们带来巨大的危害，同样道理，佞人谗夫也是治国之大患，故而君主必须远离他们。

《晏子春秋》还认为齐桓公称霸最重要的原因就在于能任用贤才。《晏子春秋·内篇问上第三·景公问欲如桓公用管仲以成霸业晏子对以不能第七》载晏子认为齐桓公能够实现"遂武功而立文德，纠合兄弟，抚存翌州，吴越受令，荆楚惛忧，莫不宾服，勤于周室，天子加德"的霸业，最主要的原因就在于"能任用贤，国有什伍，治遍细民，贵不凌贱，富不傲贫，功不遗罷，佞不吐愚，举事不私，听狱不阿"，而景公不能彰桓公之功烈而继管子之业的重要原因就在于"疏远贤人，而任谄谀"。在《晏子春秋·内篇问上第三·景公问欲善齐国之政以干霸王晏子对以官未具第六》则详细列举了成就齐桓公霸业的贤臣：“桓公身体惰懈，辞令不给，则隰朋暱侍；左右多过，狱谳不中，则弦宁暱侍；田野不修，民氓不安，则宁戚暱侍；军吏怠，戎士偷，则王子成甫暱侍；居处佚怠，左右慑畏，繁乎乐，省乎治，则东郭牙暱侍；德义不中，信行衰微，则管子暱侍。”晏子又认为景公不能实现桓公一样的霸业就是因为“官未具”，所谓“官未具”即没有像桓公一样任用贤人。从《晏子春秋》可见是否任用“贤人”是国家能否强盛的关键，而从桓公任用的贤人主要解决“辞令不给”“左右多过，狱谳不中”“田野不修，民氓不安”“居处佚怠，左右慑畏”等问题来看，《晏子春秋》对于贤人之才也十分看重。

《晏子春秋》还论述了取人得贤之道：“举之以语，考之以事，能谕，则尚而亲之，近而勿辱以取人，则得贤之道也。是以明君居上，寡其官而多其行，拙于文而工于事，言不中不言，行不法不为也。”（《晏子春秋·内篇问上第三·景公问得贤之道晏子对以举之以语考之以事第二十七》）即说，考察贤人的标准是“举之以语，考之以事”，显然突出贤人之才。对于人才要有足够的尊重，“近而勿辱”，晏子在另一处对此加以详细说明：“君得臣而任使之，与言信，必顺其令，赦其过，任大无多责焉，使迩臣无求嬖焉，无以嗜欲贫其家，无亲谗人伤其心，家不外求而足。”（《晏子春秋·内篇问上第三·景公问欲和臣亲下晏子对以信顺俭节第二十六》）对待一些大贤之才，更要“下贤以身”，晏子以齐桓公为例加以论述：“昔吾先君桓公，变俗以政，下贤以身。管仲，君之贼者也，知其能足以安国济功，故迎之于鲁郊，自御，礼之于庙。异日，君过于康庄，闻宁戚歌，止车而听之，则贤人之风也，举以为大田。先君见贤不留，使能不怠，是以内政则民怀之，征伐则诸侯畏之。”（《晏子春秋·内篇问下第四·景公问桓公何以致霸晏子对以下贤以身第二》）桓公礼遇管仲的原因在于“知其能足以安国济功”，当然也是突出管仲之才。对于一般的人才，则不能求全责备，而要任之以一事：“地不同生，而任之以一种，责其俱生不可得；人不同能，而任之以一事，不可责遍成。责焉无已，智者有不能给，求焉无餍，天地有不能赡也。故明王之任人，谄谀不迩乎左右，阿党不治乎本朝；任人之长，不强其短，任人之工，不强其拙。此任人之大略也。”（《晏子春秋·内篇问上第三·景公问古之莅国者任人如何晏子对以人不同能第二十四》）即说，任人需用其所长而避其所短，这种任人观为后世明主如唐太宗所继承，唐太宗在其所著《帝范》中说：“明主之任人如巧匠之制木，直者以为辕，曲者以为轮，长者以为栋梁，短者以为栱角，无曲直长短，各有所施，明主之任人亦由是也。”① 任人要扬长避短，也是突出贤人之才。从以上论述我们可知，《晏子春秋》对于贤人的才和德都很重视，但在德才二者中似乎更重视才。

《晏子春秋》重视贤人的论述与春秋战国时代“士”的兴起息息相关。士阶层的兴起具有十分重要的意义，余英时认为“士阶层似乎更集中地表现了中国文化的特性，也似乎更能说明中西文化的异质之所在”，士阶层与西方近代的知识分子有相通之处，但两者之间不能画等号②。余先生又对士阶层的兴起做了

① （唐）唐太宗：《帝范》，北京：中华书局，1985 年版，第 15—16 页。
② ［美］余英时：《士与中国文化》，上海：上海人民出版社，1987 年版，第 1—11 页。

详细论述，在谈到春秋战国时代士阶层的变化时说："这种变化的一个最重要的方面是起于当时社会阶级的流动，即上层贵族的下降与下层庶民上升。由于士阶层处于贵族与庶人之间，是上下流动的汇合之所，士的人数遂不免随着大增。"[①] 刘泽华等人也论述了春秋战国时期士的兴起[②]。以色列汉学家尤锐同样认为"士的兴起是先秦时期最为重要的历史发展之一，这一演变不但是社会变迁，而且是思想沿革"[③]。春秋战国时期，由于士阶层人数的增多，他们从固定的封建身份中解放出来，变成可以自由流动的四民之首，而又由于士阶层有礼乐诗书的文化渊源[④]，他们掌握了大量的治国知识，君主必须争取让他们出仕才能在社会动荡的春秋战国之际占据上风。而另一方面，由于士阶层从低级贵族降为庶民之首，士并没有自己独立的财产来源，他们不得不以出仕为职业，故而孟子说："士之仕也，犹农夫之耕也。"（《孟子·滕文公下》）而"就我们所能掌握的资料来看，战国时代的士几乎没有不游的。他们不但轻去其乡，甚至宗国的观念也极为淡薄"[⑤]。他们可以自由流动，在这种情况下，争取士阶层为本国服务就成了当务之急了，这就必须要尚贤。汉学家尤锐也分析了君主为何要"尚贤"，他说："士，缺乏独立的权力基础，

① ［美］余英时：《士与中国文化》，上海：上海人民出版社，1987 年版，第 12—13 页。

② 刘泽华主编：《士人与社会（先秦卷）》，天津：天津人民出版社，1988 年版，第 33—40 页。

③ ［以色列］尤锐著、孙英刚译、王宇校：《展望永恒帝国——战国时代的中国政治思想》，上海：上海古籍出版社，2013 年版，第 149 页。

④ ［美］余英时：《士与中国文化》，上海：上海人民出版社，1987 年版，第 9—26 页。

⑤ ［美］余英时：《士与中国文化》，上海：上海人民出版社，1987 年版，第 78 页。

相对桀骜不驯的贵族而言更少威胁君权；而他们在军事和行政事务上的经验，在一个经历着巨大政治社会变动的时代非常急需。对君主而言，招纳士为自己服务的好处变得非常清楚，国君们为了招纳贤良之士的竞争就成为一种新的思想氛围。”① 在这种背景下，《晏子春秋》正成书于春秋战国之际，在这种背景下，其对于贤人的重视就很容易得到解释了。

事实上，《晏子春秋》也确实体现了士阶层的形成。《晏子春秋·内篇杂上第五·晏子之晋睹齐累越石父解左骖赎之与归第二十四》载越石父对晏子说："臣闻之，士者诎乎不知己，而申乎知己，故君子不以功轻人之身，不为彼功诎身之理。吾三年为人臣仆，而莫吾知也。今子赎我，吾以子为知我矣；向者子乘，不我辞也，吾以子为忘；今又不辞而入，是与臣仆我者同矣。我犹且为臣，请鬻于世。”在其中，越石父以“士”自居，对于晏子的不礼相待表示愤怒，提出与之绝交，体现出士阶层的独立人格。《晏子春秋》还记载北郭骚与晏子之故事，在其中北郭骚杀身以报晏子之恩惠，以致晏子两次哀叹“不知士甚矣”（《晏子春秋·内篇杂上第五·晏子乞北郭骚米以养母骚杀身以明晏子之贤第二十七》），可见当时士阶层已为统治者所看重。士有多种②，不过其中最重要的就是武士和文士两种，《晏子春秋》似乎推崇文士而轻视武士。《晏子春秋·内篇谏上第一·庄公矜勇力不顾行义晏子谏第一》载晏子批评庄公“自奋斗乎勇力，不

① ［以色列］尤锐著，孙英刚译，王宇校：《展望永恒帝国——战国时代的中国政治思想》，上海：上海古籍出版社，2013 年版，第 153 页。

② 刘泽华等人就将战国之士分为“武士”“文士”“吏士”“技艺之士”“商贾之士”“方术之士”及其他。（见刘泽华主编：《士人与社会（先秦卷）》，天津：天津人民出版社，1988 年版，第 20—31 页）

顾乎行义，勇力之士，无忌于国”，并认为这是“反圣王之德，而循灭君之行”，显然晏子对勇士持轻蔑态度。流传甚广的“二桃杀三士”故事中，晏子设计杀掉公孙接、田开疆、古冶子三人，而这三人“以勇力搏虎闻”，都是“勇力之士”（《晏子春秋·内篇谏下第二·景公养勇士三人无君臣之义晏子谏第二十四》），故而《晏子春秋》对于勇士的态度可见一斑。上引北郭骚杀身以明晏子之贤的故事中，北郭骚的行径类似勇士，不过观《晏子春秋》对于勇士的态度，北郭骚应该也是被当作文士来看待的。

如上所述，尚贤为春秋战国时期大多数君主的共识，自然尚贤思想也是多数诸子所共有的思想。那么《晏子春秋》的尚贤思想有何特点？或说更接近于诸子中哪一家呢？

先说儒家，儒家对贤人政治的推崇是不言而喻的，《论语·子路篇》载：“仲弓为季氏宰，问政。子曰：‘先有司，赦小过，举贤才。’曰：‘焉知贤才而举之？’曰：‘举尔所知。尔所不知，人其舍诸？’”上博简三《仲弓》第7简也有“老老慈幼，先有司，举贤才，宥过赦罪”[①] 之类的话。此处孔子明确提出“举贤才”的政治主张并对论述了如何“举贤才”，孔子所谓的“贤才”，朱熹解释说：“贤，有德者。才，有能者。”[②] 可见孔子既注重有德者，又不忽视有才者，理想的状况是德才兼备，即所谓“修己以安百姓”（《论语·宪问篇》）者。不过从孔子“一以贯之”的思想看，孔子更注重有德者，所以孔子又说：“举直错诸

---

① 陈剑：《上博竹书〈仲弓篇〉新编释文》，见氏著：《战国竹书论集》，上海：上海古籍出版社，2013年版，第107页。

② （宋）朱熹：《四书章句集注》，北京：中华书局，1983年版，第141页。

枉，则民服；举枉错诸直，则民不服。”（《论语·为政篇》）孔子又说：“好贤如《缁衣》，恶恶如《巷伯》，则爵不渎而民作愿，刑不试而民咸服。”（《礼记·缁衣》）孙希旦注曰：“《缁衣》，郑《国风》篇，周人美郑武公之贤，欲改为其衣，又欲适其馆而授之粲，其殷勤无已如此，好贤之诚也。《巷伯》《小雅》篇名，诗人恶谗人，欲投之豺虎、有北、有昊，恶恶之诚也。人君之好贤恶恶，其诚苟能如此，则民莫不趋其所好而避其所恶，不待劝以赏而民自愿悫，不待加以刑而民皆畏服矣。”① 上博简五《季康子问孔子》第18简也记载孔子说：“贤人大于邦。”② 孔子向其学生樊迟说“举直错诸枉，能使枉者直”，樊迟不理解，请教于子夏，子夏解释说：“舜有天下，选于众，举皋陶，不仁者远矣。汤有天下，选于众，举伊尹，不仁者远矣。”（《论语·颜渊篇》）子夏用“舜举皋陶”和“汤举伊尹”之事来解释孔子举贤才的思想，可谓深得孔子之意，皋陶和伊尹也是孔子眼中德才兼备的贤人。在“贤”“才”二者中，虽然孔子更看重“贤”（德），但他也并没有忽视“才”，这一点可以从孔子对管仲的评价中看出来。孔子批评管仲“器小”“奢侈”“不知礼”（《论语·八佾篇》），可见孔子认为管仲德行有亏，但孔子并没有据此否定管仲，他说：“桓公九合诸侯，不以兵车，管仲之力也。如其仁！如其仁！”又说：“管仲相桓公，霸诸侯，一匡天下，民到于今受其赐。微管仲，吾其被发左衽矣。”（《论语·宪问篇》）可见，他对管仲从整体上是持肯定态度的，而管仲所倚

---

① （清）孙希旦：《礼记集解》，北京：中华书局，1989年版，第1322页。

② 马承源主编：《上海博物馆藏战国楚竹书（五）》，上海：上海古籍出版社，2005年版，第227页。

靠就是其“才”，即所谓助齐桓公“九合诸侯，不以兵车”“霸诸侯，一匡天下”。

相对孔子，孟子更重视贤人对于治理国家的作用，他认为国家不用贤人就会有灭亡之灾，他说：“虞不用百里奚而亡，秦穆公用之而霸。不用贤则亡，削何可得与?”（《孟子·告子下》）因而他认为“仁者无不爱也，急亲贤为务。……尧舜之仁不徧爱人，急亲贤也”（《孟子·尽心下》），国君当以“亲贤”为第一要务，只有做到“贵德而尊士，贤者在位，能者在职”“尊贤使能，俊杰在位”（《孟子·公孙丑下》），才能使得国家强盛，实现大治。由于孟子认为国君“不用贤则亡”，贤人对于国家的作用太大了，故而贤才对于君主不必唯唯诺诺。以色列汉学家尤锐注意到孔孟对待君主的不同态度，他说：“孔子和孟子对于君主的立场截然不同，具有很大的启发意义。尽管在《论语》中也有一些记载表达了孔子对统治者不够礼貌的不满，但这类话题处于边缘位置。在《孟子》中，却截然相反，此类话题占据了重要的位置。”① 君主对于贤士应该表示出足够的尊重，贤士并非君主的奴仆，在孟子看来，贤士所掌握的是“道”，君主所凭借的不过是“势”，而“道”高于“势”，孟子说：“古之贤王好善而忘势，古之贤士何独不然？乐其道而忘人之势。故王公不致敬尽礼，则不得亟见之。见且由不得亟，而况得而臣之乎?”（《孟子·尽心下》）又说：“故将大有为之君，必有所不召之臣。欲有谋焉，则就之。其尊德乐道，不如是不足与有为也。”（《孟子·公孙丑下》）从以上孟子关于贤人掌握“道”的论述来看，

① ［以色列］尤锐著，孙英刚译，王宇校：《展望永恒帝国——战国时代的中国政治思想》，上海：上海古籍出版社，2013年版，第157—158页。

他注重的是贤人之德，故而他引用曾子的话说："晋楚之富，不可及也。彼以其富，我以吾仁；彼以其爵，我以吾义，吾何慊乎哉？"又说："天下有达尊三：爵一，齿一，德一。朝廷莫如爵，乡党莫如齿，辅世长民莫如德。"（《孟子·公孙丑下》）所谓"辅世长民"者也即孟子所说的贤人，"辅世长民莫如德"，可见孟子主要推崇"德"，而对于"才"，孟子并不重视。这一点也可以从孟子对于助桓公"一匡天下"的管仲的评价中看出来，孟子对于管仲持鄙薄的态度[①]，而非像孔子一样总体持肯定态度，这也是孔子与孟子关于贤人的观点的不同之处。

荀子认为是否尊重贤人是区分明主与暗主的关键，他说："故明主急得其人，而暗主急得其执。急得其人，则身佚而国治，功大而名美，上可以王，下可以霸；不急得其人而急得其执，则身劳而国乱，功废而名辱，社稷必危。"（《荀子·君道》）王先谦曰："执，位也。"[②] 这也就是说，对于国君来说，得贤人要比其势位更为重要。他又说："明主赏贤使能而飨其盛，暗主妬贤畏能而灭其功。"（《荀子·臣道》）"故君人者……欲立功名则莫若赏贤使能矣。"（《荀子·王制》）他又认为应不拘一格任用贤才："贤能不待次而举，罢不能不待须而废。"（《荀子·王制》）"虽王公士大夫之子孙，不能属于礼义，则归之庶人。虽庶人之子孙也，积文学，正身行，能属于礼义，则归之卿相大夫。"（《荀子·王制》）任用人才是根据其能力而分别授予不同

① 孟子说："管仲，曾西之所不为也，而子为我愿之乎？"（《孟子·公孙丑上》）又说："管仲且犹不可召，而况不为管仲者乎？"（《孟子·公孙丑下》）由此可见孟子对管仲的评价很低。

② （清）王先谦：《荀子集解》，北京：中华书局，1988年版，第230页。

的官职："上贤使之为三公，次贤使之为诸侯，下贤使之为士大夫，是所以显设之也。"（《荀子·君道》）荀子还注意到当时诸子和各位君主都意识到贤才的作用，但所谓"举贤才"不仅仅是停留在口头上的，而应落实在行动上，他说："人主之患，不在乎不言用贤，而在乎诚必用贤。"（《荀子·致士》）王先谦说："《群书治要》作'不在乎不言，而在乎不诚'。《治要》引书，多节删而不增字，其引此文，'诚'有'不'字，此脱'不'字之明证。"① "言用贤"是很容易的，但关键在于"必用贤"，"不诚必用贤"是君主的大患。至于荀子眼中的贤人，我们可以从其关于"臣"的分类中看出来，荀子认为，臣有四种：态臣、篡臣、功臣、圣臣，显然其中只有功臣和圣臣才是贤人，荀子说："内足使以一民，外足使以距难，民亲之，士信之，上忠乎君，下爱百姓而不倦，是功臣者也。上则能尊君，下则能爱民，政令教化，刑下如影，应卒遇变，齐给如响，推类接誉，以待无方，曲成制象，是圣臣者也。"（《荀子·臣道》）荀子所谓的功臣强调"内足使以一民，外足使以距难"，这方面显然更重视其才能；而圣臣"刑下如影"②"应卒遇变，齐给如响"③"推类接誉，以待无方，曲成制象"④，圣臣要让民众法上"如影之从

① （清）王先谦：《荀子集解》，北京：中华书局，1988年版，第261页。

② 王念孙解释说："刑，法也。言下之法上，如影之从形。"见（清）王先谦：《荀子集解》，北京：中华书局，1988年版，第248页。

③ 杨倞注曰："齐，疾也。给，供给也。应事而至，谓之给。夫卒变，人所迟疑，今圣臣应之疾速，如响之应声。"见（清）王先谦：《荀子集解》，北京：中华书局，1988年版，第248页。

④ 杨倞注曰："此明应卒遇变之意。无方，无常也。推其比类，接其声誉，言见其本而知其末也。待之无常，谓不滞于一隅也。委曲皆成制度法象，言物至而应，无非由法，不苟而行之也。圣者，无所不通之谓也。"见（清）王先谦：《荀子集解》，北京：中华书局，1988年版，第248页。

形”，当然是靠其德行。荀子又说：“用圣臣者王，用功臣者霸。”（《荀子·臣道》）而我们前面说过，荀子对王霸都持肯定态度，只是认为“粹而王，驳而霸”（《荀子·王霸》），王道相对霸道更为理想，故而我们可以说荀子对于贤人之德才都很重视，但在两者中更重视“德”，这一点有别于孟子，而与孔子相似。

“尚贤”是墨子“十论”之一，可见墨子对于贤人的重视。墨子认为“国有贤良之士众，则国家之治厚；贤良之士寡，则国家之治薄。故大人之务，将在众贤而已。”（《墨子·尚贤上》）是否有贤良之士是国家是否大治的关键所在。墨子还认为对待贤人要“富之贵之，敬之誉之”（《墨子·尚贤上》），还要突破阶级的界限而任人唯贤：“虽在农与工肆之人，有能则举之，高予之爵，重予之禄，任之以事，断予之令。”（《墨子·尚贤上》）“不党父兄，不偏富贵，不嬖颜色。贤者举而上之，富而贵之，以为官长；不肖者抑而废之，贫而贱之，以为徒役。”（《墨子·尚贤中》）诚然，墨子“尚贤”与孔孟荀等儒家有许多共通点，不过萧公权早就指出：“儒墨之间固有一大不相同之处。儒家欲以‘君子’代世卿，其理想之君子不必出身华族，而必须修身立德，以为下民之师表。故儒家尚贤，不徒取事功而兼重道德。墨子亦尝反复说明贤人之效矣……凡此所言，皆斤斤于物质上之实利，是其所谓贤人，以儒家之眼光论之，不过具一能一技之长，有敬事勤工之劳，而未足以语于化民成俗之极致。”[①] 这也就是说，墨子强调尚贤的原因只是因为贤人在物质上对于国家有

① 萧公权：《中国政治思想史》，沈阳：沈阳教育出版社，1998 年版，第 140 页。

利，而未考虑到贤人在道德上的影响，因而其所强调的贤人不过是一些具有一技之长的人，墨子这种“尚贤观”与其重利的思想是一致的，关于这种重利思想，英国著名汉学家葛瑞汉有段恰当的评价：“功利估价（valuation of utility）的极端形式便是不承认以事物自身为衡量价值；这是一种从不把‘对谁有用’（useful for what）当作问题来怀疑的功利主义。”① 墨子的尚贤观也是如此，他根本没考虑贤人自身的价值，即道德方面的价值，似乎认为贤人的唯一价值就是对国家有利。这种尚贤观当然与儒家有很大的差异。《晏子春秋》认为国家之患在于“善恶不分”，“左右善，则百僚各得其所宜，而善恶分”，孔子对此也评论道：“此言也信矣！善进，则不善无由入矣；不善进，则善无由入矣。”可见《晏子春秋》除看到贤人对于治理国家的作用，也看到了贤人的道德价值，这一点与《墨子》不同。

我们再来看田齐官方学说的《黄帝四经》和《管子》。我们知道《老子》是反对尚贤的，他说：“不尚贤，使民不争。”（第三章）作为老子思想继承者的《黄帝四经》与《老子》有所不同，《十六经·立命》载：“吾苟能亲亲而兴贤，吾不遗亦至矣。”《黄帝四经》也重贤，但它对于这一点并没有做过多的论述，也没有强调贤人的作用。在其他地方，我们可以发现，《黄帝四经》认为君主治理国家的关键在于顺天而不逆天，全书充斥着大量这样的论述：“顺天者昌，逆天者亡。毋逆天道，则不失所守。”（《十六经·姓争》）“是故为人主者……毋乱民功，毋逆天时。”（《十六经·观》）顺天的一大表现就是不可逾越君

① ［英］葛瑞汉著，张海晏译：《论道者——中国古代哲学论辩》，北京：中国社会科学出版社，2003 年版，第 51 页。

臣之间的等级："主惠臣忠者，其国安。主主臣臣，上下不趆者，其国强。"（《经法·大分》）"主上者执大分以生杀，以赏□，以必伐。"（《经法·大分》）故而我们可以说，《黄帝四经》虽然也提出要"兴贤"，但对于贤人在治理国家中的作用并没有特别重视。《管子》认为"君之所审者三：一曰德不当其位，二曰功不当其禄，三曰能不当其官"（《管子·立政》），君主的一大任务就是选贤举能："其选贤遂才也，举德以就列，不类无德；举能以就官，不类无能。"（《管子·君臣下》）在此，《管子》认为君主"选贤遂才"要注重臣下的"德"和"能"，这就是所谓"德""才"并重，《管子·君臣上》也说："论才量能，谋德而举之。"在"德""才"二者中，《管子》似乎也更重视"才"《管子·君臣上》说："为人上者，量功而食之以足。为人臣者，受任而处之以教。""以劳受禄。"既然强调"量功而食之""以劳受禄"，可见《管子》对臣下"才"的强调。《管子》也强调任用贤才都扬长避短："是以明君之举其下也，尽知其短长，知其所不能益，若任之以事。贤人之臣其主也，尽知短长，与身力之所不至，若量能而授官。"（《管子·君臣上》）《管子》这些论述与《晏子春秋》都十分相似。究其原因，大概是因为二书均作于齐国，而齐国一直有"尊贤尚功"的传统①，因而《晏子春秋》和《管子》都重视举贤，在贤人的"德""才"方面也都强调"才"。虽然《晏子春秋》和《管子》有如此多的

① 齐国从其第一代统治者姜太公开始就采取"尊贤尚功"的政策。《吕氏春秋·仲冬纪·长见》载："吕太公望封于齐，周公旦封于鲁，二君者甚相善也。相谓曰'何以治国？'太公望曰：'尊贤上功。'周公旦曰：'亲亲上恩。'"《汉书·地理志下》载："初太公治齐，修道术，尊贤智，赏有功。""昔太公始封，周公问'何以治齐？'太公曰：'举贤而上功。'"

相似之处，但《管子》认为相对举贤才，君主才对于国家治理具有决定性作用，因而《管子》说："治乱在主而已矣""治官化民，其要在上"（《管子·君臣上》），君主治理国家的关键在于"善明设法而不以私防者也"（《管子·君臣上》），君主不"释法而行私"，才能举贤才，故而《管子》说："安国在乎尊君。"（《管子·重令》）而如前所述，《黄帝四经》认为治理国家的关键在于顺应天时，《管子》认为在于尊君，《晏子春秋》则认为任用贤才乃是国家强盛的关键，在这一点上，《晏子春秋》与《黄帝四经》《管子》有根本的区别。

综上所述，《晏子春秋》认为举贤才是国家强盛的关键，在贤人的"才""德"之间，它更重视贤人之"才"，当然也不忽视贤人的道德作用。虽然先秦诸子几乎都重视举贤才，但《晏子春秋》的贤才观有其自身独特之处：《晏子春秋》更重视贤人之"才"，这一点区别于孔、孟、荀等儒家；《晏子春秋》重视贤人的道德作用，区别于墨子；《晏子春秋》认为举贤才是国家强盛的关键，这一点又区别于《黄帝四经》和《管子》。

第三节　《晏子春秋》的礼治思想研究

春秋战国时期，君主时常受到来自臣下的威胁，弑君事件时有发生，造成社会秩序的动荡，诸子对此问题都在寻求解决的良方，《晏子春秋》对此问题也进行过论述，并有过较深的思考。

一　君强臣弱，政之本也

《晏子春秋·外篇第七·景公问后世孰将践有齐者晏子对以田氏第十五》载：

景公与晏子立曲潢之上，望见齐国，问晏子曰："后世孰将践有齐国者乎？"晏子对曰："非贱臣之所敢议也。"公曰："胡必然也？得者无失，则虞、夏常存矣。"晏子对曰："臣闻见足以知之者，智也；先言而后当者，惠也。夫智与惠，君子之事，臣奚足以知之乎！虽然，臣请陈其为政：君强臣弱，政之本也；君唱臣和，教之隆也；刑罚在君，民之纪也。今夫田无宇，二世有功于国，而利取分寡，公室兼之，国权专之，君臣易施，能无衰乎！婴闻之，臣富主亡。由是观之，其无宇之后无几。齐国，田氏之国也？婴老不能待公之事，公若即世，政不在公室。"公曰："然则奈何？"晏子对曰："维礼可以已之。其在礼也，家施不及国，民不懈，货不移，工贾不变，士不滥，官不谄，大夫不收公利。"公曰："善。今知礼之可以为国也。"对曰："礼之可以为国也久矣，与天地并立。君令臣忠，父慈子孝，兄爱弟敬，夫和妻柔，姑慈妇听，礼之经也。君令而不违，臣忠而不二，父慈而教，子孝而箴，兄爱而友，弟敬而顺，夫和而义，妻柔而贞，姑慈而从，妇听而婉，礼之质也。"公曰："善哉！寡人乃今知礼之尚也。"晏子曰："夫礼，先王之所以临天下也，以为其民，是故尚之。"

这段记载又见于《左传·昭公二十六年》，但其中并无“君强臣弱，政之本也；君唱臣和，教之隆也；刑罚在君，民之纪也”的话语，可见这句话为《晏子春秋》的作者所增，代表了作者的观点。《晏子春秋》认为君主的权力必须绝对高于臣下，这是政治的根本。《晏子春秋》这段话以春秋战国时期的君主制危机为背景[①]，由于《晏子春秋》为齐人作品，我们在此着重论述一下春秋战国时期齐国的君主制危机。

据《左传》《史记》等书的记载，齐桓公晚年由于处置失当，其“五公子各树党争立”（《史记·齐太公世家》），致使其后齐国陷入长达四十余年的诸子争位的混乱局面之中，齐国公室地位逐渐衰落，而一些大夫如公子开方逐渐掌握实权，甚至国君的废立都掌握在其手，最终发展为崔杼、庆封之乱。鲁襄公二十五年（前548），崔杼弑其君齐庄公，齐景公立，以崔杼为右相，庆封为左相，虽然崔杼、庆封很快被消灭，但二人专权时期，政由己出，根本不把作为君主的齐景公放在眼里。鲁襄公二十八年（前545），陈、鲍二氏联合栾、高氏共灭庆氏，“栾、高二氏执政，亦甚专横，二氏互争”[②]。栾、高二氏势衰后，又出现田氏专齐的局面，至鲁哀公二十七年（前468），齐国最高政权开始落入田氏之手[③]，之后发生田常弑齐简公之事，最终公元前386年田氏取代姜氏而始为诸侯。《晏子春秋》成书于田齐时期，《晏子春秋》所说的“君强臣弱”正是以这种君主制危机作为背景。

---

① “君主制危机”这个词是以色列汉学家尤锐提出来的，参见［以色列］尤锐著，孙英刚译，王宇校：《展望永恒帝国——战国时代的中国政治思想》，上海：上海古籍出版社，2013年版，第29—35页。

② 童书业：《春秋左传研究》，上海：上海人民出版社，1980年版，第330页。

③ 童书业：《春秋左传研究》，上海：上海人民出版社，1980年版，第102页。

上述这段话又强调“刑罚在君”，这是针对田氏夺取齐国政权方法而言的，据《史记·田敬仲世家》载：“田常言于齐平公曰：‘德施人之所欲，君其行之；刑罚人之所恶，臣请行之。’行之五年，齐国之政皆归田常。”田常用诡计诱骗齐平公，自己掌握刑罚，最终齐国之政皆归于其手，《晏子春秋》提出“刑罚在君”的观点，正是吸取了田氏篡夺齐国政权之方法的教训。

由此我们可以看出，《晏子春秋》是维护姜齐政权而反对侵占姜齐政权的田氏的[①]，他从田氏篡夺姜齐政权的事件中意识到“君强臣弱”才是为政之本，又从田氏篡夺姜齐政权的方法中得出“刑罚在君，民之纪也”的教训，当时社会面临强烈的君主制危机，《晏子春秋》要做到“君强臣弱”“刑罚在君”就需要“以礼已之”，即说要大力提倡礼仪来改变“君弱臣强”“刑罚在臣”的局面，只有礼才能拯救当时的君主制危机。究其原因就在于“其在礼也，家施不及国，民不懈，货不移，工贾不变，士不滥，官不谄，大夫不收公利”，以礼治国，社会各个等级都恪守本阶级的职分，这样才能永远维持“君强臣弱”而不会导致“君臣易施”的局面，故而“君强臣弱，政之本也”也就是说“以礼治国，政之本也”。因此，《晏子春秋》对礼的作用十分重视，认为“礼与天地并立”，是先王临天下最重要的手段。美国著名汉学家史华慈（Benjamin I. Schwartz）说：“在普世的世界秩序中，等级制、身份与权威等也仍有存在的必要。‘礼’的终极目的是要赋予等级制与权威以人情的魅力，但肯定也意味

① 这一点也可以从《晏子春秋》对田桓子的描述看出来，参见本文第一章第三节。

着要维护并澄清它的基础。"[①] 既然礼要维护等级制和权威，礼相应地就突出王权了，施行礼就能扭转"君弱臣强"的局面，关于礼这方面的作用，史华慈又说："依靠礼而把它们凝聚到一起的秩序并不只是一种仪式性的秩序，还是地地道道的社会政治秩序，它包括等级制、权威与权力在内……如果不存在那种普遍王权，以便让有德行的君王能够借以影响整个社会，单独的礼也就不能最终实现，因而礼必须从各个方面来支持王权的典章制度。"[②] 礼必须从各个方面支持王权的典章制度，而王权的典章制度最重要的就是王权，突出王权，自然就是君强臣弱，不会出现臣下侵夺君主的权力。

《晏子春秋》强调"君强臣弱"这种看法在先秦其他诸子中也能找到其身影。孔子说："唯器与名，不可以假人，君之所司也。"（《左传·成公二年》）杨伯峻注曰："器指曲县、繁缨等器物，名指当时爵号。"[③] "器"与"名"为君主所独操而不可假人，突出了君主在礼制上的权威性，所以孔子强烈批评作为鲁大夫的季氏舞天子专有的八佾（《论语·八佾》），因为这已经挑战了君主的权威性。子路问为政之先，孔子认为必须先"正名"（《论语·子路》），"正名"具体说来就是"君君，臣臣，父父，子子"（《论语·颜渊》），这反映了孔子对于君主集权制度的肯定，"正名"也是礼制的要求，与《晏子春秋》的"君强臣弱，政之本也"的论述有异曲同工之妙。孟子说："民为贵，社稷次

① ［美］史华慈著，程钢译：《古代中国的思想世界》，南京：江苏人民出版社，2004年版，第69页。

② ［美］史华慈著，程钢译：《古代中国的思想世界》，南京：江苏人民出版社，2004年版，第69页。

③ 杨伯峻：《春秋左传注》，北京：中华书局，1981年版，第788页。

之，君为轻。”（《孟子·尽心下》）似乎对于君主的权势不是特别看重，但他又引用《尚书》中的话“天降下民，作之君，作之师”（《孟子·梁惠王下》），认为君权天授，如此君权就具有至高无上的地位了，而“欲为君，尽君道”（《孟子·离娄下》），如果不尽君道，如桀、纣等就根本不是君了，而是残贼之人，谓之“一夫”（《孟子·梁惠王下》）。可见孟子从根本上也同意君主的绝对权力，只是他并不特别强调这一点，他所强调的是贵民，如果君主不尽君道，则人民可以推翻他。荀子相对孟子，更为强调君主的绝对权力，他说：“君者，国之隆也；父者，家之隆也。隆一而治，二而乱。自古及今，未有二隆争重而能长久者。”（《荀子·致士》）可见《晏子春秋》“君强臣弱”的命题与先秦儒家尤其是孔子和荀子的思想相通。墨子则提倡“尚同”，要求“天下之百姓皆上同于天子”，做到“天子之所是皆是之，天子之所非皆非之”（《墨子·尚同上》），这种思想“主张绝对的干涉政治，非惟不许人民行动言论之自由，乃并其意念之自由而干涉之”①，而《晏子春秋》只是强调“君强臣弱”，并没有主张君主对臣民的绝对干涉，与《墨子》有所区别。作为田齐官方学说的《黄帝四经》和《管子》对于君主集权则更是大力提倡，《黄帝四经》认为“君臣易位谓之逆”（《经法·四度》），在另一处又说国家有“六逆”“六顺”，其中一逆为“其子父，其臣主”，即说父子、君臣之位失当，相应的“六顺”之一就是“主主臣臣”（《经法·大分》）。那么君主如何维持其权威呢？《黄帝四经》说：“主上者执大分以生杀，以赏□，以必罚。天下太

① 梁启超：《先秦政治思想史》，北京：东方出版社，1996年版，第161页。

平，正以明德，参之于天地，而兼覆而无私也，故王天。”（《经法·大分》）即说，君主通过“赏罚”和“明德”这两种手段就能王天下，使君主的权威达至顶峰，这种两种方法在其他处又被归纳为“刑”与“德”，即“凡谌之极，在刑与德”（《十六经·观》和《十六经·姓争》），即说君主通过“刑”与“德”来平治天下，维护自己的权威。《管子》则强调用法来加强君主集权：“有道之君者，善明设法而不以私防者也。”（《管子·君臣上》）反之，“国无常法，则大人敢侵其势”（《管子·君臣上》）。《管子》又说：“道也者，万物之要也。为人君者，执要而待之，则下虽有奸伪之心，不敢杀也。”（《管子·君臣上》）此处的“道”即“法”，即说君主要掌握法就可以防止其权势为臣下所侵，故而《管子》又论述了君主“出令布宪”的制度：“正月之朔，百吏在朝，君乃出令布宪于国。五乡之师，五属大夫，皆受宪于太史。大朝之日，五乡之师，五属大夫，皆身习宪于君前。太史既布宪，入籍于太府，宪籍分于君前。”（《管子·立政》）君主通过“出令布宪”制度，使得臣下皆畏服其权势，加强君主之权威。

由此我们可以看出，对于“君强臣弱”这一点诸子都没有异议，所不同的是如何实现“君强臣弱”，《晏子春秋》认为以礼就能达到，孔子和荀子持同样观点，孟子对此虽也同意但并不特别强调这一点，墨子则主张“天下百姓皆尚同于天子”，主张绝对的政治干涉，《黄帝四经》认为通过“刑”与“德”可以维持君主的至尊，《管子》认为通过君主设法而不徇私来使臣下畏服，牢牢掌握权势。《晏子春秋》的观点与孔子和荀子类似，与孟子也没有根本分歧，而与墨子、《管子》和《黄帝四经》区别开来。

二　人而无礼，胡不遄死

《晏子春秋》认为“礼”可以维持君主的权势，解决“君弱臣强”的现实政治问题。但礼的作用不止于此，《晏子春秋》还认为礼可以使得人区别于禽兽，晏子在劝谏齐景公时说：“力多足以胜其长，勇多足以弑君，而礼不使也。禽兽以力为政，强者犯弱，故日易主，今君去礼，则是禽兽也。群臣以力为政，强者犯弱，而日易主，君将安立矣！凡人之所以贵于禽兽者，以有礼也；故《诗》曰：‘人而无礼，胡不遄死。’礼不可无也。”（《晏子春秋·内篇谏上第一·景公饮酒酣愿诸大夫无为礼晏子谏第二》）禽兽之间“以力为政”，完全遵循弱肉强食的森林法则，故而日易主，而人类所以能区别于禽兽就在于礼，礼使得臣下不能挑战君主的权威，若去礼而像动物界一样以力为政，则君主之位不稳固，天下便会大乱。因而晏子认为礼是民众的行为准则：“夫礼者，民之纪，纪乱则民失，乱纪失民，危道也。”（《晏子春秋·内篇谏下第二·景公为泰吕成将以晏飨晏子谏第十二》）若不以礼治国，民众没有行动的方向，这样便会危及国家的统治，故而可以说礼是维持社会秩序的关键之所在。

由于礼是维持社会秩序的关键，故而是否守礼成为判断一国强弱的标准。据《晏子春秋·内篇杂上第五·晋欲攻齐使人往观晏子以礼侍而折其谋第十六》又载：

> 晋平公欲伐齐，使范昭往观焉。景公觞之，饮酒酣，范昭曰：“请君之弃樽。”公曰：“酌寡人之樽，进之于客。”范昭已饮，晏子曰：“彻樽，更之。”樽觯具矣，范昭佯醉，

不说而起舞，谓太师曰："能为我调成周之乐乎？吾为子舞之。"太师曰："冥臣不习。"范昭趋而出。景公谓晏子曰："晋，大国也，使人来将观吾政，今子怒大国之使者，将奈何？"晏子曰："夫范昭之为人也，非陋而不知礼也，且欲试吾君臣，故绝之也。"景公谓太师曰："子何以不为客调成周之乐乎？"太师对曰："夫成周之乐，天子之乐也，调之，必人主舞之。今范昭人臣，欲舞天子之乐，臣故不为也。"范昭归以报平公曰："齐未可伐也。臣欲试其君，而晏子识之；臣欲犯其礼，而太师知之。"仲尼闻之曰："夫不出于尊俎之间，而知千里之外，其晏子之谓也。可谓折冲矣！[①] 而太师其与焉。"

在这则故事中，范昭想要用景公的樽饮酒，为晏子所阻止，又想要舞"成周之乐"，太师没有准许他的要求。因为范昭作为人臣，用景公之樽饮酒和舞作为天子之乐的"成周之乐"都是不合乎礼仪的，范昭据此认为齐国不可攻。范昭得出齐国不可攻的结论背后隐藏的前提是：一个国家如果守礼，那么这个国家的人民便会各安其职，社会保持和谐，这样这个国家就是强大的。由此可见，礼在治国方面的价值。

《晏子春秋》并非泛论礼在治国方面的作用，它对于日常生活中的礼仪也十分注重，在其中晏子被视为"习礼者"，《晏子春秋·内篇谏下第二·景公猎休坐地晏子席而谏第九》载："景公猎休，坐地而食，晏子后至，左右灭葭而席。公不说，曰：

① 王念孙认为此句本作"夫不出于尊俎之间，而知冲千里之外，其晏子之谓也"，无"可谓折冲矣"五字，"知冲"即"折冲"，见吴则虞：《晏子春秋集释》，北京：中华书局，1962年版，第331页。

‘寡人不席而坐地，二三子莫席，而子独搴草而坐之，何也？’晏子对曰：‘臣闻介胄坐陈不席，狱讼不席，尸坐堂不席，三者皆忧也。故不敢以忧侍坐。’公曰：‘善。’令人下席曰：‘大夫皆席，寡人亦席矣。’”席不席而坐地似乎是无关紧要的事，但晏子认为当时不席而坐并不合乎礼仪，因而坚持席而坐。初看起来，晏子在此似乎有些大题小做，然而正如美国著名哲学家芬格莱特（Herbert Fingarette）所说，礼仪具有神奇的魅力，他解释说：“我所谓的‘神奇魅力’（magic），是指一个具体的人通过礼仪（ritual）、姿态（gesture）和咒语（incantation），获得不可思议的力量，自然无为地直接实现他的意志。这种神奇魅力的施行者并不运用诱使神灵附体的策略和方术来作为达到其目的的手段；他也不使用强迫或物理的力量。在那种神奇魅力的施展中，并没有在实用性上经过发展和经过检验的策略。他只是在适宜的礼仪环境中，通过恰当的仪态和言词来希冀他的目标。”① 礼仪具有“神奇魅力”，在这种不是特别重要的情境下，通过“独搴草而坐之”这种行为，晏子试图提醒景公及诸位大臣时时恪守礼仪。《晏子春秋》还记载了关于晏子恪守礼仪的小事：

> 景公使晏子于楚，楚王进橘，置削，晏子不剖而并食之。楚王曰：“当去剖。”晏子对曰：“臣闻之，赐人主之前者，瓜桃不削，橘柚不剖。今者万乘之主无教令，臣故不敢剖，不然，臣非不知也。”

这段记载颇类似于《韩非子·外储说左下》所记鲁哀公赐

---

① ［美］芬格莱特·赫伯特著，彭国翔、张华译：《孔子：即凡而圣》，南京：江苏人民出版社，2002 年版，第 3 页。

孔子桃与黍，孔子先饭黍而后啖桃而不以黍雪桃之事，无论是晏子“不剖而并食橘”还是孔子“先饭黍而后啖桃”，原因都只有一个，那就是这样做符合礼仪。通过礼仪这种“神奇的魅力”，民众自发地维护君主的权威，使得社会秩序得以和谐，以此便能实现国家的长治久安。

《晏子春秋》对日常生活中一些琐碎的礼仪都十分注重，那么对于一些重要的礼仪如君主继承制就更加重视了。《晏子春秋》坚决反对君主继承制中的“废长立少”，认为这是乱之本。据《晏子春秋·内篇谏上第一·景公欲废适子阳生而立荼晏子谏第十一》载，齐景公想要废其嫡子阳生而立少子荼，晏子加以反对，并阐述了他的理由：“夫以贱匹贵，国之害也；置长立少，乱之本也。夫阳生，生而长，国人戴之，君其勿易！夫服位有等，故贱不陵贵；立子有礼，故孽不乱宗。愿君教荼以礼而勿陷于邪，导之以义而勿湛于利。长少行其道，宗孽得其伦。夫阳生敢毋使荼餍粱肉之味，玩金石之声，而有患乎？废长立少，不可以教下；尊孽卑宗，不可以利所爱。长少无等，宗孽无别，是设贼树奸之本也。”在礼制的顶端就是王权，而君主继承制又是王权的一个重要组成部分，周代礼仪确定了立长立嫡的君主制，如果不遵循这种君主继承制，就必然会出现争位的情况，自然便会导致天下大乱。

在先秦诸子中，毫无疑问儒家最为重视礼，孔子重视周礼已为世人所公认，他说：“吾从周。”（《论语·八佾》）关于“仁”和“礼”孰为孔子思想的核心虽有争议，但礼在孔子思想中的重要性已不言而喻。孟子突出“仁”“义”“礼”“智”这四心，在其中特别重视仁义，但他对礼也并非不重视，正如梅珍生所说："在孟子那里，他讲'礼'远不及讲'仁''义'突出，但由于他着眼于将礼内化为一种心理原则，因而，他所讲的仁义，也不过是'礼'的别名，在有些地方，甚至仁、义、智、礼、乐这五者均可集合在传统意义的'礼'下。他说：'仁之实，事亲是也；义之实，从兄是也；智之实，知斯二者弗去是也；礼之实，节文斯二者是也；乐之实，乐斯二者。'（《离娄上》）在仁义智礼乐这五个范畴中，最核心的是仁义，它体现的却是礼的内容：事亲、从兄。"[①] 孟子所谓的人禽之辨可能也受到《晏子春秋》的影响，孟子说："人之所以异于禽兽者几希，庶人去之，君子存之。舜明于庶物，察于人伦，由仁义行，非行仁义也。"（《孟子·离娄下》）其中"察于人伦"也即礼，只是孟子强调"由仁义行，非行仁义也"，将舜所掌握的礼内化了，使得礼之本质——仁义"根于心，而所行皆从此出"[②]，可见孟子可能继承了《晏子春秋》的思想。荀子"集先秦礼论之大成"[③]，他认为："礼者，人之所履也，失所履，必颠蹶陷溺。所失微而其为乱大者，礼也。礼之于正国家也，如权衡之于轻重也，如绳墨之于曲直也。故人无礼不生，事无礼不成，国家无礼不宁。"（《荀子·大略》）礼不仅是个人行动的准则，而且是治国之本。礼具有如此大的作用，就在于它的"别"或"分"的功能，具体说来就是："贵贱有等，长幼有差，贫富轻重皆有称者也。"（《荀子·礼论》）关于荀子礼论的特点，梁启超说："孔子言礼专主

① 梅珍生：《论孟子的礼学思想》，《湖南大学学报（社会科学版）》2003年第2期。
② （宋）朱熹：《四书章句集注》，北京：中华书局，1983年版，第294页。
③ 萧公权：《中国政治思想史》，沈阳：沈阳教育出版社，1998年版，第98页。

'节'（《论语》所谓不以礼节之亦不可行），荀子言礼专主'分'，荀子以为只需将礼制定，教人各安本分，则在社会上相处，不至起争夺。"[①] 孔子言礼也不是专主"节"，他所说的"君君，臣臣，父父，子子"（《论语·颜渊》）其实也是强调礼之"分"或"别"的功能，不过相对来说，他更多的是将礼当作一种修养功夫，突出其"节"的一面，而荀子言礼更重视"分"。我们可以看到，《晏子春秋》讲礼对于治国的作用，强调礼可以维持"君强臣弱"的局面，在日常生活中恪守礼制，反对废长立少，如此等等，其实都是突出礼的"分"之功能，而非"节"之功能，《晏子春秋》虽讲节俭，但节俭与礼之节制并非一回事，从这一点看来《晏子春秋》更近于荀子。

需要指出的是，虽然"墨子并没有完全否定'礼'（仪式）的观念"[②]，但墨子说："今人固与禽兽、麋鹿、蜚鸟、贞虫异者也。今之禽兽、麋鹿、蜚鸟、贞虫，因其羽毛以为衣裘，因其蹄蚤以为绔屦，因其水草以为饮食。故唯使雄不耕稼树艺，雌亦不纺绩织纴，衣食之财固已具矣。今人与此异者也，赖其力者生，不赖其力者不生。"（《墨子·非乐上》）这也就是说，墨子认为人区别于动物在于"力"，这与《晏子春秋》关于人禽之辨在于"礼"有根本的区别。

---

① 梁启超：《先秦政治思想史》，北京：东方出版社，1996年版，第118页。
② ［美］史华慈著、程钢译：《古代中国的思想世界》，南京：江苏人民出版社，2004年版，第156页。

三　重变古常，毋变尔俗

《晏子春秋》又提出"重变古常"（《晏子春秋·内篇杂上第五·景公欲堕东门之堤晏子谓不可变古第七》）的命题，认为古代的制度不能随便加以变更，不仅制度就是一般的风俗也不能随便变更，所以晏子将死时说："吾恐死而俗变，谨视尔家，毋变尔俗也。"（《晏子春秋·内篇杂下第六·晏子病将死妻问所欲言云毋变尔俗第二十九》）"重变古常""毋变尔俗"与《晏子春秋》重视礼治思想是相连的，因为礼具有一定的固定性，如果礼是变动不居的，那么民众将失去行为的准则，变得无所适从，国家也不能保持稳定。美国汉学家史华慈认为礼之所以能成为整个规范性社会秩序之黏合剂的原因就在于："'礼'的主要内容涉及人们的行为，在一个结构化的社会之内，人们依据角色、身份、等级以及地位而相互联系在一起。"[①] 礼能使人们依据角色、身份、等级及地位相互联系在一起，就在于它是相对稳定的，故而礼是社会秩序的黏合剂，社会秩序由于礼而变得稳定，从而使得国家能够长治久安。

"重变古常"中的"古常"当然也包括古乐，《晏子春秋》认为古乐也不能轻易变动，在景公发出"夫乐，何必夫故哉"的疑问后，晏子回答说："夫乐亡而礼从之，礼亡而政从之，政亡而国从之。国衰，臣惧君之逆政之行。有歌，纣作北里，幽厉之声，顾夫淫以鄙而偕亡。君奚轻变夫故哉？"（《晏子春秋·内

① ［美］史华慈著，程钢译：《古代中国的思想世界》，南京：江苏人民出版社，2004 年版，第 68 页。

篇谏上第一·景公夜听新乐而不朝晏子谏第六》）需要说明的是，中国古代的“乐”包含了舞，英国著名汉学家葛瑞汉就说：“乐，包括了舞，最初指神圣典礼中的音乐和舞蹈，相应地，礼伴有音乐在类似于精彩表演风格的指挥下徐徐展开。”①《晏子春秋》突出了“乐”的作用，认为乐与礼及政治紧密相关，这一点也被许多学者所注意到，美国汉学家艾瑞克·佛克斯·布林德利（Erica Fox Brindley）就认为早期中国的乐因与礼和国家紧密相关而特别受到重视。作为前帝国时代六经之一的《乐经》被当作中原和周代文明特征的一个重要组成部分而受到官方的尊崇。即使在六经作为一种知识类型和学习课程之前，周代的乐也与礼和王权在多方面联系在一起：其一，乐构成了祖先和其他神灵礼节活动中的一个重要组成部分。其二，它可以用《诗》的形式表达出来。其三，它是周代贵族接受教育的六艺之一。② 乐与礼及政治息息相关，故而“适当的乐总与一个有秩序、和平的国家联系在一起，而过度的乐总与亡国相关”③，“古乐”与古礼和上古圣贤之治是密不可分的，所以变革“古乐”也就相应地会影响礼制及政治。

《晏子春秋》虽然“重变古常”，但并非提倡一味墨守成规、不知变通，据《晏子春秋·内篇杂上第五·景公使鲁有事已仲尼以为知礼第二十一》载：

---

① ［英］葛瑞汉著、张海晏译：《论道者——中国古代哲学论辩》，北京：中国社会科学出版社，2003年版，第13—14页。

② Brindley E F. *Music, Cosmology, and the Politics of Harmony in Early China*. Albany: SUNY Press, 2012: p. 25.

③ Brindley E F. Music, Cosmology, and the Politics of Harmony in Early China. Albany: SUNY Press, 2012: 31.

晏子使鲁，仲尼命门弟子往观。子贡反，报曰："孰谓晏子习于礼乎？夫礼曰：'登阶不历，堂上不趋，授玉不跪。'今晏子皆反此，孰谓晏子习于礼者？"晏子既已有事于鲁君，退见仲尼，仲尼曰："夫礼，登阶不历，堂上不趋，授玉不跪。夫子反此乎？"晏子曰："婴闻两楹之间，君臣有位焉，君行其一，臣行其二。君之来遬，是以登阶历、堂上趋，以及位也。君授玉卑，故跪以下之。且吾闻之，大者不逾闲，小者出入可也。"晏子出，仲尼送之以宾客之礼，不计之义①，维晏子为能行之。

在这则故事中，晏子能够不囿于传统礼制的规定，根据实际情况对礼制加以灵活变通，得到孔子的称赞。在其中晏子说："大者不逾闲，小者出入可也。"孔子的学生子夏也说过类似的话："大德不逾闲，小德出入可也。"（《论语·子张》）不过一个是说礼，一个是说德，从《晏子春秋》"吾闻之"来看，这句话可能是当时的流行用语，苏时学就说："此与《论语》子夏言同，盖古有此语。"② "大者不逾闲，小者出入可也"代表了《晏子春秋》关于礼的态度，即在《晏子春秋》看来，礼之大节如君强臣弱等方面不可违背，但礼之小节即不涉及礼之大本等方面可以有所变通，即说要把握礼之精神实质。礼之精神实质就在于对于君主的尊崇，也就是我们开头所说的"君强臣弱，政之

---

① 王念孙曰："案'不计之义'，《初学记·文部》引作'不法之礼'，上有'反（句），命门弟子曰'六字，然则'不计之义'二句，乃孔子命门弟子之语，今脱去上六字，则不知何人语矣。"见吴则虞：《晏子春秋集释》，北京：中华书局，1962年版，第345页。

② 吴则虞：《晏子春秋集释》，北京：中华书局，1962年版，第345页。

本也”，从更广的范围说也就是有利于治国安民。在上述这则故事中，晏子“登阶历”“堂上趋”“授玉跪”，其实所体现出的都是臣下对于君主的尊重，都是围绕着“君强臣弱，政之本也”这个大原则而展开的。《晏子春秋》将礼完全当作政治性的东西，一切礼节都必须遵从“君强臣弱，政之本也”或说有利于治国安民这个大原则，在这个大原则内，一些具体的礼节可以加以适当的变通。

对于无利于“君强臣弱，政之本也”，或说治国安民这个大原则的东西，《晏子春秋》都加以批判。据《晏子春秋·外篇第八·仲尼见景公景公欲封之晏子以为不可第一》载：

> 仲尼之齐，见景公，景公说之，欲封之以尔稽，以告晏子。晏子对曰：“不可。彼浩裾自顺，不可以教下；好乐缓于民，不可使亲治；立命而建事，不可使守职；厚葬破民贫国，久丧道哀费日，不可使子民；行之难者在内，而傳（当作‘儒’）者无其外，故异于服，勉于容，不可以道众而驯百姓。自大贤之灭，周室之卑也，威仪加多，而民行滋薄；声乐繁充，而世德滋衰。今孔丘盛声乐以侈世，饰弦歌鼓舞以聚徒，繁登降之礼，务趋翔之节以观众，博学不可以仪世，劳思不可以补民，兼寿不能殚其教，当年不能究其礼，积财不能赡其乐，繁饰邪术以营世君，盛为声乐以淫愚其民。其道也，不可以示世；其教也，不可以导民。今欲封之，以移齐国之俗，非所以导众存民也。”公曰：“善。”于是厚其礼而留其封，敬见不问其道，仲尼乃行。

这段话又见于《墨子·非儒下》和《孔丛子·诘墨》中，

有学者据此认为《晏子春秋》出于墨家，或说《晏子春秋》是伪书，笔者已经对此加以驳斥，认为不是《晏子春秋》抄《非儒下》，而是《非儒下》抄自《晏子春秋》。初看起来，上引《晏子春秋》这段话批评孔子“盛声乐以侈世，饰弦歌鼓舞以聚徒，繁登降之礼，务趋翔之节以观众”，似乎与前面所讲的《晏子春秋》重礼乐的思想是矛盾的，刘向《晏子叙录》就认为这篇“殊不合经术”，而将其归入《外篇》中[①]，但我们仔细考察一下就会发现两者并不矛盾。《晏子春秋》此处批评的是儒家“盛声乐”“饰弦歌鼓舞”“繁登降之礼”“务趋翔之节”，这也就是说在《晏子春秋》看来，儒家将礼乐复杂化了，过度讲求繁文缛节而不利于治国安民，儒家这种做法正是“变古常”的体现，《晏子春秋》反对以此“移齐国之俗”，正是“重变古常”思想的体现。《晏子春秋》这种思想与《墨子》有相通之处，郭沫若早就指出：“晏子反对孔子的说话完全是墨子的理论，《公孟篇》云：‘子墨子谓程子曰：儒之道足以丧天下者四政焉。儒以天为不明，以鬼为不神，天鬼不说，此足以丧天下。又厚葬久丧，重为棺椁，多为衣衾……此足以丧天下。又弦歌鼓舞，习以声乐，此足以丧天下。又以命为有……此足以丧天下。’这四政和这儿的傲倨自顺，好乐淫人，立命怠事，崇丧循哀，是完全一致的。”[②] 在反对儒家过度追求声乐及繁文缛节方面，《晏子春秋》与《墨子》是相通的，但《晏子春秋》并不反对礼乐本身，认为礼乐是维持社会秩序的关键，《晏子春秋》所反对的只是儒家将礼乐过度强调了，而《墨子》根本反对礼

① 吴则虞：《晏子春秋集释》，北京：中华书局，1962 年版，第 50 页。
② 郭沫若：《十批判书》，北京：东方出版社，1996 年版，第 76 页。

乐，从这一点上看，《晏子春秋》与《墨子》有根本的不同。

四 结语

综上所述，《晏子春秋》认为“君强臣弱”是为政之本，而要做到“君强臣弱”，关键在于施行礼治，因为礼是维持社会秩序的关键所在，这一点与儒家尤其是荀子有相通之处。但另一方面，《晏子春秋》“重变古常”，认为一切礼乐都必须遵从“君强臣弱，政之本也”或说有利于治国安民这个大原则，在《晏子春秋》看来，儒家将礼乐过度强调了，这根本就是“变古常”，无利于治国安民，故而《晏子春秋》反对儒家“盛声乐”和“繁礼节”的做法，这一点与《墨子》有相通之处，但《晏子春秋》并不反对礼乐本身，而《墨子》从根本上反对礼乐，这一点又从根本上将《晏子春秋》与《墨子》区别开来。

第四节 《晏子春秋》的“忠”论研究

《晏子春秋》一书中有大量论述“忠”的篇章，发掘其“忠”论的内涵和价值十分必要。本节拟以对“忠”论原义的探讨为起点，研究《晏子春秋》“忠”论的内涵和价值，并发掘《晏子春秋》的“忠”论与齐国政治传统之间所存在的关系。

一 “忠”的原意为敬畏和公正

在讨论“忠”论之起源时，我们首先需要面对的事实就是：甲骨文和西周金文中都找不到可以隶定为“忠”字的字形。“忠”源于“中”①，从“中”字我们可以探究“忠”的原意。佐藤将之反对“忠”源于“中”，他所持的一个理由是“中”只代表“忠”的声音部分，因而两者含义是不相同的，他说：“佐藤文四郎早已指出，《说文》‘忠’字的地方即曰：‘从心中声’，也就是说许慎认为‘忠’字的‘中’部分代表声音。若是如此，‘忠’的原概念与‘中’字基本上原本彼此间没有关系。”② 按照许慎《说文解字》的看法，“忠”字“从心中声”，“忠”“中”二字声同，但是否就意味着“‘忠’的原概念与‘中’字基本上原本彼此间没有关系”呢？答案显然是否定的，我们都知道训诂学中有所谓“声近义通”的原则，王念孙就说：“窃以训诂之旨，本于声音。故有声同字异，声近义同；虽或类聚群分，实亦同条共贯。……今则就古音以求古义，引伸触类，不限形体。”③ 段玉裁在为王念孙《广雅疏证》所作的序中说：“学者之考字，因形以得其音，因音以得其义。治经莫重于得义，得义莫切于得音。”④ 王引之也说：“大氐双声叠韵之字，其

① 这种看法王子今提出过，参见王子今：《“忠”观念研究——一种政治道德的文化源流与历史演变》，长春：吉林教育出版社，1999 年版，第 12 页。

② ［日］佐藤将之：《中国古代的“忠”论研究》，台北：台大出版中心，2010 年版，第 41 页。

③ （清）王念孙：《广雅疏证》，南京：江苏古籍出版社，1984 年版，第 1 页。

④ （清）王念孙：《广雅疏证》，南京：江苏古籍出版社，1984 年版，第 2 页。

义即存乎声，求诸其声则得，求诸其文则惑矣。”[①] 王力也说：“文字既是代表有声语言的，同音的字就有同义的可能：不但同声符、不同意符的字可以同义；甚至意符、声符都不同，只要音同或音近，也还可能是同义的。”[②] 根据“声近义通”的原则，“忠”字“从心中声”，不但不能说明“‘忠’的原概念与‘中’字基本上原本彼此间没有关系”，反而说明两字的含义存在某种联系。

唐兰认为“中”本为旂旗之属，他说：“中者最初为氏族社会中之徽帜……盖古者有大事，聚众于旷地，先建中焉，群众望见中而趋附，群众来自四方，则建中之地为中央矣。列众为陈，建中之酋长或贵族，恒居中央，而群众左之右之，望见中之所在，即知为中央矣（若为三军则中军也）。然则中本徽帜，而其所立之地，恒为中央，遂引申为中央之义，因更引申为一切之中。”[③] 姜亮夫认为中为斿旂在日中形，中之“○”为日影，即旂柄在日中时所投之正影。他说：“盖古之造历者，候日晷进退，以验阴阳消息之机。后世法渐密，则设水准绳墨，以度中晷。上古朴质，立木以为表，取表端日光之面，以定正昃。即于表上建旂，以为一族指㧑之用。用于事既便，于理亦最简，此氏族社会之常例。”[④] 又说：“盖中本日影中正之义，引申为时间上之中，更引申为一切中。”[⑤] 萧兵则认为“中”字的来源应该比

① （清）王引之：《经义述闻》，南京：江苏古籍出版社，1985 年版，第 730 页。
② 王力：《中国语言学史》，太原：山西人民出版社，1981 年版，第 157 页。
③ 唐兰：《殷墟文字记》，北京：中华书局，1981 年版，第 53—54 页。
④ 姜亮夫：《文字朴识——释中》，载氏著：《国学丛考》，杭州：浙江大学出版社，2008 年版，第 405 页。
⑤ 姜亮夫：《文字朴识——释中》，载氏著：《国学丛考》，杭州：浙江大学出版社，2008 年版，第 420 页。

“旗帜”“日表”等更为广阔而古老，“‘中’字无论怎么变，其中间的一竖是不变的，那就是神圣的杆柱，有○者表示其有附件或饰物，有飘带者更无非是繁饰。甲金文里甚至有不带中间的○而仅有‘旗游’者，那更明显地是带有幡帛的‘中’，即神杆。”① 总之，无论“中”本指“旗帜”“日表”还是“神杆”，都具有法则的意味，为众人所遵守，具有某种权威性，正如王子今所说：“中的所在，是原始社会群体中的宗教中心、政治中心、神秘文化中心，以及其他社会活动中心，因而具有特殊的权威性。”② “中”一开始就具有某种特殊的权威性，商人就自称“中商”，卜辞中有“戊寅卜，王贞受中商年。十月。”（《殷墟书契前编》8，10，3），卜辞中还有“东土”“南土”“西土”“北土”等说法（《殷契粹编》907），庞朴据此认为“中商和东南西北并贞，说明殷人已经具有了确确实实的五方观念”，不过庞朴也承认“尚未在卜辞中见到‘五方’这个称谓”③，我们认为“中商”之“中”不一定就是指方位之中，它很有可能是心理状态下的“中”，仍然代表一种特殊的权威性，如果只是方位之中，卜辞应该有“五方”的说法。与此同时或稍后的时间，由于“中”有某种特殊的权威性，代表一种法则，为众人所遵循，它逐渐又转变为一种公平公正的理念，清华简《保训》4次出现“中”——“求中”“得中”“假中于河”“归中于河”④，

① 萧兵：《“中”源神杆说》，《中国文化》1994年第2期。

② 王子今：《“忠”观念研究——一种政治道德的文化源流与历史演变》，长春：吉林教育出版社，1999年版，第10页。

③ 庞朴：《阴阳五行探源》，《中国社会科学》1984年第3期。

④ 清华大学出土文献研究与保护中心编：《清华大学藏战国竹简（一）》，上海：中西书局，2010年版，第143页。

关于其中“中”的含义，争议极大，我们比较认同的说法是“中”兼有刑书和公平公正的意思[①]，《周礼·秋官·司刺》说：“以此三法者求民情，断民中。”孔颖达疏曰：“云‘以此三法者求民情，断民中’者，谓上三刺、三宥、三赦若不以此法，恐有滥入者，由用三法，故断民得中。”由此看来，《周礼》所说的“断民中”指的就是司法公平公正。

“忠”字，金文作“忠”，从心中声，与小篆同。《尚书·盘庚中》说：“各设中于乃心。”孔安国注曰：“各设中正于汝心。”萧兵据此认为：“设‘中’于‘心’就构成‘忠’的意象。”[②]王子今同意此说。[③]我们认为这种说法是可靠的，“忠”即心中有“中”，“中”的原义有某种权威性，心中有“中”之“忠”即对某种权威的敬畏，民众均以之为法则，所以《说文解字》曰：“忠，敬也。”而“中”又有公平公正的含义，心中有“中”也即怀有公平公正之心，故而“忠”又指处事公平公正而无私心。“忠”的这层意思在典籍文献中多有体现，如曹刿在评

---

① 关于“中”有“刑书”和“公平公正”的意思，李均明、刘光胜、江林昌、罗琨、杜勇、曹峰等学者都有论述，其中尤以曹峰的论述最为详尽。见李均明：《周文王遗嘱之中道观》，《光明日报》2009年4月20日；刘光胜：《〈保训〉之“中”何解——兼谈清华简〈保训〉与〈易经〉的形成》，《光明日报》2009年5月18日；江林昌：《浅议清华简〈保训〉篇“中”的观念》，载李学勤主编：《出土文献》第一辑，上海：中西书局，2010年版，第76—77页；罗琨：《〈保训〉“追中于河”解》，载李学勤主编：《出土文献》第一辑，上海：中西书局，2010年版，第43—48页；杜勇：《关于清华简〈保训〉的著作年代问题》，《天津师范大学学报》2010年第4期；曹峰：《〈保训〉的“中”即“公平公正”之理念说——兼论“三降之德”》，《文史哲》2011年第6期；曹峰：《从〈逸周书〉二文看〈保训〉之“中”的刑书性质》（未刊稿）。

② 萧兵：《中庸的文化省察——一个字的思想史》，武汉：湖北人民出版社，1997年版，第820页。

③ 王子今：《“忠”观念研究——一种政治道德的文化源流与历史演变》，长春：吉林教育出版社，1999年版，第10—12页。

价鲁庄公所说“小大之狱，虽不能察，必以情”时说：“忠之属也。”（《左传·庄公十年》）“情”即“实”，鲁庄公说自己一定根据实情来断狱，曹刿认为这就是“忠”，此处的忠也就是公平公正。贾季罪臾骈，臾骈之群臣想要杀尽贾氏来报仇，臾骈劝谏其群臣道：“不可。吾闻前《志》有之曰：‘敌惠敌怨，不在后嗣，忠之道也。’夫子礼于贾季，我以其宠报私怨，无乃不可乎？介人之宠，非勇也。损怨益仇，非知也。以私害公，非忠也。”（《左传·文公六年》）这段话中有两处提到“忠”：其一是“敌惠敌怨，不在后嗣，忠之道也”，关于“敌惠敌怨”，杨伯峻注曰：“杜注：‘敌犹对也。若及子孙，则为非对。非对则为迁怒。’孔疏：‘敌惠谓有惠于彼，不可望彼人之子报；敌怨谓有怨于彼，不可仇彼人之子。’”① 也就是说，无论对待有惠于己之人还是有怨于己之人，都要一视同仁，不可偏颇，也就是公正对待一切人，这就是“忠之道”。其二，“以私害公，非忠也”更是直接诠释了“忠”的公正之义。《左传·成公九年》又载：“文子曰：‘……无私，忠也。……’”这句话也直接说明了“忠”的这层含义。

总之，“中”的原意有某种特殊的权威性，具有法则意味，兼含公平公正之义。“忠”即心中有“中”，故而“忠”首先指对某种权威性的敬畏，又指保有公平正义之心。即说，“忠”从一开始就兼有敬畏和公正两层含义。

---

① 杨伯峻：《春秋左传注》，北京：中华书局，1981 年版，第 553 页。

二 “忠”论的两种类型

“忠”的原义兼有敬畏与公正两层含义，而“忠”也本兼有君德、臣德等两种类型：“忠”作为臣德，即下对上之“忠”，或说民众或臣下对于君王或社稷之“忠”，作为臣德之“忠”，其主要含义是敬畏；“忠”作为君德，即上对下之“忠”，或说君主对于民众或臣下之“忠”，作为君臣之“忠”，其主要含义兼有敬畏和公正两种意思。

作为臣德之“忠”散见于各种文献中，如《左传·闵公二年》载：“狐突欲行。羊舌大夫曰：‘不可。违命不孝，弃事不忠。虽知其寒，恶不可取。子其死之！’”这段记载也见于《国语·晋语一》：“吾闻知羊舌大夫曰：‘事君以敬，事父以孝。’受命不迁为敬，敬顺所安为孝。弃命不敬，作令不孝，又何图焉？”《左传》说“违命不孝，弃事不忠”，《国语》相应篇章则作“弃命不敬，作令不孝”，徐元诰注曰：“作令，谓擅发举以有为也。”① “作令”与“违命”义同，则“忠”与“敬”义同，指下对上之“敬”，属于臣德之范围。类似的例子还有很多，《左传·僖公五年》载：“士蒍稽首而对曰：‘臣闻之：无丧而戚，忧必仇焉。寇仇之保，又何慎焉？守官废命，不敬；固仇之保，不忠。失忠与敬，何以事君？’”在此，《左传》明确将“忠”与“敬”并提，认为同属“事君”的范畴。《左传·宣公十二年》：“士贞子谏曰：‘……林父之事君也，进思尽忠，退思补过，

① 徐元诰：《国语集解》，北京：中华书局，2002 年版，第 258 页。

社稷之卫也。……’”“进思尽忠，退思补过”一语也见于《孝经·事君章第十七》，唐玄宗注曰：“进见于君则思尽忠节。”[①] 唐玄宗以“忠节”来释“忠”当然是后世的看法，不足为据。在笔者看来，此处的“忠”为“敬”义，“进思尽忠”即说在朝时极尽对于君王的敬畏之心。“敬”也可解释为“尽心”，《说文》曰：“忠，敬也。”段玉裁曰：“敬者，肃也。未有尽心而不敬者。”[②] 反过来，我们也可以说“未有敬而不尽心者也”，因而孔颖达解释说：“尽忠者，尽己之心。”[③] 两者含义是相通的。《国语·晋语一》也说：“昔者之伐也，兴百姓以为百姓也，是以民能欣之，故莫不尽忠极劳以致死也。”所指也是下对上之“忠”。

作为君德之“忠”在文献中也多有体现。《左传·桓公六年》载：“所谓道，忠于民而信于神也。上思利民，忠也；祝史正辞，信也。”以“上思利民”来诠释“忠”，此“忠”的含义指君对民之敬畏，显然是就君德而言。《左传·庄公十年》载：“公曰：‘小大之狱，虽不能察，必以情。’对曰：‘忠之属也。可以一战，战则请从。’”此处的“忠”是指庄公对民众之公正，属于君德范畴内。《国语·周语上》载：“穆王将征犬戎，祭公谋父谏曰：‘不可。……昔我先王后稷，以服事虞、夏。及夏之衰也，弃稷不务。我先王不窋用失其官，而自窜于戎、狄之间，

---

① （唐）唐玄宗注，（宋）邢昺疏：《孝经注疏》，上海：中华书局，1936 年版，第 132 页。

② （汉）许慎撰，（清）段玉裁注：《说文解字注》，郑州：中州古籍出版社，2006 年版，第 502 页。

③ （晋）杜预注，（唐）孔颖达疏：《左传注疏（册六）》，上海：中华书局，1936 年版，第 54 页。

不敢怠业，时序其德，纂修其绪，修其训典，朝夕恪勤，守以敦笃，奉以忠信，奕世载德，不忝前人。'”此处“奉以忠信”的施予者乃是“我先王不窋”，可见此处的“忠”乃是上对下之公正。《国语·齐语》载：“桓公自莒反于齐，使鲍叔为宰，辞曰：‘……臣之所不若夷吾者五：宽惠柔民，弗若也；治国家不失其柄，弗若也；忠信可结于百姓，弗若也；执枹鼓立于军门，使百姓皆加勇焉，弗若也。'”“忠信可结于百姓”显然也是指上对下之“忠”。郭店竹书中有一篇名为《忠信之道》，其中说：“不诡不惛，忠之至也。不欺弗智，信之至也。忠积则可亲也，信积则可信也。忠$_{1}$信积而民弗亲信者，未之有也。至忠如土，化物而不伐；至信如时，毕至而不结。忠人无$_{2}$诡，信人不倍。君子如此，故不忘生，不倍死也。”① 李存山认为：“忠信之道的忠信，是对当权者进行政治伦理说教，要求当权者对臣、民做到忠、信，这与孔子所说的‘君使臣以礼，臣事君以忠’（《八佾》）的忠，即后来流行的忠君之‘忠’意有不同。”② 郭店竹书《六德》也说：“聚人民，任土地，足此民尔（黎）$_{4}$生死之用，非忠信者莫之能也。”③ 此处的忠也是指公正之义，“聚人民，任土地”一语揭示出此处的“忠”是对统治者的要求。

“忠”本有君德、臣德两种类型，但随着时间的推移，“忠”

---

① 荆门市博物馆编：《郭店楚墓竹简》，北京：文物出版社，1998年版，第163页。其中“诡”、“惛”、“忘生”、“倍死”等字从陈伟读，参见陈伟：《郭店竹书别释》，武汉：湖北教育出版社，2002年版，第74—76页。

② 李存山：《读楚简〈忠信之道〉及其他》，载姜广辉主编：《中国哲学（第二十辑）》，沈阳：辽宁教育出版社，1999年版，第265页。

③ 荆门市博物馆编：《郭店楚墓竹简》，北京：文物出版社，1998年版，第187页。“尔”读作“黎”，“民黎”即“黎民”，此说从陈伟。见陈伟：《郭店竹书别释》，武汉：湖北教育出版社，2002年版，第111页。

又衍化为一种一般的道德德目，而不再限定于君臣关系了。将“忠”当作一种一般的道德德目的来看的首推孔子，《论语》中多次强调“主忠信”（分别见于《学而篇》《子罕篇》《颜渊篇》），又说：“居处恭，执事敬，与人忠。虽之夷狄，不可弃也。”（《子路篇》）“爱之，能勿劳乎？忠焉，能勿诲乎？”（《宪问篇》）曾子在概括孔子学说的“一以贯之”之道时说：“夫子之道，忠恕而已矣。”朱熹注曰：“尽己之谓忠，推己之谓恕。”① 朱熹关于“忠”的解释深合孔子之意，作为一般道德之“忠”的含义就是“尽己”。至于“忠”如何从“敬畏”和“公正”的本义衍化为“尽己”之义，笔者认为，无论“敬畏”还是“公正”，都代表行为者要对其作用的对象尽心尽力，所谓“未有敬而不尽心者也”，同时也可以说“未有公正而不尽心者也”。需要说明的是，孔子本人宣称自己“述而不作”，他的一些思想很多都不是首创，而是吸收前人的思想②。同样，将“忠”当作一般的道德德目并非出自他的发明，在他之前，早有将“忠”视为一般道德德目的情形③，但通过《论语》一书，我们可以发

① （宋）朱熹：《四书章句集注》，北京：中华书局，1983年版，第72页。

② 如《论语·颜渊篇》载：“颜渊问仁，子曰：‘克己复礼为仁。’”“克己复礼为仁”作为孔子思想的一大标志，其实在他之前早有人讲过。《左传·昭公十二年》：“仲尼曰：古也有志：‘克己复礼，仁也。’”“克己复礼，仁也”既是孔子引述“古志”的话，那么这话自然出现在孔子之前。类似的情况还有，《论语·颜渊篇》载：“仲弓问仁，子曰：‘出门如见大贤，使民如承大祭。’”《左传·僖公三十三年》载，臼季对晋文公说：“臣闻之，出门如宾，承事如祭，仁之则也。”在“出门如宾，承事如祭，仁之则也”这句话前，臼季加上“臣闻之”三字，这也说明这话在臼季之前就早已流传开来了，而晋文公的年代早于孔子，可见孔子这句话也是承袭前人而来。

③ 如《左传·文公元年》载：“忠，德之正也。”《左传·昭公二年》载：“忠信，礼之器也。”《国语·周语下》：“忠，文之实也。”《国语·晋语八》载：“忠不可暴，信不可犯，忠自中，而信自身，其为德也深矣，其为本也固矣，故不可抈也。”

现孔子有意淡化了“忠”作为君德或臣德的含义，而突出“忠”作为一般道德德目这层含义①，并将其当作其思想的重要组成部分。孟子继承了孔子将“忠”当作一般道德德目的思想，他说：“仁义忠信，乐善不倦，此天爵也。”（《孟子·告子上》）

再讨论了“忠”的原义与类型之后，我们将具体进入《晏子春秋》之中的“忠”论研究，我们拟从《晏子春秋》的“忠”论所反映的君臣关系、《晏子春秋》的“忠”论与齐国举贤上功的政治传统等方面展开，以发掘《晏子春秋》“忠”论的内涵及价值。

三 《晏子春秋》“忠”论视域下所反映的早期中国君臣关系

《晏子春秋》中“忠”出现50次，其中“忠臣”一词出现12次，将近占全书“忠”字出现次数的四分之一，其他直接标明“臣忠”或“忠君”之语另有18次，两者加在一起有30次，占全书“忠”字出现次数的百分之六十②。单从“忠”字在《晏子春秋》中出现次数频率就可看出《晏子春秋》中的“忠”主要是就臣德而言的③。下面我们来具体分析《晏子春秋》的“忠”论。

---

① 关于这一点，可参见丁四新：《春秋战国时期的“忠”观念的演进——以儒家文献为主线，兼论忠孝、忠信与忠恕观念》，载吴根友主编：《学鉴·第2辑》，武汉：武汉大学出版社，2008年版，第29—45页。

② 刘殿爵：《晏子春秋逐字索引》，台北：台湾商务印书馆，1994年版，第409—410页。

③ 《晏子春秋》中只有一段“忠”表示一般的道德德目，即《晏子春秋·内篇杂上第五·景公使晏子予鲁地而鲁使不尽受第十八》载：“晏子曰：‘寡君献地，忠廉也，曷为不尽受？’”此处“忠”与“廉”连在一起，显然指的是一般的道德德目。

1. 忠即“进善于君”

据《晏子春秋·内篇问上第三·景公问忠臣之事君何若晏子对以不与君陷于难第十九》载：

> 景公问于晏子曰：“忠臣之事君也何若?”晏子对曰：“有难不死，出亡不送。”公不说，曰：“君裂地而封之，疏爵而贵之，君有难不死，出亡不送，可谓忠乎?”对曰：“言而见用，终身无难，臣奚死焉；谋而见从，终身不出，臣奚送焉。若言不用，有难而死之，是妄死也；谋而不从，出亡而送之，是诈伪也。故忠臣也者，能纳善于君，不能与君陷于难。”

在上述这段话中，晏子对忠臣的定义是“有难不死，出亡不送”，对此景公感到疑惑。在景公看来，君主给予土地和爵位使得臣下富贵，如果君王有难臣下就应为君王而死，国君出逃则臣下就应为君王送行。晏子则反其道而行之，认为如果君王能听从臣下的言论则终生无难，也终生不会逃亡。在晏子看来，所谓忠臣就要做到“能纳善于君，不能与君陷于难”，“能纳善于君”也即“能进善于君”①，能给君主进善言从而使君主不陷难的就是忠臣，忠臣不是无原则地要求臣下与君主“陷于难”。以此为出发点，《晏子春秋》解释了晏子“事三君”的难题：

> 高子问晏子曰：“子事灵公、庄公、景公，皆敬子，三君之心一耶？夫子之心三也?”晏子对曰：“善哉问！事君，婴闻一心可以事百君，三心不可以事一君。故三君之心非一

① 卢文弨曰：“‘纳’，《论衡》‘进’。”见张纯一：《晏子春秋校注》，《诸子集成》第四册，北京：中华书局，1954年版，第90页。

> 也，而婴之心非三也。且婴之于灵公也，尽复而不能立之政，所谓仅全其四支以从其君者也。及庄公陈武夫，尚勇力，欲辟胜于邪，而婴不能禁，故退而埜处。婴闻之，言不用者，不受其禄，不治其事者，不与其难，吾于庄公行之矣。今之君，轻国而重乐，薄于民而厚于养，藉敛过量，使令过任，而婴不能禁，庸知其能全身以事君乎！”（《晏子春秋·外篇第七·高子问子事灵公庄公景公皆敬子晏子对以一心第十九》）

晏子“事三君”的问题多次见于《晏子春秋》，内容与上述记载大同小异，只是提问的主人公有所不同罢了①。高子提出一个尖锐的问题，晏子事齐灵公、齐庄公、齐景公，都受到三位君主的优待，这是“三君之心一”还是“夫子之心三”，显然“三君之心”不可能都是一样的，这是委婉地批评晏子对于君主的“不忠”。对此，晏子认为他是以“一心事百君”，所谓“一心”也即“忠心”，他以一心事三君，但灵公和庄公都不能纳其善言，故而灵公和庄公有难，作为臣子的他不必为君主而死，这是对“忠臣也者，能纳善于君，不能与君陷于难”的具体解释。

郭店竹书有一篇《鲁穆公问子思》与此类似：

> 鲁穆公问于子思曰：“何如而可谓忠臣？”子思曰：“恒称$_1$其君之恶者，可谓忠臣矣。”公不悦，揖而退之。成孙

---

① 晏子“事三君”的问题还见于《晏子春秋·内篇问下第四·梁丘据问子事三君不同心晏子对以一心可以事百君第二十九》《晏子春秋·外篇第七·仲尼称晏子行补三君而不有果君子也第二十七》《晏子春秋·外篇第八·仲尼见景公景公曰先生奚不见寡人宰乎第三》《晏子春秋·外篇第八·仲尼之齐见景公而不见晏子子贡致问第四》，第一篇提问的主人公为梁丘据，后三篇发问的主人公均为孔子。

弋见，$_{2}$ 公曰："向者吾问忠臣于子思，子思曰：'恒称其君之恶者可谓忠$_{3}$ 臣矣。'寡人惑焉，而未之得也。"成孙弋曰："噫，善哉，言乎！$_{4}$ 夫为其君之故杀其身者，尝有之矣。恒称其君之恶者$_{5}$ 未之有也。夫为其君之故杀其身者，效禄爵也。恒$_{6}$〔称其君〕之恶〔者，远〕禄爵者也。〔为〕义而远禄爵，非$_{7}$ 子思，吾恶闻之矣！"①

子思向鲁穆公提出"恒称其君之恶者，可谓忠臣矣"的命题，"恒称其君之恶"就是总是指出君主的错误，是从侧面来说明忠臣应该"纳善于君"，这与《晏子春秋》"能纳善于君"为忠臣的思想是相通的。孟子说："教人以善谓之忠。"（《孟子·滕文公上》）将"忠"的对象不再仅仅限定于君主，而扩展到一般人，从而使得"忠"成为一般的伦理范畴，不过用"教人以善"来定义"忠"与《晏子春秋》和郭店竹书《鲁穆公问子思》的论述是一致的。

在《鲁穆公问子思》中，成孙弋说"恒称其君之恶者"是"〔为〕义而远禄爵"，即认为"忠"是重义轻利，"忠"是建立在"义"的基础上的。《晏子春秋》的"忠"论虽未直接出现"义"的字样，但其基本精神与此相通。

《晏子春秋·内篇问上第三·景公问忠臣之行何如晏子对以不与君行邪第二十》载：

景公问晏子曰："忠臣之行何如？"对曰："不掩君过，谏乎前，不华乎外；选贤进能，不私乎内；称身就位，计能

① 荆门市博物馆编：《郭店楚墓竹简》，北京：文物出版社，1998 年版，第 141 页。自"夫为其君"以下文字，据裘锡圭之说而改。

> 定禄；睹贤不居其上，受禄不过其量；不权居以为行，不称位以为忠；不掩贤以隐长，不刻下以谀上；君在不事太子，国危不交诸侯；顺则进，否则退，不与君行邪也。”

在上述这段话之中，晏子从八个方面来阐述了忠臣之行，其中“称身就位，计能定禄”“睹贤不居其上，受禄不过其量”“权居以为行，称位以为忠”[①]“顺则进，否则退，不与君行邪”等，都是指根据自身条件而选择适当的职位和俸禄，不能得到超出自己才能的俸禄和职官，这就是“义”，因为“义”即“宜”，《中庸》说：“义者，宜也。”段玉裁也说：“《诗》‘威义棣棣，不可选也’……‘义’之本训谓礼容各得其宜。”[②] 可见《晏子春秋》的忠臣观也是建立在“义”的基础上的。如果不合于“义”，则忠臣可以选择离开，这就是上述引文中所说的“顺则进，否则退，不与君行邪”。

2. “忠”即忠于社稷

《晏子春秋》还超越一般意义的忠君观念，提出忠于社稷的问题。据《晏子春秋·内篇杂上第五·庄公不用晏子晏子致邑而退后有崔氏之祸第二》又载：

> 晏子为庄公臣，言大用，每朝，赐爵益邑；俄而不用，每朝，致邑与爵。爵邑尽，退朝而乘，喟然而叹，终而笑。其仆曰：“何叹笑相从数也?”晏子曰：“吾叹也，哀吾君不

---

① “权居以为行，称位以为忠”依照吴则虞之说而改。吴则虞曰：“两‘不’字疑衍。‘权居以为行’即‘素其位而行’，‘称位以为忠’即‘陈力就列’，承上文‘称身就位’而来。”（吴则虞：《晏子春秋集释》，北京：中华书局，1962年版，第227页。）

② （汉）许慎撰、（清）段玉裁注：《说文解字注》，郑州：中州古籍出版社，2006年版，第633页。

免于难；吾笑也，喜吾自得也，吾亦无死矣。”崔杼果弑庄公，晏子立崔杼之门，从者曰：“死乎？”晏子曰：“独吾君也乎哉！吾死也！”曰：“行乎？”曰：“独吾罪也乎哉！吾亡也！”曰：“归乎？”曰：“吾君死，安归！君民者，岂以陵民，社稷是主；臣君者，岂为其口实，社稷是养。故君为社稷死，则死之，为社稷亡，则亡之；若君为己死而为己亡，非其私暱，孰能任之。且人有君而弑之，吾焉得死之？而焉得亡之？将庸何归？”门启而入，崔子曰：“子何不死？子何不死？”晏子曰：“祸始，吾不在也；祸终，吾不知也，吾何为死？且吾闻之，以亡为行者，不足以存君；以死为义者，不足以立功。婴岂其婢子也哉！其缢而从之也！”

崔杼弑庄公，按照一般的忠君观念，晏子作为庄公的臣子，应该为庄公殉葬。但在晏子看来，在君之上还有更高的东西——社稷，君和臣都是为社稷服务的，臣子不应该只是服务于君王，若君王为社稷死则臣子亦死之，不为社稷而是因自己的私利而死则臣子就不必死之。君臣关系中，君在上，臣在下，臣应忠于君王，但君也有所忠的对象，那就是社稷，如此推论臣子忠君不是目的，而只是达到忠于社稷的手段，忠于社稷才是最终目的。丁四新在评价这种忠君观念时说：“忠于君事、君命与单纯的‘忠君’观念是根本不同的，因为单纯的‘忠君’观念要求履命者完全丧失对君事、君命所内含的更高目的的关怀，而忠于君事、君命则将‘事’‘命’（主要是公共之事、公共之命）看作君臣、君民关系的真正联系所在。”① 这种忠君观念绝没有后世所说的“君要臣死，臣不得不死”的腐朽风气，在孔孟等先秦儒家身上也可以见到踪影。针对管仲不为公子纠而死这件事，孔子没有批评他不忠，而却许其为“仁”（《论语·宪问》），孔子的思想与《晏子春秋》是一致的，都是以社稷为重而不拘泥于小节；孟子则说：“民为贵，社稷次之，君为轻。”（《孟子·尽心下》）相对孔子和《晏子春秋》等，孟子又进了一步，将民的作用大大突出，其实说到底忠于社稷也就是忠于民，朱熹说：“盖国以民为本，社稷亦为民而立。”② 孟子把民列在社稷之前，可能正是为了突出国以民为本，将忠于社稷的标准更加具体化，使之更具操作性。

3. 臣可择君而事之

依此标准，《晏子春秋》还说：“士逢有道之君，则顺其令；逢无道之君，则争其不义。故君者择臣而使之，臣虽贱，亦得择君而事之。”（《晏子春秋·内篇问上第三·景公问臣之报君何以晏子对报以德第二十八》）君臣之间的关系是相互的，君可择臣而使之，臣也可择君而事之。

《晏子春秋》这种强调君臣关系之间的相互性与先秦儒家思想有相通之处。《论语·八佾》载：“定公问：‘君使臣，臣事君，如之何？’孔子对曰：‘君使臣以礼，臣事君以忠。’”皇侃曰：“言臣之从君，如草从风。故君能使臣得礼，则臣事君必尽

---

① 丁四新：《春秋战国时期“忠”观念的演进——以儒家文献为主线，兼论忠孝、忠信与忠恕观念》，载吴根友主编：《学鉴（第 2 辑）》，武汉：武汉大学出版社，2008 年版，第 14 页。

② （宋）朱熹：《四书章句集注》，北京：中华书局，1983 年版，第 367 页。

忠也。君若无礼，则臣亦不忠也。”① 朱熹引尹氏之说曰：“君臣以义合者也。故君使臣以礼，则臣事君以忠。”② 皇侃所说的“君若无礼，则臣亦不忠也”，孔子没有明说，单从“君使臣以礼，臣事君以忠”一语我们无法得知孔子是否认同“君若无礼，则臣亦不忠也”的看法③。但孔子这句话确实强调“臣事君以忠”的前提是“君使臣以礼”，强调君臣之间所存在的关系相互性或关系契约性，有学者也称之为“伦理对偶”④。《晏子春秋》所说的“君可择臣而使之，臣也可择君而事之”，相对孔子的思想而言，更为明确地将君臣之间的相互性或契约性讲了出来。孟子将孔子没有明说的“君若无礼，则臣亦不忠也”明确讲出来了，《孟子·离娄下》载：“孟子告齐宣王曰：‘君之视臣如手足，则臣视君如腹心；君之视臣如犬马，则臣视君如国人；君之视臣如土芥，则臣视君如寇仇。’”君臣之间的相互性或契约性在孟子这里体现得最为明显，臣对君的态度完全取决于君对臣的态度，若君主是桀纣那样的暴君，臣下甚至可以诛杀他⑤。这种思想相对《晏子春秋》“君可择臣而使之，臣也可择君而事之”而言又更进了一步。荀子也强调君臣关系之间的相互性，他说：“人主不公，人臣不忠也。人主则外贤而偏举，人臣则争职而妒

① （魏）何晏集解，（梁）皇侃义疏：《论语集解义疏》，北京：中华书局，1985 年版，第 38 页。

② （宋）朱熹：《四书章句集注》，北京：中华书局，1983 年版，第 66 页。

③ 根据逻辑学的基本原则，“A→B”等价于“¬ B→¬ A”，却不等于“¬ A→¬ B”。应用到此，“君使臣以礼，臣事君以忠”，则可推出“臣事君不以忠，则君使臣不以礼”。

④ 牛泽群：《论语札记》，北京：燕山出版社，2003 年版，第 51—56 页。

⑤ 《孟子·梁惠王下》载：“齐宣王问曰：‘汤放桀，武王伐纣，有诸？’孟子对曰：‘于传有之。’曰：‘臣弑其君可乎？’曰：‘贼仁者谓之贼，贼义者谓之残，残贼之人谓之一夫。闻诛一夫纣矣，未闻弑君也。’”

贤，是其所以不合之故也。人主胡不广焉，无恤亲疏，无偏贵贱，唯诚能之求？若是，则人臣轻职业让贤而安随其后；如是，则舜、禹还至，王业还起。”（《荀子·王霸》）

4. 谏君为“忠”之应有之义

《晏子春秋》还论述了为臣之“忠”的具体要求。《晏子春秋·内篇问上第三·景公问君臣身尊而荣难乎晏子对以易第十四》载：

> 景公问晏子曰：“为君，身尊民安，为臣，事治身荣，难乎？易乎？”晏子对曰：“易。”公曰：“何若？”对曰：“……为臣忠信而无逾职业，则事治而身荣。”公又问：“为君何行则危？为臣何行则废？”晏子对曰：“……为臣，比周以求进，逾职业，防下隐利而求多，从君，不陈过而求亲，人臣行此三者则废。……故察士不比周而进，不为苟而求，言无阴阳，行无内外，顺则进，否则退，不与上行邪，是以进不失廉，退不失行也。”

在《晏子春秋》看来，作为臣子的职业道德应该是对君忠信而不要做超出职业的事情、越权而行事。如果臣子做了以下三件事那就是不忠：其一，结党营私，做出超出职业的事情；其二，隐瞒自己的财物而求自己多得；其三，不陈述君主的过失而一味求得君主的亲近。这是从侧面来论述臣子之“忠”的具体要求，反过来可以推知，《晏子春秋》对于为臣之“忠”的具体要求有：其一，不结党营私，不要越权谋私；其二，不要获得超出自己职位的不义之财；其三，君主有过，要及时指出来，即谏君。其中，不结党营私，不越权谋私即孔子所说的“君君，臣臣，父父，子子”（《论语·颜渊》），也就是要“正名”，臣之名与其实相符。不获得超出自己职位的不义之财，也即重义轻利，与孔孟思想是一致的。在“忠”的三个具体要求中，《晏子春秋》最为重视第三者，即君有过，臣子要及时指出来，这才是“忠”，这与我们前面所说的“能进善于君”的思想也是一致的，只是这里的谏君更为具体一些。

《晏子春秋》全书主要是晏子劝谏齐景公的对话，《晏子春秋》更有“谏上”“谏下”两篇直接出现“谏”字，所以刘向《晏子叙录》说：“其书六篇，皆忠谏其君。”① 《晏子春秋》中所载晏子对君主过失的批评十分尖锐直接，全书大量充斥这样的段落，如批评齐庄公说：“今公自奋乎勇力，不顾乎行义，勇力之士，无忌于国，身立威强，行本淫暴，贵戚不荐善，逼迩不引过，反圣王之德，而循灭君之行，用此存者，婴未闻有也。”（《晏子春秋·内篇谏上第一·庄公矜勇力不顾行义晏子谏第一》）批评齐景公说：“今君去礼，则是禽兽也。”（《晏子春秋·内篇谏上第一·景公饮酒酣愿诸大夫无为礼晏子谏第二》）批评齐景公说：“今君赏谗谀之民，而令吏必从，则是使君失其道，臣失其守也。”（《晏子春秋·内篇谏上第一·景公燕赏无功而罪有司晏子谏第七》）需要指出的是，《晏子春秋》并非一味地直接尖锐地批评君主来达到劝谏的目的，它也讲究劝谏的艺术，《晏子春秋·内篇谏上第一·景公饮酒七日不纳弦章之言晏子谏第四》载：

> 景公饮酒，七日七夜不止。弦章谏曰：“君欲饮酒七日

① 吴则虞：《晏子春秋集释》，北京：中华书局，1962年版，第50页。

七夜，章愿君废酒也！不然，章赐死。”晏子入见，公曰：“章谏吾曰：‘愿君之废酒也！不然，章赐死。’如是而听之，则臣为制也；不听，又爱其死。”晏子曰：“幸矣章遇君也！令章遇桀纣者，章死久矣。”于是公遂废酒。

在上述引文中，晏子并非通过陈述不要杀弦章的理由来直接劝谏景公不要杀他，而是给景公“戴高帽”，说弦章如果遇到桀纣之类的暴君早就死了，言外之意就是景公是明君不能杀弦章，若杀弦章就是桀纣之类的暴君。这种方式更容易为君主所接受，也更容易达到劝谏的目的。

先秦儒墨两家都有谏君思想。《论语·宪问》载：“子路问事君。子曰：‘勿欺也，而犯之。’”孔安国注曰：“事君之道，义不可欺，当能犯颜色而谏争也。”① 也就是说，对于君主可以犯颜谏诤。孟子论述得更为详细，他将臣子分为四类：“有事君人者，事是君则为容悦者也。有安社稷臣者，以安社稷为悦者也。有天民者，达可行于天下而后行之者也。有大人者，正己而物正者也。”其中“事君人者”最下，朱熹注曰：“阿殉以为容，逢迎以为悦，此鄙夫之事、妾父之道也。”② 这类臣子只知道顺迎君王，典型的“以顺为正”，最为孟子所看不起，孟子说：“以顺为正者，妾父之道也。”（《孟子·滕文公下》）孟子心目中理想的大臣是“大人”，所谓“大人”，赵岐注曰：“大人，大丈夫不为利害动移者也。”③ “大人”即“大丈夫”，这种人是

① （魏）何晏集解，（梁）皇侃义疏：《论语集解义疏》，北京：中华书局，1985年版，第202页。

② （宋）朱熹：《四书章句集注》，北京：中华书局，1983年版，第354页。

③ （清）焦循：《孟子正义》，北京：中华书局，1987年版，第　页。

“君天下之广居，立天下之正位，行天下之大道。得志，与民由之；不得志，独行其道。富贵不能淫，贫贱不能移，威武不能屈”（《孟子·滕文公下》），在君王面前保持着自己独立的人格，与一味逢迎君王的臣子有本质区别。“大人”的一大要务就在于“格君心之非”（《孟子·离娄上》），朱熹引程子注曰：“天下之治乱，系乎人君之仁与不仁耳。心之非，即害于政，不待乎发之于外也。昔者孟子三见齐王而不言事，门人疑之。孟子曰：‘我先攻其邪心，心既正，而后天下之事可从而理也。’”① 孟子对“大人”级别的大臣提出更高的要求，要求他们正君心之非，在君心之非还没有落实到现实政治之前就将其除之，从源头上避免君王犯错误，这对大臣提出了更高的要求，具有理想主义色彩。荀子也将大臣分为四类，他说：“有大忠者，有次忠者，有下忠者，有国贼者：以德复君而化之，大忠也；以德调君而补之，次忠也；以是谏非而怒之，下忠也；不恤君之荣辱，不恤国之臧否，偷合苟容，以之持禄养交而已耳，国贼也。”（《荀子·臣道》）“以德复君”当作“以德覆君”，“补之”当作“辅之”②。用道德感化君主的是大忠，用道德调养君主的是次忠，犯颜直谏君主而使君主发怒的是下忠，一味奉迎君主的就是国贼。无论“大忠”“次忠”还是“下忠”，都为荀子所肯定，只是层次有高低之差罢了；无论“大忠”“次忠”还是“下忠”，都与一味奉迎君主的“国贼”有本质区别；但荀子将犯颜直谏列为“下忠”，对其肯定程度不够，究其原因与其“尊君”思想有关系，与孔孟思想相比，荀子对于君主的权威更为看重。墨子也有类似

① （宋）朱熹：《四书章句集注》，北京：中华书局，1983年版，第285页。
② （清）王先谦：《荀子集解》，北京：中华书局，1988年版，第254页。

思想，《墨子·鲁问》载："鲁阳文君谓子墨子曰：'有语我以忠臣者，令人俯则俯，令之仰则仰，处则静，呼则应，可谓忠臣乎？'子墨子曰：'令之俯则俯，令之仰则仰，是似景也。处则静，呼则应，是似响也。君将何得于景与响哉？若似翟之所谓忠臣者，上有过则微之以谏，己有善则访之上，而无敢以告。外匡其邪而入其善，尚同而无下比，是以美善在上而怨仇在下，安乐在上而忧戚在臣。此翟之所谓忠臣者也。'"由此可知，墨子反对一味顺从君主，将那样的臣子讥之为"影"和"响"，他心目中的忠臣是"上有过则微之以谏，己有善则访之上，而无敢以告"，"微之以谏"，孙诒让注曰："言伺君之闲而谏之也。""己有善则访之上，而无敢以告"，孙诒让注曰："谓进其谋于上，而不敢以告人也。"[①] 墨子主张伺机劝谏，给国君进谋略也不要让人知道，维护君主的形象，这与其"尚同"思想是一致的。总而言之，相较孔孟，墨子与荀子的思想更多的是考虑维护君主的权威，与《晏子春秋》全书中大量充斥着直接批评君主的言论还是有所差距的。

要之，《晏子春秋》的"忠"主要指臣德，因而《晏子春秋》的忠论主要就忠臣观而言。《晏子春秋》的忠臣观主要有以下几个要点：其一，能进善于君而不与君陷于难为忠；其二，"忠"建立在"义"的基础上，忠臣主要是忠于社稷，而非仅仅忠君，忠君不过是忠于社稷的一个手段；其三，君臣关系是相互的，君可择臣而使之，臣亦可择君而事之；其四，忠臣最主要的义务是劝谏君主。《晏子春秋》的忠论并非空谷绝音，而是在先

① （清）孙诒让：《墨子间诂》，北京：中华书局，2001年版，第471页。

秦儒墨思想中都有所体现，不过相较起来，《晏子春秋》的忠论所反映出的君臣关系更近于先秦儒家，只是孔孟尤其是孟子不太用“忠”来论述君臣关系，在孔孟思想中，“忠”主要是一个一般的伦理道德范畴。从《晏子春秋》的忠论可以看出，先秦时期君臣关系是相对平等的，绝非后世所理解的“君要臣死，臣不得不死”的腐朽忠君观。

四 《晏子春秋》“忠”论与齐国“举贤上功”的政治传统

任何一种思想都不是凭空产生的，而与其所处的社会历史条件息息相关。《晏子春秋》的“忠”论呈现出君臣关系的相对平等性的特点，在君臣关系上体现出臣子的相对独立性，这与齐国的政治传统是密不可分的。

据相关史籍记载，齐国从建国开始就就有“举贤上功”的传统，《汉书·地理志》载：“昔太公始封，周公问‘何以治齐？’太公曰：‘举贤而上功。’”“周公始封，太公问‘何以治鲁？’周公曰：‘尊尊而亲亲。’”齐国推崇“举贤上功”的治国策略，而鲁国的治国方针则是“亲亲尊尊”。《史记·鲁周公世家》也载：“鲁公伯禽之初受封之鲁，三年而后报政周公。周公曰：‘何迟也？’伯禽曰：‘变其俗，革其礼，丧三年然后除之，故迟。’太公亦封于齐，五月而报政周公。周公曰：‘何疾也？’曰：‘吾简其君臣礼，从其俗为也。’”鲁国从建国开始就注重礼，伯禽花了三年才完成对鲁地之礼的革新；而姜太公更多的是遵循齐地原有的风俗，简化了君臣之礼。太公因其俗，简其礼，举贤上功，打下了齐国“世为强国”（《盐铁论·轻重》）的深厚根基。

其后，春秋霸主齐桓公继承了齐国的“举贤上功”的建国方针，任用与其有一箭之仇的管仲为相，在与管仲的初次对话中，齐桓公反思齐襄公的失败，就认为齐襄公失败的主要原因就是不尊重贤才，没有遵循齐国“举贤上功”的建国方针，《国语·齐语》载：“桓公亲逆之于郊，而与之坐而问焉，曰：‘昔吾先君襄公筑台以为高位，田、狩、罼、弋，不听国政，卑圣侮士，而唯女是崇。……优笑在前，贤才在后，是以国家不日引，不月长。……’”管仲还建议桓公勿使士、农、工、商等四民杂处，对于士人要特别给予优待：“令夫士，群萃而州处，闲燕则父与父言义，子与子言孝，其事君者言敬，其幼者言弟。少而习焉，其心安焉，不见异物而迁焉。是故其父兄之教不肃而成，其子弟之学不劳而能。夫是，故士之子恒为士。”（《国语·齐语》）管仲此举可谓开了养士之风，令士人只需学习道德知识，而无须为生计奔波。桓公还不拘一格选人才，从乡里选拔品行高尚的贤人来做官，并将“蔽贤”“蔽明”等不尊重人才的行为视为大罪。桓公“为游士八十人，奉之以车马、衣裘，多其资币，使周游于四方，以号召天下之贤士”（《国语·齐语》），史载：“桓公既得管仲，与鲍叔、隰朋、高傒修齐国政，连五家之兵，设轻重鱼盐之利，以赡贫穷，禄贤能，齐人皆说。”（《史记·齐太公世家》）史籍在分析桓公能“九合诸侯，一匡天下”、成就千秋霸业的原因时说：“唯能用管夷吾、宁戚、隰朋、宾胥无、鲍叔牙之属而伯功立。”（《国语·齐语》）可以说，桓公之霸业完全是遵循齐国“尊贤上功”政治传统的结果。

管仲之后，齐国基本遵循了他的治国方针，史载“管仲卒，齐国遵其政，常强于诸侯”（《史记·管晏列传》）。晏婴为相时期，齐景公虽然不像齐桓公那么贤明，但对于晏婴还是足够尊重的，这点可以从《左传》《史记》等史籍中轻易地看出来，《晏子春秋》所记载的事件虽然不能完全当作信史，但其中很多故事是以史实为依据的，也不全是无中生有之作，从《晏子春秋》还可以看出景公对于晏婴的倚重，最典型的就是《晏子春秋·外篇第八·晏子死景公驰往哭哀毕而去第十六》和《晏子春秋·外篇第八·晏子死景公哭之称莫复陈告吾过第十七》两篇。前一篇记载景公在游玩时，听闻晏子的死讯之后，就快马加鞭回去，路上嫌马车跑得慢，下车自己跑，显示出景公的焦急之心，也可以看出晏子在景公心目中的地位；到了晏子家后，他伏在晏子的尸体上哭，并对晏子做了如下的评价：“子大夫日夜责寡人，不遗尺寸，寡人犹且淫泆而不收，怨罪重积于百姓。今天降祸于齐，不加于寡人，而加于夫子，齐国之社稷危矣，百姓将谁告夫！”景公对于晏子的评价之高可见一斑。后一篇记载景公在晏子的葬礼上极尽哀痛，以致其臣子弦章说这不符合君王对臣下的礼仪，但景公说：“吾失夫子则亡，何礼之有！”即说晏子死了，我就完了，还用讲什么礼仪呢？可见，景公是将晏子视为齐国的支柱的。不仅景公尊贤，晏子本人也十分注重举贤才，《史记·管晏列传》和《晏子春秋·内篇杂上第五·晏子之晋睹齐累越石父解左骖赎之与归第二十四》均记载晏子出使晋国，见到一个奴隶越石父，认为他是贤人就解下自己的左骖帮他赎身，并把他带回齐国，后来又把他尊为上宾。

公元前386年，齐国政治发生了著名的“田氏代齐”事件，田氏取代姜氏成为齐国的君主。虽然发生了“田氏代齐”的事件，但齐国自姜太公定下来的“举贤上功”的治国方针并没有发生相应的改变，反而在一定程度上得到了增强。《中论·亡国篇》载：“昔齐桓公立稷下学宫，设大夫之号，招致贤人而尊宠之。”田齐桓公在位期间开始设立著名的稷下学宫，优待贤人。其后，田齐桓公之子齐威王即位，他在位期间重用邹忌、田忌、孙膑、淳于髡等人，在与魏王的对话中，他不同意魏王以物产多少为财宝的观念，并提出自己的看法：“寡人之所以为宝者与王异。吾臣有檀子者，使守南城，则楚人不敢为寇东取，泗上十二诸侯皆来朝。吾臣有肦子者，使守高唐，则赵人不敢东渔于河。吾吏有黔夫者，使守徐州，则燕人祭北门，赵人祭西门，徙而从者七千余家。吾臣有种首者，使备盗贼，则道不拾遗。此四臣者，将以照千里，岂特十二乘哉！”（《史记·田敬仲世家》）他把人才当作国家之宝。至威王之子齐宣王时期，他雄心勃勃，欲“辟土地，朝秦楚，莅中国而抚四夷也”（《孟子·梁惠王上》），“宣王喜文学游说之士，自如邹衍、淳于髡、田骈、接予、慎到、环渊之徒七十六人，皆赐列第，为上大夫，不治而议论。”（《史记·田敬仲世家》），给予士人优越的物质条件和社会地位。其后，齐湣王虽未见任用贤才的记录，但其相孟尝君却以养士而闻名于世，与平原君、信陵君、春申君被合称为“战国四公子”，史载：“孟尝君在薛，招致诸侯宾客及亡人有罪者，皆归孟尝君。孟尝君舍业厚遇之，以故倾天下之士。食客数千人，无贵贱一与文等。”（《史记·孟尝君列传》）

要之，齐国从建国开始一直遵循“举贤上功”的治国方针，这使得贤才在齐国具有较高的政治和社会地位，贤人可以直接批评君主而不被杀害，如晏婴就多次犯颜面直谏，齐宣王时期重视稷下学士，稷下学士“不治而议论”，所谓“议论”即非议①，也就是说稷下学士没有特定的官职，其主要工作是批评国君的执政措施。齐宣王对于颜斶一系列看似无礼的行为也能容忍，最后还十分欣赏他，想邀他出来为官（《战国策·齐策四》）。正是由于士人在齐国享有的崇高地位，颜斶才敢在齐王面前宣称：“士贵耳。王者不贵。”（《战国策·齐策四》）曾游于齐国稷下学宫的孟子才说：“民为贵，社稷次之，君为轻。”（《孟子·尽心下》）社稷重于君王的观念在齐国也颇为盛行，得到士人乃至君王的普遍认同，《战国策·齐策六》载：“齐王建入朝于秦，雍门司马前曰：‘所为立王者，为社稷耶？为王立王耶？’王曰：‘为社稷。’”从这则材料可以看出，齐王建也认同社稷高于君王的观念，所以《晏子春秋》中那种忠于社稷的“忠”观念也就很容易为人所接受。在齐国，士人在君王面前能够保持相对的独立性，可以直接批评君主，《晏子春秋》成书于齐国这样的大政治环境下，所以其“忠”论所呈现的君臣关系才具有相对的平等性，臣子在君王面前才可以保持相对的独立性。

五 结 语

总而言之，“忠”的原初含义是敬畏和公正，本兼有臣德与君德两种类型，后世逐渐衍化为一种一般的伦理道德，不再特指君臣关系。《晏子春秋》中的“忠”论更多的是就臣德而言的，

---

① 《论语·季氏》曰：“天下有道，则庶民不议。”孔安国注曰：“无所非议。”邢邴疏曰：“议谓谤讪。言天下有道，则上酌民言以为政教，所行皆是，则庶人无有非毁谤议也。”《说文》曰：“论，议也。”由此可知，“议论”均有非议之义。

包含以下几层内涵：其一，能进善于君而不与君陷于难；其二，忠臣主要是忠于社稷，而非仅仅忠君，忠君不过是忠于社稷的一个手段；其三，君臣关系是相互的，君可择臣而使之，臣亦可择君而事之；其四，忠臣最主要的义务是谏君。《晏子春秋》的"忠"论所反映的君臣关系近于孔孟思想，但孔孟尤其是孟子往往不用"忠"来论述君臣关系，孔孟思想中"忠"主要代指一般的伦理道德。《晏子春秋》的"忠"论所呈现出君臣相对平等的关系与先秦时期齐国"举贤上功"的政治传统是密不可分的。

第四章　《晏子春秋》的哲学思想研究

上章开头，我们引用著名汉学家马伯乐的观点，他认为《晏子春秋》的哲学观念十分平常，此话固然不错。但“平常”一词同时也说明《晏子春秋》中的哲学思想在先秦时期十分流行，是主流思想，对于先秦时期流行的思想我们还是有必要加以重视的，因为往往越是可贵的真理越显得平淡无奇。

第一节　《晏子春秋》的天人观

任继愈先生曾说：“人类自从脱离动物界，进入人类社会，关心的重大而根本的问题是探索人在自然界的地位、探索人对自然界的影响以及自然界对人的影响，也就是古人所说的‘究天人之际’。”[①] 这也就是说，天人观是哲学中的一个永恒的问题，作为先秦一位先于孔子的重要思想家，晏子对这个问题也有所论述，本文拟首先从晏子的天道观出发，然后论述其人本思想，以发掘晏子独特的思想价值。

一 天道不谄

《晏子春秋·外篇第七·景公使祝史禳彗星晏子谏第六》载：

> 齐有彗星，景公使祝禳之。晏子谏曰："无益也，祇取诬焉。天道不谄，不贰其命，若之何禳之也！且天之有彗，以除秽也。君无秽德，又何禳焉？若德之秽，禳之何损[②]？诗云：‘维此文王，小心翼翼，昭事上帝，聿怀多福，厥德不回，以受方国。’君无违德，方国将至，何患于彗？《诗》曰：‘我无所监，夏后及商，用乱之故，民卒沶亡。’若德之回乱，民将沶亡，祝史之为，无能补也。"

此段记载又见于《左传·昭公二十六年》，齐国出现彗星，齐景公令祝去禳除，晏子这是徒劳的，他提出“天道不谄，不贰其命”的命题，杜预解释说：“谄，疑也。”[③] 因此，“天道不谄”即“天道不疑”。张岱年曾说：“上古时代所谓天，本有两

---

① 任继愈：《天人之际》，上海：上海文艺出版社，1998年版，第1页。

② 此“损”字当作“益”，刘师培曰：“《论衡·变虚篇》‘损’作‘益’，《新序·杂事四》、何允中本亦作‘益’。”（见吴则虞：《晏子春秋集释》，北京：中华书局，1962年版，第445页。）当从之。

③ 阮元校刻：《十三经注疏》，北京：中华书局，1980年版，第2115页。

重意义，一指有人格的上帝，一指与地相对的天空。”①《晏子春秋》中的“天”兼有这两种意思：一方面，“天之有彗”中的“天”指天空，或更广义地说，指自然界，此类情况在《晏子春秋》十分常见，如《晏子春秋·内篇谏上第一·景公欲使楚巫致五帝以明德晏子谏第十四》所载“天地四时和而不失，星辰日月顺而不乱”、《晏子春秋·外篇第七·太卜绐景公能动地晏子知其妄使卜自晓公第二十一》所载“动地”皆是此类；另一方面，“天之有彗，以除秽也”，天降下秽德，目的是为了禳除人间的秽德，这样使得“天”具有意志，“天”已不仅仅是自然之天，类似于有人格的上帝，所以《晏子春秋·内篇谏上第一·景公游公阜一日有三过言晏子谏第十八》说：“天为民之乱见之，故诏之妖祥。”《晏子春秋·内篇谏上第一·景公异荧惑守虚而不去晏子谏第二十一》载：“人行善者天赏之，行不善者天殃之。”在这些地方，天都具有人格意志，颇具有天人感应的色彩②。

由于《晏子春秋》中的“天”兼有自然之天及有人格的上帝两层含义，故而《晏子春秋》中所体现出的天人关系也表现为天人相分与天人感应两个看似矛盾的命题。

首先，对于表示大自然的“天”，《晏子春秋》认为大自然有自身运行的规律，这是人力所不能改变的。《晏子春秋·外篇

---

① 张岱年：《中国古典哲学概念范畴要论》，北京：中国社会科学出版社，1987年版，第20页。

② 关于这一点，在上博简《景公疟》、《晏子春秋·外篇重而异者第七·景公有疾梁丘据裔款请诛祝史晏子谏第七》《晏子春秋·内篇谏上第一·景公病久不愈欲诛祝史以谢晏子谏第十二》等篇中都有所反映，见拙作：《上博简〈景公疟〉探析》，《光明日报（国学版）》，2013年10月28日。本书第五章第三节还要对此加以详细阐述，请参看。

第七·景公置酒泰山四望而泣晏子谏第二》载齐景公想到自己以后要死亡感到十分悲伤，晏子对齐景公说："夫古之有死也，令后世贤者得之以息，不肖者得之以伏。若使古之王者毋知有死[①]，自昔先君太公至今尚在，而君亦安得此国而哀之？夫盛之有衰，生之有死，天之分也。物有必至，事有常然，古之道也。曷为可悲？"这是《晏子春秋》的生死观[②]，而生死观是人生最重要的问题之一，钱穆就说："人类对宇宙，对人生，有一个最迫切最重大的问题，便是生和死的问题。"[③] 这是《晏子春秋》中十分重要的看法。在其中，《晏子春秋》提出"夫盛之有衰，生之有死，天之分也"的命题，认为"盛衰""生死"等都是天之职分，非人力所及，而国家的治乱则取决于君王的施政措施是否得宜，所以说："古者不慢行而繁祭，不轻身而恃巫。今政乱而行僻，而求五帝之明德也？弃贤而用巫，而求帝王之在身也？"（《晏子春秋·内篇谏上第一·景公欲使楚巫致五帝以明德晏子谏第十四》）国家的大治不能靠"致五帝"等巫术与祭祀，而是靠君主的施政方针；至于"生死""盛衰"等自然之事，则非人力所能改变，而是天之职分，这可说是一种天人相分的思想。这种思想后来为荀子所发挥，他说："天行有常，不为尧存，不为桀亡。应之以治则吉，应之以乱则凶。强本而节用，则天不能贫；养备而动时，则天不能病；修道而不贰，则天不能

① 今按：据俞樾之说，"毋知有死"当作"如毋有死"。见吴则虞：《晏子春秋集释》，北京：中华书局，1962年版，第438页。

② 《晏子春秋》中关于生死类似的论述还见于《内篇谏上第一·景公登牛山悲去国而死晏子谏第十七》《内篇谏上第一·景公游公阜一日有三过言晏子谏第十八》《外篇第七·景公问古而无死其乐若何晏子谏第四》等篇中。

③ 钱穆：《中国思想史》，台北：台湾学生书局，1988年版，第2页。

祸。……故明于天人之分，可谓至人矣。……天有其时，地有其材，人有其治，夫是之谓能参。”（《荀子·天论》）在荀子看来，“天及神鬼妖怪，都不是支配并干涉人类的神物，而只是单纯的物质自身。人类生活中的吉凶贫富祸福，乃是人类活动的必然结果”①。《晏子春秋》关于天人相分的思想虽然没有荀子那样明确，但可被视为荀子天人相分的理论来源之一。

其次，《晏子春秋》中又有浓厚的天人感应色彩。《晏子春秋·内篇谏上第一·景公游公阜一日有三过晏子谏第十八》载，景公睹彗星召伯常骞是禳去之，晏子谏曰：“不可！此天教也。日月之气，风雨不时，彗星之出，天为民之乱见之，故诏之妖祥，以戒不敬。今君若设文而受谏，谒圣贤人，虽不去彗，星将自亡。今君嗜酒而并于乐，政不饰而宽于小人，近谗好优，恶文而疏圣贤人，何暇在彗！茀又将见矣。”在此，《晏子春秋》认为彗星的出现是天对君主施政措施不当的警告，若君主就此改变不合理的政治方针，那么彗星自会消亡；反之，若君主继续施行暴政，那么上天会出更多的灾异来警示君主。这是一种典型的天人感应论。在《晏子春秋·内篇谏上第一·景公异荧惑守虚而不去晏子谏第二十一》中，景公之时，荧惑守于虚，景公说：“吾闻之，人行善者天赏之，行不善者天殃之。荧惑，天罚也，今留虚，其孰当之?”晏子回答说：“齐当之。”显然晏子是认同“人行善者天赏之，行不善者天殃之。荧惑，天罚也”的论断的，而晏子提出去除荧惑的方法是：“盍去冤聚之狱，使反田矣；散百官之财，施之民矣；振孤寡而敬老人矣。”这些观点都

① 侯外庐：《中国古代思想学说史》，重庆：文风书局，1944 年版，第 273 页。

认为上天能对人间赏善罚恶，灾异是上天对君主的警告，若要顺于天，就必须行善政，所以晏子又说："古者先君之干福也，政必合乎民，行必顺乎神。"（《晏子春秋·内篇问上第三·景公问欲令祝史求福晏子对以当辞罪而无求第十》）《晏子春秋》这种天人感应思想，后世董仲舒说得更为明白："天地之物有不常之变者，谓之异；小者谓之灾。灾常先至而异乃随之。灾者，天之谴也；异者，天之威也。……国家之失乃始萌芽，而天出灾害以谴告之；谴告之而不知变，乃见怪异以惊骇之，惊骇之尚不知畏恐，其殃咎乃至。以此见天意之仁而不欲陷人也。"（《春秋繁露·必仁且智》）董仲舒将上天对君主的警示分为"灾害""怪异""殃咎"三个阶段，相对《晏子春秋》来说更为精致，《晏子春秋》这种思想也可视为董仲舒天人感应理论的来源之一。

《晏子春秋》既有天人相分的思想，同时也蕴含天人感应的思想，两种思想似乎是矛盾的。如何解释两种看似矛盾的思想并存于《晏子春秋》中呢？美国著名汉学家吴克（Richard L. Walker）认为《晏子春秋》中所刻画的晏婴并非一个具有远见、具有规划性的教师或哲学家。他主要是一个行动的人——政治家。他与其所服务的三个君主的谈话主要是关于为应对特定紧急的情况而建议君主采取行动以达到预期的效果。因此我们不能期望这样的人能够自始至终都保持一致——确切地说，晏子也没有自始至终保持一致。① 吴克的说法很有启发性，《晏子春秋》主要记载晏婴与君主（如齐景公）或大臣（如叔向）的对话，晏婴是以一个政治家的面貌出现的，其目的在于阐述其政治主张，

---

① Walker R L. *Some Notes on the Yen - tzu Ch'un - ch'iu*. Journal of the American Oriental Society, 1953, 73 (3): p. 156—163.

使君主采取正确的施政措施以使国家长治久安。在《晏子春秋》中，晏婴的核心主张是劝谏君主施行正确的为政措施，重视人民的疾苦，也就是说他在书中是以一个注重实际的政治家形象出现的，《晏子春秋》体现出晏婴重人事的思想，因而即使他以天人感应来劝谏君主的时候，其立论的落脚点也还在于劝谏君主行仁政而去暴政，所体现出的也还是一种表面重神事、实际重人事的思想[①]。《晏子春秋》中有一段话鲜明体现这一点，在柏常骞欲为齐景公请寿时，晏子加以反对，其反对的理由就是："维以政与德而顺乎神，为可以益寿。今徒祭，可以益寿乎？"（《晏子春秋·内篇杂下第六·柏常骞禳枭死将为景公请寿晏子识其妄第四》）这也就是说，在晏子看来，只有君主施行仁政才能顺乎神，而靠祭祀是不能顺乎神的，其实质内容就在于君主应行仁政而非祭祀，如果《晏子春秋》重视神事的话，那么祭祀神才是最重要的，显然《晏子春秋》实际上是重视人事的。这种思想也非个例，而是春秋战国时期一种普遍的思潮，郭沫若就注意到这股思潮，他说："春秋时代的智者对于天虽然取着不信的态度，但天的统治如周王仍拥有天子的虚位一样，依然在惯性中维持着。"[②] 天人感应思想是指向人事的，那更不用说天人相分思想了，从这方面来看，《晏子春秋》中的天人感应与天人相分思想并不矛盾，两者都指向重人事，而这才是《晏子春秋》的主题，无论天人相分还是天人感应都只不过是晏子说服君主的手段，这也就是美国汉学家吴克所说的"为应对特定紧急的情况而建议君主采取行动以达到预期的效果"的工具，而《晏子春

① 袁青：《上博简〈景公疟〉探析》，《光明日报（国学版）》2013 年 10 月 28 日。

② 郭沫若：《青铜时代》，北京：中国人民大学出版社，2005 年版，第 23 页。

秋》实质上关注的是君主采取何种行动及可以达到的预期效果。这大概也是李泽厚所说的中国实用理性的一种体现，李泽厚在论述实用理性时说："先秦各家为寻求当时社会大变动的前景出路而授徒立说，使得从商周巫史文化中解放出来的理性，没有走向闲暇从容的抽象思辨之路（如希腊），也没有沉入厌弃人世的追求解脱之途（如印度），而是执着人间世道的实用追求。"[①] 先秦各家是如此，而作为主要关注实际政治的《晏子春秋》就更是如此了，因为政治本身就指向人间世道。

回到本书开头《晏子春秋》提出的"天道不谄，不贰其命"的命题，如果其中的"天"做自然界解，那么这句话可解释为自然界有其自身运行的规律，非人力所能改变，因此晏子认为自然界出现彗星就是为了除去秽德，故而景公若无秽德，则根本没必要去禳除，若景公有秽德，派祝去禳除也是没有作用的，原因就在于天道并非人力所能改变的；而如果"天"做有人格的"上帝解释"，这就是说上帝有自身的行为法则，靠祭祀等巫术活动是不能影响上帝的，因而景公派祝去禳除彗星也是徒劳的。我们很难说到底哪种解释更符合晏子所说的"天道不谄，不贰其命"的本意，恐怕两种意思兼而有之。不过无论哪种解释，最后都指向景公之德如何，而景公之德如何主要就体现在其施政措施是否恰当，因而我们可以说，《晏子春秋》的天人思想最后都指向其重人事的思想。

① 李泽厚：《中国古代思想史论》，北京：人民出版社，1985 年版，第 304 页。

二 以人为本

“以人为本”这个词并没有出现在《晏子春秋》中，现存文献中这个词首先见于《管子·霸言》：“夫霸王之所始也，以人为本。”近现代以来，我们将其称为人本思想或人文思想，与外文中的 Humanism 相对应。关于“人本思想”，刘家和说：“‘人本思想’，就是西文中的 Humanism。这个词在汉文中或译为人文主义，或译为人道主义，或译为人性论等，那都是根据上下文的语义而作的具体处理。这个字来源于拉丁文的 Homo（人），其本义为关心或致力于人的利益（而非神的利益）的思想体系。这种思想的基本要求是，把人看作人而非神或任何其他非人之物，同时以人事而非天心或神意来解释人事。”[①] 李存山则认为人本中的“本”“不是从存在论说以人为‘本根’或‘本原’的意思（中国传统哲学认为人与万物都是天地所生，故而肯定了自然的‘先在性’），而是从价值论上说以人为中心（《礼记·礼运》篇云‘人者天地之心也’）或以人为最有价值的意思。……因此，‘人本’或‘以人为本’的确切含义应是‘以人为贵’，即以人（类）为最有价值”[②]。由两位先生的论述可知，“人本思想”其含义是从价值论而非存在论方面来说的，是说人最有价值，区别于神本思想。除此之外，笔者认为人本思想也区别于物本思想。

“神本思想”较好理解，即把神看得比人重要，认为神是人

① 刘家和：《〈左传〉中的人本思想与民本思想》，《历史研究》1995 年第 6 期。
② 李存山：《气论与仁学》，郑州：中州古籍出版社，2009 年版，第 336 页。

的主宰，而人不过是神的附庸，西方中世纪神学思想就属于此类。中国的神本思想主要在殷商时期，根据陈梦家的研究，卜辞中的上帝具有很大的权威，是管理自然与下国的主宰，具有令雨、令风、降祸、帝若（若是允诺，王之作邑与出征，都要得到帝的允诺）等能力①。郭沫若也说："由卜辞看来可知殷人的至上神是有意志的一种人格神，上帝能够命令，上帝有好恶，一切天时上的风雨晦暝，人事上的吉凶祸福，如年岁的丰啬，战争的胜败，城邑的建筑，官吏的黜陟，都是由天所主宰，这和以色列民族的神是完全一致的。"② 殷周之际，发生一大变革，王国维说："中国政治与文化之变革，莫剧于殷周之际。"③ 又说："殷周间之大变革，自其表言之，不过一姓一家之兴亡与都邑之移转；自其里言之，则旧制度废而新制度兴，旧文化废而新文化兴。"④ 殷周之际的变革在于"周之制度、典礼，实皆为道德而设"⑤"其旨则在纳上下于道德，而合天子、诸侯、卿、大夫、士、庶民以成一道德之团体"⑥，而周人之所以强调道德，是因为他们从殷周之际的革命中认识到"惟命不于常"（《尚书·康诰》）、"天不可信，我道惟宁王德延"（《尚书·君奭》），虽然周人也同时宣称周是得到天命的，且并没有放弃对天的信仰，但

① 陈梦家：《殷墟卜辞综述》，北京：科学出版社，1956年版，第561—571页。
② 郭沫若：《青铜时代》，北京：中国人民大学出版社，2005年版，第7页。
③ 王国维：《殷周制度论》，见氏著：《观堂集林（外二种）》，石家庄：河北教育出版社，2001年版，第287页。
④ 王国维：《殷周制度论》，见氏著：《观堂集林（外二种）》，石家庄：河北教育出版社，2001年版，第288页。
⑤ 王国维：《殷周制度论》，见氏著：《观堂集林（外二种）》，石家庄：河北教育出版社，2001年版，第301—302页。
⑥ 王国维：《殷周制度论》，见氏著：《观堂集林（外二种）》，石家庄：河北教育出版社，2001年版，第288—289页。

的确逐渐淡化了对天的信仰，而转而强调“敬德”：“我不可不监于有夏，亦不可不监于有殷。……惟不敬德，乃早坠厥命。”（《尚书·召诰》）周人意识到夏、商失国的原因在于不敬德，这就不是“盲目地祈求天神的保佑，而是同时强调以历史的经验为借鉴，着重于人事上的努力”[①]。侯外庐等也说：“周代社会已经不像过去那样，完全听命于祖先神的主宰，因为地上的现实社会发展了，这就迫使周代统治者在意识上做出能动性的道德规范。例如周公东征的《大诰》就不能不对‘天’做出修改，而强调人事。”[②] 这也就是说，周人已经从殷商时期完全相信天命中走出来，对于人事有更多的强调，这就为从神本转向人本提供了思想基础。

“物本”概念较少使用，学界对“物本”的使用也不尽相同，有从存在论方面来使用“物本”的，如张奎良说：“所谓物本就是把物或自然界视为世界的基础和本原，认为世间的一切都是由物或者自然界派生出来的。”[③] 由此，他认为马克思之前的唯物论都是物本论。更多的是从价值论来使用“物本”的，如陈先达认为物本主义是只重视物而不重视人，并强调唯物史观不是物本主义[④]。林德宏说得更为明白，他认为物本主义“是一种世界观、一种价值观念，其本质是：在人与物的关系上，片面强

---

① 任继愈主编：《中国哲学发展史（先秦）》，北京：人民出版社，1983 年版，第 100 页。

② 侯外庐、赵纪彬、杜国庠：《中国思想通史（第一卷）》，北京：人民出版社，1957 年版，第 9 页。

③ 张奎良：《实践仁学与以人为本》，郑州：河南人民出版社，2011 年版，第 218—225 页。

④ 陈先达：《漫步遐思》，北京：北京师范大学出版社，2013 年版，第 317—318 页。

调或只讲物的作用，忽视或否认人的作用，特别是人的精神的能动作用”，由此他强调马克思主义不是物本主义①。由于人本思想是从价值方面来立论的，故而我们此处所说的“物本”也是从价值方面来立论的，我们所谓的“物本思想”比陈先达、林德宏等人的外延更广，即区别于神本主义和人本主义的一种思想，只要是将一切非人之物看得比人还有价值就是物本主义。由于一般我们都认为人贵于物，故而将人与物等量齐观的平等主义也可视为物本主义的一种特殊的表现。由此来看，西方的享乐主义如伊壁鸠鲁学派、边沁等功利主义和庸俗唯物论等都是物本主义，因为享乐主义和功利主义都强调追求感官的快乐，强调物质性的追求，而庸俗唯物论否认人意识的能动作用，他们认为意识是人脑分泌出来的一种汁液。中国传统哲学的道家和法家就有物本论的因素，因为老子强调“人法地，地法天，天法道，道法自然”，在其中“自然”的重要性超过“人”，李存山还举了《吕氏春秋 · 贵公篇》所载“楚王遗弓”的故事，认为老子“去其人”，放眼于普遍的自然，是一种自然主义，不过他同时指出《老子》第 25 章“故道大，天大，地大，王亦大。域中有四大，而王居其一焉”说明《老子》也有人本主义因素②。不过总的来说，老子还是自然主义占主导地位，而自然主义是我们所说的物本论的一种形式。庄子说“莛与楹，厉与西施，恢恑憰怪，道通为一”“天地与我并生，而万物与我为一”（《庄子 · 齐物论》），他认为万物与人都是平等的，这也是我们所说的物本主

① 林德宏：《物质精神二象性》，南京：南京大学出版社，2008 年版，第 80—89 页。

② 李存山：《气论与仁学》，郑州：中州古籍出版社，2009 年版，第 337 页。

义的一个表现。但庄子又追求人在精神上的逍遥，憧憬“至人无己，神人无功，圣人无名”（《庄子·逍遥游》）的逍遥境界，庄子后学就说他“独与天地精神往来”（《庄子·天下》），庄子强调人在精神上的逍遥，这一点将人与物区分开来，故而庄子也具有人本主义因素。法家“有着共同的思想根基，即坚信好政府不是依赖儒家和墨家假定的个人的道德价值，而是有效的制度运作”①，制度属于物的范围，道德价值则属于人的范围，因而法家是物本主义，韩非子强调法、术、势相结合，其中“法”是“编著之图籍，设立于官府，而布之于百姓者也”（《韩非子·难三》），“术”是“藏之于胸中，以偶众端而潜御群臣者也”（《韩非子·难三》），“势”是“胜众之资也”（《韩非子·八经》），其中“法”“势”属于非人的物的范围，但“术”则需要君王来操纵，故而法家虽有物本的因素，但同时也蕴含人本的因素。

就《晏子春秋》来说，我们上文已经说过，在人和神之间，《晏子春秋》是重人而轻神的，是人本主义而非神本主义。在人和物之间，《晏子春秋》也是重人轻物的，这集中体现在以下这则记载中：

> 景公使圉人养所爱马，暴病死，公怒，令人操刀解养马者。……公曰：“以属狱。”晏子曰：“此不知其罪而死，臣为君数之，使知其罪，然后致之狱。”公曰：“可。”晏子数之曰：“尔罪有三：公使汝养马而杀之，当死罪一也；又杀

---

① ［英］葛瑞汉著，张海晏译：《论道者——中国古代哲学论辩》，北京：中国社会科学出版社，2003年版，第309页。

公之所最善马，当死罪二也；使公以一马之故而杀人，百姓闻之必怨吾君，诸侯闻之必轻吾国，汝杀公马，使怨积于百姓，兵弱于邻国，汝当死罪三也。今以属狱。”公喟然叹曰：“夫子释之！夫子释之！勿伤吾仁也。”

在这则故事中，晏子使用“归谬法”来劝谏景公不应因一马之死而杀养马者，其前提就在于《晏子春秋》认为人贵于马，晏子所说的“使公以一马之故而杀人”，将人与马相对，显然不是将人与马等量而观，这与厩焚，孔子问“伤人乎？不问马”（《论语·乡党》）的态度是一致的。儒学最具人本主义精神，除孔子外，孟子更是提出人禽之辨，认为人之所以异于禽兽就在于人能“明于庶物，察于人伦”（《孟子·离娄下》），而荀子则说：“水火有气而无生，草木有生而无知，禽兽有知而无义，人有气、有生、有知，亦且有义，故最为天下贵也。”（《荀子·王制》）荀子提出“人最为天下贵”的命题，因为只有人才有义。儒学的人本主义色彩如此浓厚，以至于谢扶雅认为：“儒学一词之适宜的西译毋宁为 Humanism（人本主义），盖儒的思想最能正确表示人本主义的世界观与人生观。”① 《晏子春秋》认为人的价值高于神和物，这是一种典型的人本主义。从注重人本这一点来说，《晏子春秋》与孔孟荀等先秦儒家十分相似。

从人本主义出发，《晏子春秋》也对人性做了讨论：

景公问晏子曰：“人性有贤不肖，可学乎？”晏子对曰：“《诗》云：‘高山仰止，景行行止。’之者，其人也。故诸侯并立，善而不怠者为长；列士并学，终善者为师。”（《晏

① 谢扶雅：《中国政治思想史纲》，蓝田：新中国书局，1943 年版，第 29 页。

子春秋·内篇问下第四·景公问贤不肖可学乎晏子对以勉强为上第六》)

在此，景公提出“人性有贤不肖”，即说人性有善有不善，即《孟子·告子下》所记载的“有性善有性不善”，即人天生就有善有不善，所以景公对学习是否有用提出疑问。晏子没有对这个论断提出疑问，表明他同意此命题，他引用《诗》“高山仰止，景行行止”表明其观点，“止”通“之”，接着又说“之者，其人也”，其人即圣贤，表明向圣贤学习的重要性；接着，他又提出“善而不怠者为长”和“终善者为师”，即要坚持行善才能为长为师。由此看来，《晏子春秋》虽然认为人天生就有善与不善，但通过学习可以改变天生不善的人性的，而晏子要求“善而不怠”和“终善”表明即使天生善的人也要不断学习才能保持善性不失。由于人性可以改变，故而《晏子春秋》又认为人所处的环境十分重要：

曾子将行，晏子送之曰：“君子赠人以轩，不若以言。吾请以言之（‘之’当作‘乎’）？以轩乎？”曾子曰：“请以言。”晏子曰：“今夫车轮，山之直木也，良匠揉之，其圆中规，虽有槁暴，不复赢矣，故君子慎隐揉。和氏之璧，井里之困也，良工修之，则为存国之宝，故君子慎所修。今夫兰本，三年而成，湛之苦酒，则君子不近，庶人不佩；湛之麋醢，而贾匹马矣。非兰本美也，所湛然也。愿子之必求所湛。婴闻之，君子居必择邻，游必就士，择居所以求士，求士所以辟患也。婴闻汩常移质，习俗移性，不可不慎也。”（《晏子春秋·内篇杂上第五·曾子将行晏子送之而赠

以善言第二十三》)

此段类似的记载，又见于《荀子·大略篇》，其所载晏子和曾子之事当然不能当成真实史料来看待，杨倞就说："晏子先于孔子，曾子之父犹为孔子弟子，此云送曾子，岂好事者为之欤?"[①]《晏子春秋》中本就多有依托材料，不足为怪。《晏子春秋》假借晏子之口举了很多例子，说明环境对人的作用，认为"汩常移质，习俗移性"，也就是说环境与学习一样可以改变人性。

三 以民为本

晏子的人本思想落实到现实政治生活中，便表现为民本思想。现存文献中，《晏子春秋》最早提出"以民为本"的命题[②]，"以民为本"通常又简称"民本"，而"中国传统政治哲学的主流是以民为本"[③]，晏子具有丰富的民本思想，《晏子春秋》中充斥大量关于民本的阐述。

关于民本的具体含义，李存山认为民本包含两个方面的意义：(一)人民的利益是国家和社会的价值主体；(二)君主的

---

① (清)王先谦：《荀子集解》，北京：中华书局，1988年版，第507页。

② 《晏子春秋·内篇问下第四·叔向问处乱世其行正曲晏子对以民为本第二十一》载晏子曰"卑而不失尊，曲而不失正者，以民为本也。"论者一般认为民本思想源于《五子之歌》"民惟邦本，本固邦宁"，不过《五子之歌》属于伪《古文尚书》，为东晋之后之书，不足据。关于伪《古文尚书》的时代问题，参见蒋善国：《尚书综述》，上海：上海古籍出版社，1988年版，第264—367页。陈梦家：《尚书通论》，北京：中华书局，2005年版，第111—131页。《古文尚书》之伪近年也为清华简所证实，参见李学勤：《清华简与〈尚书〉、〈逸周书〉的研究》，《史学史研究》2011年第2期。

③ 刘述先：《文化与哲学的探索》，长春：吉林出版集团，2012年版，第265页。

权力只有得到人民的拥护才能巩固。① 前者从价值方面定义民本思想，后者从事实方面定义民本思想，也就是说民本思想包含价值与事实两个维度。晏子的民本思想也同样包含这两个维度。

从事实维度来说，民本论指人民为国家之根基，这一点在晏子思想中有所体现。《晏子春秋·内篇问上第三·景公问谋必得事必成何术晏子对以度义因民第十二》载：

> 景公问晏子曰："谋必得，事必成，有术乎?"晏子对曰："有。"公曰："其术如何?"晏子曰："谋度于义者必得，事因于民者必成。"公曰："奚谓也?"对曰："……故臣闻义谋之法以民事之本也，故及义而谋，信民而动，未闻不存者也。昔三代之兴也，谋必度于义，事必因于民。及其衰也，建谋不及义，兴事伤民。故度义因民，谋事之术也。"

在上述这段记载中，晏子提出"事必因于民者必成"和"民，事之本也"两个论题，认为只有符合人民利益的事情才必定能够成功，可见晏子将人民的利益放在首位，也将人民视为办好国家事务最主要的推动力，其认识到了人民在国家中的重要作用。在《晏子春秋·内篇问下第四·晋叔向问齐国若何晏子对以齐德衰民归田氏第十七》《晏子春秋·外篇第七·景公坐路寝曰谁将有此晏子谏第十》等篇中，晏子预测姜氏将失去齐国政权而田氏将夺得，理由就是公室（姜氏）骄暴而厚敛于民，而田氏有"以家量贷而以公量收之"等惠民措施，"田氏虽无德而施于民"（《晏子春秋·外篇第七·景公坐路寝曰谁将有此晏子

① 李存山：《气论与仁学》，郑州：中州古籍出版社，2009 年版，第 321 页。

谏第十》)，故而人民“爱之如父母，而归之如流水，无获民，将焉避”(《晏子春秋·内篇问下第四·晋叔向问齐国若何晏子对以齐德衰民归田氏第十七》)。晏子以施政措施是否惠民、民众是否归心来判断政权之转移与否，认为得政之关键在于惠民，这在根本上是将民众视为政权之根基。

从价值维度来说，民本论指民为贵。《晏子春秋·内篇问下第四·叔向问意孰为高行孰为厚晏子对以爱民乐民第二十二》载：“叔向问晏子曰：‘意孰为高？行孰为厚？’对曰：‘意莫高于爱民，行莫厚于乐民。’又问曰：‘意孰为下？行孰为贱？’对曰：‘意莫下于刻民，行莫贱于害身也。’”晏子将爱民当作最高的德行，而将刻民视为德行之最下，将“乐民”视为最好的行为，而将害民视为最卑劣的行为，可见晏子将民众视为最为宝贵的，所以晏子又说：“卑而不失尊，曲而不失正者，以民为本也。苟持民矣，安有遗道！苟遗民矣，安有正行焉！”(《晏子春秋·内篇问下第四·叔向问处乱世其行正曲晏子对以民为本第二十一》)

从民本思想出发，《晏子春秋》还论述了一系列惠民的施政措施。

其一，毋尽民力。《晏子春秋·内篇杂上第五·景公游纪得金壶中书晏子因以讽之第十九》载：“景公游于纪，得金壶，乃发视之，中有丹书，曰：‘无食反鱼，勿乘驽马。’……晏子对曰：‘不然。食鱼无反，毋尽民力乎！勿乘驽马，则无置不肖于侧乎！’”在此，晏子借纪国丹书“无食反鱼，勿乘驽马”来劝谏景公要“毋尽民力”“无置不肖于侧”。在其留下的遗书中，晏子也说：“布帛不可穷，穷不可饰；牛马不可穷，穷不可服；

士不可穷，穷不可任；国不可穷，穷不可窃也。”（《晏子春秋·内篇杂下第六·晏子病将死凿楹纳书命子壮示之第三十》）“布帛”“牛马”“士”“国家”都不可“穷”，这是“毋尽民力”的另一种说法，在晏子的遗书中都还在强调这一点，可见晏子对“毋尽民力”的重视。

其二，省刑罚。《晏子春秋·内篇杂下第六·景公欲更晏子宅晏子辞以近市得求讽公省刑第二十一》载：“公笑曰：‘子近市，识贵贱乎？’……是时也，公繁于刑，有鬻踊者。故对曰：‘踊贵而屦贱。’公愀然改容。公为是省于刑。”这段类似的记载又见于《左传·昭公三年》，文字稍有不同。在此，晏子通过对“踊贵屦贱”的机智回答，使得景公省刑罚，表明了晏子省刑罚的态度。晏子省刑罚的观点还体现在晏子多次成功地劝谏景公不要滥用刑罚．如晏子说服景公不杀骇鸟之野人（《晏子春秋·内篇谏上第一·景公欲诛骇鸟野人晏子谏第二十四》），晏子说服景公不杀养马人（《晏子春秋·内篇谏上第一·景公所爱马死欲诛圉人晏子谏第二十五》），景公说服景公不杀犯槐者（《晏子春秋·内篇谏下第二·景公欲杀犯所爱之槐者晏子谏第二》），如此等等，不一而足。

其三，推恩。“推恩”一词本见于《孟子·梁惠王上》：“故推恩足以保四海，不推恩无以保妻子。”在《孟子》之前，《晏子春秋》也有类似的思想，据《晏子春秋·内篇杂上第五·景公探雀鷇鷇弱反之晏子称长幼以贺第九》载：

> 景公探雀鷇，鷇弱，反之。晏子闻之，不待时而入见景公。公汗出惕然，晏子曰：“君何为者也？”公曰：“吾探雀鷇，鷇弱，故反之。”晏子逡巡北面再拜而贺曰：“吾君有圣

王之道矣!”公曰:“寡人探雀鷇,鷇弱,故反之,其当圣王之道者何也?”晏子对曰:“君探雀鷇,鷇弱,反之,是长幼也。吾君仁爱,曾禽兽之加焉,而况于人乎!此圣王之道也。”

景公探鷇,发现鷇弱,不忍捕杀之而将其送回鸟窝,晏子借题发挥,认为景公有圣王之道,而且所持的理由是:景公能够将恩惠施于禽兽,何况人呢?也就是说晏子认为景公能将对待禽兽的长幼之心推到人之上,这是典型的推恩思想,与《孟子·梁惠王上》所载孟子对齐宣王不忍见牛死而以养易之的事件所给出的评论相似,只是孟子在其中批评齐宣王“恩足以及禽兽而恩不至于百姓”,是“不为也,非不能也”,而《晏子春秋》中晏子是直接称赞齐景公有圣王之道。在《晏子春秋·外篇第七·景公见道殣自惭无德晏子谏第八》中“推恩”思想表现得更为明显,其中晏子对景公说:“君之德及后宫与台榭,君之玩物,衣以文绣;君之凫雁,食以菽粟;君之营内自乐,延及后宫之族,何为其无德!顾臣愿有请于君:由君之意,自乐之心,推而与百姓同之,则何殣之有!君不推此,而苟营内好私,使财货偏有所聚,菽粟币帛腐于困府,惠不遍加于百姓,公心不周乎万国,则桀纣之所以亡也。夫士民之所以叛,由偏之也,君如察臣婴之言,推君之盛德,公布之于天下,则汤武可为也。一殣何足恤哉!”如果君主推恩,就可成为圣王,而不推恩就是桀纣等暴君灭亡的原因。

其四,不与民争利。据《晏子春秋·内篇谏下第二·景公路寝台成逢于何愿合葬晏子谏而许第二十》载,逢于何之母死,占卜需要葬在景公之路寝之台下,景公十分不高兴,晏子劝谏道：‘古之人君，其宫室节，不侵生民之居，台榭俭，不残死人之墓，故未尝闻诸请葬人主之宫者也。今君侈为宫室，夺人之居，广为台榭，残人之墓，是生者愁忧，不得安处，死者离易，不得合骨。丰乐侈游，兼傲生死，非人君之行也。遂欲满求，不顾细民，非存之道。”在晏子看来，君主之宫室应该节俭，不应“侵生民之居而残死人之墓”，否则就是侵占民众的利益，非人君之行和长治久安之道。

其五，与民同乐。《晏子春秋·内篇杂上第五·晏子饮景公止家老敛欲与民共乐第十四》载：

> 晏子饮景公酒，令器必新，家老曰：“财不足，请敛于氓。”晏子曰：“止！夫乐者，上下同之。故天子与天下，诸侯与境内，大夫以下各与其僚，无有独乐。今上乐其乐，下伤其费，是独乐者也，不可！”

《晏子春秋》强调君王应该与民同乐，这与《孟子·梁惠王下》所载“独乐乐不若与人乐乐”“与少乐乐不若与众乐乐”十分相似，《老子》中也有与民同乐的思。不过《晏子春秋》强调与民同乐，是借此劝谏君主节俭（“薄身厚民”），而《孟子》主要劝谏君主行王道，而《老子》主要是强调统治者尽量创造条件让百姓自由发展①。

综上所述，在天道观上，晏子既有天人相分思想，又有天人感应思想，两者分别影响了荀子与董仲舒等儒家，但两者在晏子思想中是不矛盾的，都指向重人事，这才是晏子思想的主题。晏

① 曹峰：《〈老子〉的幸福观与“玄德”思想之间的关系》，《中原文化研究》2014年第4期。

子还具有丰富的人本思想和民本思想，认为人的价值高于神与物，影响了儒家思想，晏子关于毋尽民力、省刑罚、推恩、不与民争利、与民同乐等民本思想，也影响了儒家（尤其是孟子），晏子可视为儒家的先驱之一，也正是在这个意义上，章太炎将晏子视为周公与孔子之间的儒家①。

第二节 《晏子春秋》的和同观研究

和同之辨是先秦哲学重要话题之一，见于《国语》《左传》《论语》《晏子春秋》等多种文献，我们拟从和同字形辨析为出发点，探究《晏子春秋》和同观的内容及其价值。

一 “和”“同”字形辨析

“同”在甲骨文中主要有“”“”“”等几种字形，甲骨文“同”字从凡从口，徐中舒认为甲骨文中的“同”字有三种含义：一、合会也；二、疑为祭名；三、义不明。② 而汉代的《说文解字》解释“同”字曰：“合会也。”段玉裁注曰：“口皆在所覆之下，是同之意也。”③ 从字形来分析，“同”字是“口”字包含在“凡”字之内，为“凡”字所覆盖，所以“同”

① 章太炎：《国学讲演录》，上海：华东师范大学出版社，1995年版，第172页。
② 徐中舒主编：《甲骨文字典》，成都：四川辞书出版社，2006年版，第848—849页。
③（汉）许慎撰，（清）段玉裁注：《说文解字注》，郑州：中州古籍出版社，2006年版，第353页。

有合会或说会合或说聚集之意，如《诗·豳风·七月》说：“嗟我农夫，我稼既同，上入执宫功。”其中“我稼既同”即说庄稼已收齐会合了。后来“同”字之“会合”义引申为相同，如《易·乾》曰：“同声相应，同气相求。”

甲骨文中没有出现“和”字，《说文解字》将“和”字与“唱”字放在一起，“唱”，《说文》曰：“导也。从口昌声。”“和”，《说文》：“相应也。从口禾声。”从《说文》的解释来看，“和”为对“唱”的应和，单从这一解释来看，我们还不能完全区分“和”与“同”字义的差异，故而文献中多有“和”“同”并用的情形，如金文《胤嗣好盗壶》说：“驶（驭）右和同，四驻（牡）汸汸。”《左传·成公十六年》：“和同以听。”《管子·立政》：“大臣不和同，国之危也。”

但甲骨文中虽没有“和”字，却出现了“龢”字，“龢”字为“和”字的异体字。“龢”，在甲骨文中主要有“”“”“”等三种字形，《说文》曰：“龢，调也。从龠禾声。”徐中舒解释说：“龠之声须相谐和，故能引申为调义。”① “龠”为一种乐器，《说文》曰：“龠，乐之竹管，三孔，以和众声也。”由此可见，“龢”之“调”义主要指声音协调。王力说：“音乐和谐本写作‘和’，后来写作‘龢’，以区别于和平的‘和’。”② 从甲骨文中就出现“龢”而不见“和”字这一事实来看，王力这一论断与事实可能正好相反，音乐和谐可能本作“龢”，后来为“和”字所包含。除了“龢”字，还有“盉”字也是“和”

① 徐中舒主编：《甲骨文字典》，成都：四川辞书出版社，2006年版，第199页。
② 王力：《同源字典》，北京：商务印书馆，1982年版，第21页。

字的异体字，《说文》曰："盉，调味也。从皿禾声。"段玉裁注："调声曰龢，调味曰盉，今则'和'行而'龢''盉'皆废矣。"① 由此可知，"盉"字之调味义，后来也为"和"字所涵盖。

由上可知，"龢"之调声义、"盉"之调味义皆为"和"字所涵盖，"和"字也就具有"调"之义，《说文》在解释"调"字时说："和也。"我们来具体考察一下"和"字所具有的"调"之义与"同"字有何差别。

先说声音之"和"。我国的音乐历史悠久，据考古发现，早在新石器时代我国就有了骨笛等乐器，至商代更是有编铙和编磬等乐器。对于这一现象，祁文源指出："编磬和编铙的出现使商代人从泛音共鸣中对谐合音，如宫、商、徵等不但发现，而且已应用于音乐实践。同时编铙和编磬都能奏出三至五个高低不同的音，既作伴奏乐器，也作旋律乐器。"② 至周代，西周乐器的数量约有七十多种，按制作材料可分为金、石、土、木、革、丝、匏、竹等八类，称为"八音"③。《尚书·尧典》就说："帝曰：'夔，命汝典乐，教胄子。直而温，宽而栗，刚而无虐，简而无傲。诗言志，歌永言，声依永，律和声。八音克谐，无相夺伦，神人以和。'"一般认为，《尧典》虽然记述的是尧舜的故事，但只是依托尧舜的名号而已，其成书于周秦之际④，可以视为对周

① （汉）许慎撰，（清）段玉裁注：《说文解字注》，郑州：中州古籍出版社，2006 年版，第 212 页。

② 祁文源：《中国音乐史》，兰州：甘肃人民出版社，2002 年版，第 13 页。

③ 祁文源：《中国音乐史》，兰州：甘肃人民出版社，2002 年版，第 21 页。

④ 关于《尧典》的成书时代，参见蒋善国：《尚书综述》，上海：上海古籍出版社，1988 年版，第 140—168 页。

代史实的记述。《尧典》也说到“八音克谐”，可见当时的音乐已不再是单一乐器的演奏，而是由金、石、土、木、革、丝、匏、竹等不同材料所制成的乐器混合而成，音乐的形式也不是单一的歌唱，而是由“诗”“歌”“声”“律”等多种艺术形式混合而成，在这些音乐形式的熏陶之下，人们变得“直而温，宽而栗，刚而无虐，简而无傲”，从而达到“神人以和”的境界，这就是音乐之“和”。音乐之“和”由多种不同的乐器演奏，并由多种音乐形式混合而成，从这一事实看，音乐之“和”包含对不同内容（不同的乐器和不同的音乐形式）的协调。

饮食之“和”也是如此。据相关学者的研究，我国早在原始社会便有饮料、粮食、蔬菜、肉类、水果和调味品等多种食物，也出现烧烤、石烹、蒸煮等多种烹饪技术[①]，饮食的多样性需要进行调和，因此出现所谓“和羹”的说法：“亦有和羹，既戒既平。”（《诗·商颂·烈祖》）郑玄笺曰：“和羹者，五味调，腥熟得节，食之于人，性安和。”[②] 饮食之和要求“五味调”，这也是对不同事物（五味）的调和。

因此，从“和”所包含的音乐之“和”与饮食之“和”两层含义看，“和”表示对不同事物的调和，使不同事物成为一个整体而不是杂乱无章地凑合在一起，从而使得不同事物发挥更大的效用；而“同”只是表示事物会合在一起，使其具有同一性质，引申为相同或一样的意思，并与“和”字的内涵区分开来。

---

① 徐海荣主编：《中国饮食史》，北京：华夏出版社，1999 年版，第 139—360 页。
② 毛氏传、郑氏笺：《毛诗》，济南：山东友谊书社，1990 年版，第 833 页。

二 《晏子春秋》的和同观

上文我们分析了“和”与“同”在字义上的差别，《晏子春秋》正是如此论述“和”“同”之异的。据《晏子春秋·外篇第七·景公谓梁丘据与己和晏子谏第五》载：

> 景公至自畋，晏子侍于遄台，梁丘据造焉。公曰：“维据与我和夫!”晏子对曰：“据亦同也，焉得为和?”公曰：“和与同异乎?”对曰：“异。和如羹焉，水火醯醢盐梅，以烹鱼肉，燀之以薪，宰夫和之，齐之以味，济其不及；以泄其过，君子食之，以平其心。君臣亦然。君所谓可，而有否焉，臣献其否，以成其可；君所谓否，而有可焉，臣献其可，以去其否。是以政平而不干，民无争心。故《诗》曰：‘亦有和羹，既戒且平；奏鬷无言，时靡有争。’先王之济五味，和五声也，以平其心，成其政也。声亦如味：一气，二体，三类，四物，五声，六律，七音，八风，九歌，以相成也；清浊，大小，短长，疾徐，哀乐，刚柔，迟速，高下，出入，周流，以相济也。君子听之，以平其心，心平德和。故《诗》曰：‘德音不瑕。’今据不然，君所谓可，据亦曰可；君所谓否，据亦曰否。若以水济水，谁能食之?若琴瑟之专一，谁能听之?同之不可也如是。”公曰：“善。”

这段记载又见于《左传·昭公二十年》，两处记载基本相同，只有个别字句稍有差别，可以视为晏婴本人的看法，《晏子春秋》的编者也同意晏婴关于“和”“同”的区分。在上述引文中，晏子正是以饮食和音乐为喻来论述“和”“同”之异：以烹鱼肉为例，只有在“水”“火”“酰”“醢”“盐”“梅”等多种不同事物的配合下才能烹出好羹，多种不同事物的配合就是“和”；若只是“以水济水”，那做出的食物绝对不可能有好味道的，“以水济水”便是“同”。音乐也是如此，因为有不同乐器及不同音符才能有好听的音乐，这就是“和”；若只有琴瑟而无其他乐器，那也是不可能有美妙的音乐的，这就是“同”。简而言之，在晏子看来，同就是相同事物的叠加，而“和”则是包容不同事物，使不同事物构成一个整体以发挥单个事物所没有的功效。晏子的观点十分明确，那就是主张“和”而反对“同”，主张去同取和。晏子主张去同取和的最终落脚点在于论述君臣关系，他认为臣下若只是一味顺从君主的意见，那就是“同”，这是不足取的；君臣关系“和”的表现在于，君主认为可行的其中有不可行的成分，臣下指出其中的不可行因素，以成全君主认为可行的，君主认为不可行而其中有可行的因素，臣下指出其中可行的部分，去除不可行的成分。因此可以说，晏子区分“和”“同”的目的在于论述合理的君臣关系，在晏子看来，君臣关系上的“和”就体现在臣下能补君王之失，而非只是应和君王。

在另一处，《晏子春秋》说得更为形象：“公曰：‘据与我和者夫！’晏子曰：‘此所谓同也，非和也。所谓和者，君甘则臣酸，君淡则臣咸。今据也，君甘亦甘，所谓同也，安得为和？’”（《晏子春秋·内篇谏上第一·景公游公阜一日有三过言晏子谏第十八》）在此，《晏子春秋》认为君臣之和就表现为“君甘则臣酸，君淡则臣咸”，用“甘酸”“淡咸”等对立词语来比喻君臣之间的关系，初看起来这似乎将君臣关系对立起来。其实不然，这可以解释为《晏子春秋》认为君臣有不同的职分，臣下的职分就在于指出君王的过失以成就君王的大业。故而《晏子春秋》十分强调臣下“无逾职业”（《晏子春秋·内篇问上第三·景公问君臣身尊而荣难乎晏子对以易第十四》）[①]。

我们应该看到，晏子这种和同观并非首创，在晏子之前，西周末期史伯在与郑桓公的对话中就提到和同之辨：

> 公曰：“周其弊乎？”对曰：“殆于必弊者也。《泰誓》曰：‘民之所欲，天必从之。’今王弃高明昭显，而好谗慝暗昧；恶角犀丰盈，而近顽童穷固。去和而取同。夫和实生物，同则不继。以他平他谓之和，故能丰长而物归之；若以同裨同，尽乃弃矣。故先王以土与金、木、水、火杂，以成百物。……夫如是，和之至也。于是乎先王聘后于异姓，求财于有方，择臣取谏工而讲以多物，务和同也。声一无听，物一无文，味一无果，物一不讲。王将弃是类也而与剸同。天夺之明，欲无弊，得乎？”（《国语·郑语》）

关于此处的“和”“同”观念，韦昭注曰：“和，谓可否以相济。同，同欲也。”[②] 向世陵据此认为：“韦昭此解，应当是吸纳了《左传》‘晏婴论和同’之意，但以‘可否相济’而非‘相对’为解，说明韦昭这里并不赞成将和与同对立起来，而以为可以相互补充。故所谓‘务和同’，就不应当理解为务求和而贬黜同，而应当是务求以和兼同。”[③] 按照向先生的意思，《左传》“晏婴论

① 《晏子春秋·内篇杂上第五·景公夜从晏子饮晏子称不敢与第十二》载晏婴和穰苴不从景公之令夜饮也是《晏子春秋》强调臣下“无逾职业”的一个明证。

② 徐元诰：《国语集解》，北京：中华书局，2002年版，第470页。

③ 向世陵：《和一、和同观念与和谐社会的构建》，《学术月刊》2006年第11期。

和同”是将“和”“同”对立起来，而韦昭以“可否相济”解释“和”则说明韦昭不赞成将和与同对立起来。《左传》“晏婴论和同”一段即上引《晏子春秋·外篇第七·景公谓梁丘据与己和晏子谏第五》相关段落，其中晏子以音乐为例来论述“和”时说：“清浊，大小，短长，疾徐，哀乐，刚柔，迟速，高下，出入，周流，以相济也。”“清浊”“大小”等都是对立的概念，《晏子春秋》说它们也是“以相济也”，与“可否相济”性质是一致的，向先生又何以说韦昭以“可否相济”释“和”，就说明韦昭所理解的“和”“同”与“晏婴论和同”有差别，从而得出韦昭并不赞成将和与同对立起来的结论呢？我们认为，上述引文清楚地指出，“和”就是“以他平他”，即用一物调和另一物，这样才能“丰长而物归之”，如果只是相同事物的叠加，那只能用尽了就抛弃，故而史伯也将“和”“同”完全对立起来，主张“去和取同”。“务和同”也并不是指务求以和兼同，而是指正确处理和与同之间的关系。史伯的看法与晏婴并不存在根本上的差别，晏婴的看法当是承继史伯而来。但两者也有些细微的差别：其一，晏婴的和同观主要目的在于论述君臣关系，其落脚点在于强调臣下对于君主的辅助，能够补君王之失；而史伯的和同观不仅仅限于君臣关系，而是指泛指君王治理好国家的各种措施，从“夫和实生物，同则不继。以他平他谓之和，故能丰长而物归之；若以同裨同，尽乃弃矣”一句来看，史伯所论的和同具有普遍适用性。其二，晏婴区分了两种不同的“和”，一种是“一气，二体，三类，四物，五声，六律，七音，八风，九歌，以相成也”，可称之为“相异相成”，一种是“清浊，大小，短长，疾徐，哀乐，刚柔，迟速，高下，出入，周流，以相济也”，可称之为“相反相济”，而史伯只是泛论“和”，晏婴的和同观相对史伯来说更为细致，可视之为对史伯和同观的发展。

三 《晏子春秋》和同观的价值

如上所述，《晏子春秋》论述和同观的段落见于《左传·昭公二十年》，可以视其为晏婴本人的思想，因此《晏子春秋》可能成书晚于《论语》[①]，但《晏子春秋》所记述的晏婴的和同观却比孔子早，晏婴的和同观影响了孔子。孔子曰：“君子和而不同，小人同而不和。”（《论语·子路》）朱熹解释说：“和者无乖戾之心，同者有阿比之意。”《四书辨疑》对朱熹的看法提出质疑：“和则固无乖戾之心，只以无乖戾之心为和，恐亦未尽。若无中正之气，专以无乖戾为心，亦与阿比之意相邻，和与同未易辨也。中正而无乖戾，然后为和。凡在君父之侧，师长朋友之间，将顺其美，匡救其恶，可者献之，否者替之，结者解之，离者合之，此君子之和也。而或巧媚阴柔，随时俯仰，人曰可，己亦曰可，人曰否，己亦曰否，惟言莫违，无唱不和，此小人之同也。晏子辨梁丘据非和，以为‘君所谓可，而有否焉，臣献其否，以成其可。君所谓否，而有可焉，臣献其可，以去其否’云云，此论辨析甚明，宜引此证此章之义。”[②]《四书辨疑》用

① 关于《论语》的成书时间有争议，如朱维铮认为《论语》的结集时间可能在公元前2世纪的景、武之际，郭沂反对此说，认为《论语》的结集时间当在公元前436年至公元前402年之间。参见朱维铮：《论语结集脞说》，《孔子研究》1986年创刊号。郭沂：《郭店竹简与先秦学术思想》，上海：上海教育出版社，2001年版，第333—339页。

② 程树德：《论语集释》，北京：中华书局，1990年版，第936页。

“中正而无乖戾之心”来解释“和”，足以补朱熹之失，并提出用晏子论和同来解释孔子所说的“和而不同”，可见“和而不同”是承袭晏子的和同观而来的。孔子主张和而不同，所以他特别反对“乡原（愿）”，提出“乡原，德之贼也”（《论语·阳货》）的观点。关于“乡原（愿）”，朱熹注曰：“乡者，鄙俗之意。原，与愿同。《荀子》‘原慤’，《注》读作‘愿’是也。乡原，乡人之愿者也。盖其同流合污以媚于世，故在乡人之中，独以愿称。夫子以其似德非德，而反乱乎德，故以为德之贼而深恶之。”① 要之，孔子所说的“乡愿”即我们经常所说的“好好先生”“老好人”，与人同流合污而取媚于人，毫无原则性，这就是“同”的表现。孟子也讨论了这个问题：“万子曰：‘一乡皆称原人焉，无所往而不为原人，孔子以为德之贼，何哉？’曰：‘非之无举也，刺之无刺也，同乎流俗，合乎污世，居之似忠信，行之似廉絜，众皆悦之，自以为是，而不可与入尧舜之道，故曰德之贼也。孔子曰：恶似而非者：恶莠，恐其乱苗也；恶佞，恐其乱义也；恶利口，恐其乱信也；恶郑声，恐其乱乐也；恶紫，恐其乱朱也；恶乡原，恐其乱德也。君子反经而已矣。经正，则庶民兴；庶民兴，斯无邪慝矣。’”（《孟子·尽心下》）

需要指出的是，墨子主张“尚同”，是否就意味着他在和同观上是反其道而行之呢？《墨子·尚同上》载：“古者民始生未有刑政之时，盖其语‘人异义’。是以一人则一义，二人则二义，十人则十义，其人兹众，其所谓义者亦兹众。是以人是其义，以非人之义，故交相非也。是以内者父子兄弟作怨恶，离散

① （宋）朱熹：《四书章句集注》，北京：中华书局，1983 年版，第 179 页。

不能相和合。天下之百姓皆以水火毒药相亏害，至有余力不能以相劳，腐朽余财不以相分，隐匿良道不以相教，天下之乱，若禽兽然。”要解决“一人一义”的状况，就需要“选天下之贤可者，立以为天子”，做到“上之所是必皆是之，上之所非必皆非之”“上同不下比”，以达到天下大治。初看起来，墨子似乎主张绝对的“同”，但萧公权早已指出：“墨家尚同实一变相之民享政治论。盖君长之所以能治民，由其能坚持公利之目标，以为尚同之准绳。若君长不克尽此基本之责任，则失其所以为君长而无以治”，“墨子之意，盖认公利为同义之最后标准，君长与人民皆应以之为目的。君长能本公利以执行政治制裁，则君长之义以能表示公利成为全体尚同之归宿”①。可见，墨子主张尚同的原因在于在其心目中君长是理想型君主，他完全以公利为准绳，而毫无私心，他所说的君主不过是民众利益的代表。以此为前提，他才主张“上同而不下比”，可以说，墨子的尚同说完全是一种理想型的君臣关系，而《晏子春秋》的和同观着眼的是现实的君臣关系。在现实政治生活中，墨子也反对“令人（当作“之”）俯则俯，令之仰则仰，处则静，呼则应”的臣子，认为真正的忠臣应当是“上有过则微之以谏，己有善则访之上”（《墨子·鲁问》）。由此可见，《晏子春秋》的和同观与墨子在实质上并无根本差别。

《晏子春秋》的和同观可以当作晏婴本人的和同思想，它继承和发展了史伯的和同之辨，孔子“和而不同”的思想更是直接继承晏婴而来，而墨子的尚同学说似乎与《晏子春秋》的思

---

① 萧公权：《中国政治思想史》，沈阳：沈阳教育出版社，1998 年版，第 129—130 页。

想相反。但墨子的尚同说着眼的是理想的君臣关系而《晏子春秋》所注重的是现实的君臣关系，两者在根本上并无差别。后世关于和同的讨论比较少，究其原因在于和同之辨已成为中国哲学的集体共识，已没有多少讨论的余地了。和同之辨已成为中华民族的心理积淀，形成中华民族“贵和”的民族传统，在处理各种问题如民族关系时，从来都是区别对待而不是一刀切，善于协调各种问题，使“道并行而不相悖，万物并育而不相害”，成为中华民族几千年生生不息的动力之一。

第三节　《晏子春秋》的生死观研究

生死为人生第一大事，故中国哲人说：“死生亦大矣。”（王羲之《兰亭集序》）生死的重要性是不言而喻的。《晏子春秋》中有丰富的生死观思想，既涉及对死亡的态度，又有关于生命价值的论述，本节试图在论述《晏子春秋》生死观的基础上，将其与先秦儒家、墨家、道家等诸子做对比，进一步揭示《晏子春秋》生死观的思想特征。

一　“古而无死”之不可能——对死亡的态度

《晏子春秋》中有多处涉及生死问题，不过文字都大同小异，今列举于下：

> 景公游于牛山，北临其国城而流涕曰：“若何滂滂去此而死乎！”艾孔、梁丘据皆从而泣，晏子独笑于旁，公刷涕

而顾晏子曰："寡人今日游悲，孔与据皆从寡人而涕泣，子之独笑，何也？"晏子对曰："使贤者常守之，则太公、桓公将常守之矣；使勇者常守之，则灵公、庄公将常守之矣。数君者将守之，则吾君安得此位而立焉？以其迭处之，迭去之，至于君也，而独为之流涕，是不仁也。不仁之君见一，谄谀之臣见二，此臣之所以独窃笑也。"（《晏子春秋·内篇谏上第一·景公登牛山悲去国而死晏子谏第十七》）

景公出游于公阜，北面望睹齐国曰："呜呼！使古而无死，何如？"晏子曰："昔者上帝以人之殁为善，仁者息焉，不仁者伏焉。若使古而无死，丁公、太公将有齐国，桓、襄、文、武将皆相之，君将戴笠衣褐，执铫耨以蹲行畎亩之中，孰暇患死！"（《晏子春秋·内篇谏上第一·景公游公阜一日有三过言晏子谏第十八》）

景公置酒于泰山之阳，酒酣，公四望其地，喟然叹，泣数行而下，曰："寡人将去此堂堂国者而死乎！"左右佐哀而泣者三人，曰："吾臣细人也，犹将难死，而况公乎！弃是国也而死，其孰可为乎！"晏子独搏其髀，仰天而大笑曰："乐哉！今日之饮也。"公怫然怒曰："寡人有哀，子独大笑，何也？"晏子对曰："今日见怯君一，谀臣三人，是以大笑。"公曰："何谓谀怯也？"晏子曰："夫古之有死也，令后世贤者得之以息，不肖者得之以伏。若使古之王者毋知有死[①]，自昔先君太公至今尚在，而君亦安得此国而哀之？夫盛之有衰，生之有死，天之分也。物有必至，事有常然，

① "毋知有死"，俞樾以为当作"如毋有死"，当从。见吴则虞：《晏子春秋集释》，北京：中华书局，1962年版，第438页。

古之道也。曷为可悲？至老尚哀死者，怯也；左右助哀者，谀也。怯谀聚居，是故笑之。”（《晏子春秋·外篇第七·景公置酒泰山四望而泣晏子谏第二》）

景公饮酒，乐，公曰：“古而无死，其乐若何？”晏子对曰：“古而无死，则古之乐也，君何得焉？昔爽鸠氏始居此地，季萴因之，有逢伯陵因之，蒲姑氏因之，而后太公因之。古若无死，爽鸠氏之乐，非君所愿也。”（《晏子春秋·外篇第七·景公问古而无死其乐若何晏子谏第四》）

上引材料虽然较多，但中心意思都是齐景公希望“古而无死”而世代享受做君王的乐趣，晏婴的回答涉及两个问题：其一，“古而无死”是不可能的；其二，“仁者息焉，不仁者伏焉”①，对不同人死亡的评价是不一样的。前者涉及其对死亡的

① 关于“仁者息焉，不仁者死焉”，张纯一注曰：“《列子·天瑞篇》张湛注曰：‘生死古今所同，而独善古之死者，明古人不乐生而恶死也。修身慎行，恒怀兢惧，此仁者之所忧。贪饮纵肆，常无厌足，此不仁者之所苦。惟死而后休息寝伏之。’案‘息’‘伏’为韵。”（张纯一：《晏子春秋校注》，载《诸子集成》第四册，北京：中华书局，1954年版，第25页。）张纯一引张湛《列子注》来解释“仁者息焉，不仁者伏焉”这句话，将“息”和“伏”不加区别，如此“仁者”与“不仁者”之死便毫无差别了。《荀子·大略篇》也记子贡曰“仁者息焉，小人休焉”，郝懿行曰：“‘休’‘息’一耳，此别之者，亦犹《檀弓》记言‘君子曰终，小人曰死’之意。”（王先谦：《荀子集解》，北京：中华书局，1988年版，第511页。）《礼记·檀弓上》载：“子张病，召申祥而语之曰：‘君子曰终，小人曰死。吾今日其庶几乎！’”孙希旦注曰：“死之言澌也。事卒为终，消尽为澌。愚谓天之生人，气以成形，而理具焉。惟君子全而受之，全而归之，有始有卒，故曰终；小人不能全其所赋之理，则但见其身形之澌灭而已，故曰死。”（孙希旦：《礼记集解》，北京：中华书局，1989年版，第187页。）孙希旦看到了“终”与“死”的差别，他以曾子之“全身”与否的思想来解释“终”与“死”的差别，范围稍微窄了点，联系“仁者息焉，不仁者伏焉”一句，仁者安息，不仁者终于倒下了，笔者以为这可以解释为《晏子春秋》对“仁者”与“不仁者”死亡的评价是不同的。《外篇第七·景公置酒泰山四望而泣晏子谏第二》也说：“夫古之有死也，令后世贤者得之以息，不肖者得之以伏。”分别用“息”“伏”来描述贤者与不肖者之死，可见两者的区别。

看法及态度，后者涉及生命的价值，而这两者则构成了生死观的核心内容。

我们首先讨论《晏子春秋》对死亡的态度。晏婴认为若“古而无死”，则现在享乐的就是他人而非齐景公。晏婴是从以往经验出发来证明“古而无死”之不可能的。平心而论，晏婴这个反驳确实很简单，而且存在逻辑上的漏洞，因为以往的经验并不足以推出一个普遍论题，这就是哲学上所说的归纳法的困境，但在普遍相信鬼神、迷信风气浓厚的先秦时代，这个命题却具有十分重要的意义。

据《晏子春秋》载，齐景公十分迷信，除上文所记想长生不死之外，还相信“人死复生”①，晏婴对“古而无死”的直接否定，对于齐景公破除迷信而言就十分有意义。其实，不仅齐景公，整个春秋战国时期，迷信长生不死的风气是十分浓厚的，据《战国策·楚策》载：“有献不死之药于荆王者。”《史记·封禅书》也说：“自威、宣、燕昭使人入海求蓬莱、方丈、瀛洲。此三神山者，其传在勃海中，去人不远；患且至，则船风引而去。盖尝有至者，诸仙人及不死之药皆在焉。”据史载，齐威王、齐宣王、燕昭王都是比较有作为的君王，都可以算得上是贤君，尚且都迷信长生不死，更何况平庸的君主及一般老百姓呢？晏婴在当时以他敏锐的眼光指出“古而无死”之不可能，实属难能可贵。而且，我们注意到这样一个事实：齐威王、齐宣王迷信长生不死，《晏子春秋》多次记载晏婴否定“古而无死”的言论，可

① 如《晏子春秋·内篇谏下第二·景公嬖妾死守之三日不敛晏子谏第二十一》载，景公之宠姬婴子死，景公悲伤过度，竟然相信晏子所说的术客与医能使其起死回生。

能也是借此来批评田氏政权，与《晏子春秋》成书于反对田氏政权的学者有关。

晏婴既然否定“古而无死”，那么他又是如何看待死亡的呢？从上引材料可以看出，晏婴认为“盛之有衰，生之有死，天之分也。物有必至，事有常然，古之道也”，他认为生死是事物发展的客观规律，人有生就有死，死亡是不可避免的，故而不要畏惧死亡，不仅不畏惧，反而认为“昔者上帝以人殁为善”，可以说，晏婴所表现出来的对死亡的态度是十分理性的。晏婴的这种态度跟他的“天道不谄，不贰其命”（《晏子春秋·外篇第七·景公使祝史禳彗星晏子谏第六》）的天道观是密不可分的。晏婴认为天道非人力所能改变，它有其自身运行的规律，综合他所说的“盛之有衰，生之有死，天之分也”，《晏子春秋》已初步蕴含了天人相分的思想。由于“天道不谄，不贰其命”的天道观，晏婴对鬼神观念应该是否定的[①]，但《晏子春秋》还记载晏婴假借鬼神的权威来劝谏齐景公，但这不过是晏婴的一种劝谏艺术，实质上他的观点是重人事、轻鬼神[②]，所以两者并不矛盾。

《晏子春秋》的生死观在先秦诸子时期有何特点？或说这种生死观是否为《晏子春秋》所独有呢？

《论语·先进篇》载：“季路问事鬼神。子曰：‘未能事人，

① 事实上《晏子春秋》也确实有多处怀疑鬼神，如《晏子春秋·内篇谏上第一·景公欲祠河伯以祷雨晏子谏第十五》载，齐国大旱，景公欲祭祀河伯来求雨，晏婴认为祭祀无益，要景公到外边与百姓同忧。《晏子春秋·外篇第七·太卜绐景公能动地晏子知其妄使卜自晓公第二十一》载晏子不相信太卜能使地动，而认为必定是地自动。

② 袁青：《上博简〈景公疟〉探析》，《光明日报（国学版）》2013年10月28日。

焉能事鬼？'‘敢问死？’曰：‘未知生，焉知死？’”从这段记载来看，孔子似乎重视生而忽视死，但我们知道孔子是重视祭祀的，而祭祀是以重死为前提的，如果他不重视死的话，那么祭祀就失去合理性了。事实上，孔子经常生死并举，如：“生，事之以礼；死，葬之以礼，祭之以礼。”（《论语·为政篇》）那么如何解释“未知生，焉知死”与重祭祀之间所蕴含的矛盾呢？朱子说：“问事鬼神，盖求所以奉祭祀之意。而死者人之所必有，不可不知，皆切问也。然非诚敬足以事人，则必不能事神；非原始而知所以生，则必不能反终而知所以死。盖幽明始终，初无二理，但学之有序，不可躐等，故夫子告之如此。程子曰：‘昼夜者，死生之道也。知生之道，则知死之道；尽事人之道，则尽事鬼之道。死生人鬼，一而二，二而一者也。或言夫子不告子路，不知此乃所以深告之也。’”① 如此看来孔子并非不重视死，只是认为死生是相通的，知道事生就知道事死，故而教导人们要把握生。对于死后之事，《论语·述而篇》载：“子不语怪力乱神。”死后之事显然属于怪力乱神的范围，故孔子不言。《说苑·辨物》中有一则材料解释了孔子为何不言死后之事：

> 子贡问孔子：“死人有知无知也？”孔子曰：“吾欲言死者有知也，恐孝子顺孙妨生以送死也；欲言无知，恐不孝子孙弃不葬也。赐欲知死人有知将无知也，死，徐自知之，犹未晚也。”

可以看出，孔子对死后之事持较为理性的态度，所以他对死

① （宋）朱熹：《四书章句集注》，北京：中华书局，1983年版，第125页。

亡的态度也较为乐观，他认为“死生有命，富贵在天”[①]。死生有命，并不表明孔子是命定论者，而是表明孔子并不畏惧死亡，而是客观地看待生死，所以他说：“自古皆有死。”（《论语·颜渊篇》）“天何言哉，四时行焉，百物生焉。”（《论语·阳货篇》）这个看法与《晏子春秋》是相通的。

孟子继承孔子的生死观，他说：“莫非命也，顺受其正。是故知命者不立乎墙之下。尽其道而死者，正命也。桎梏死者，非正命也。”（《孟子·尽心上》）孟子也认为生死“莫非命也”，这点有孔子相同，他又区分了“尽其道而死”与“桎梏死”两种死法，肯定前者而否定后者，相比孔子更进一步，表现出对生命的尊重，所以他又说：“可以死，可以无死，死伤勇。”（《孟子·离娄下》）

荀子则明确提出“天人相分”的思想，《荀子·天论》说：“天行有常，不为尧存，不为桀亡。”“列星随旋，日月递照，四时代御，阴阳大化，风雨博施，万物各得其和以生，各得其养以成，不见其事，而见其功，夫是之谓神。皆知其所以成，莫知其无形，夫是之谓天功。唯圣人为不求知天。”“明于天人之分，则可谓至人矣。”天和人的职能不同，两者互不干涉，他也同意“死生者，命也”（《荀子·宥坐》）的命题，看来在荀子眼中，人的寿命问题也属于“天”的范畴，是人力所无法主宰的。这个看法与《晏子春秋》十分相似，只是论证比《晏子春秋》更为精致。

① 《论语·颜渊篇》载：“商闻之矣：‘死生有命，富贵在天’。”朱熹《四书章句集注》曰：“盖闻之夫子。”［见（宋）朱熹：《四书章句集注》，北京：中华书局，1983 年版，第 134 页。］《论衡》之《命禄篇》《辨祟篇》皆引孔子曰：“死生有命，富贵在天。”可见“死生有命，富贵在天”当为子夏所闻夫子语。

《老子》认为世界的本原是“道”，而“人法地，地法天，天法道，道法自然”，道的运行是自然的，而人的生死是“法道”的，所以人的生死也是自然而然的。所以《老子》第5章说：“天地不仁，以万物为刍狗；圣人不仁，以百姓为刍狗。”第23章说：“飘风不终朝，骤雨不终日。孰为此者？天地。天地尚不能久，而况于人乎？”万物的运行都有自身的规律——道，“道”是客观的，并不偏向某一物，故而推之，人有生必有死，不存在长生不死。但是，《老子》第7章又说：“天长地久。天地所以能长且久者，以其不自生。”第33章说：“死而不亡者寿。”从这些论述看，《老子》似乎又提倡长生不死，如何解释这一矛盾呢？笔者以为，两者所言对象不同，“天地尚不能久”是着眼于具体事物而言的，而“天长地久”“死而不亡者”是针对“道”而言的。即说，道是不生不灭的，而具体事物则有生有灭，因为“道”是形上的，而具体事物是形下的。《老子》的“道”超越了具体的生死，故能“长生不灭”。后世道教提倡人长生不老大概就是将“道”的永恒性推广到人之上，殊不知《老子》已明言人长生不死之不可能。《老子》区分了道之死生与具体事物之死生，认为道是“死而不亡”的，而具体事物则不存在长生不死，从这方面看，《老子》对生死的看法超越了《晏子春秋》及孔孟荀，具有了形上色彩。

《庄子·齐物论》载：“方生方死，方死方生；方可方不可，方不可方可；因是因非，因非因是。”又说：“予恶乎知恶死之非弱丧而不知归者邪！”《庄子》认为生死没有不同，所以说：“胡不直使彼以死生为一条。”《庄子》似乎认为生死并没有明确的界限。《庄子·天下篇》概括庄子的学术时也说：“芴漠无形，变化无常。死与？生与？天地并与？神明往与？芒乎何之？忽乎何适？万物毕罗，莫足以归。古之道术有在于是者，庄周闻其风而悦之。'《庄子》取消了生死的差别，认为生即死，死即生，他说："生也死之徒，死也生之始，孰知其纪？人之生，气之聚也；聚则为生，散则为死。若死生之徒，吾又何患？"（《庄子·知北游》）生死不过是气之聚散，在人人普遍好生恶死的情形下，《庄子》将死看得与生毫无差别，这实质上是把死看得更为重要，所以《庄子·大宗师》说："以生为附赘悬疣，以死为决疣溃痈。"所以《庄子》虽然齐生死，但实质上有"乐死"的倾向，这种看法比《晏子春秋》和孔孟荀等对死亡的观点更为激进，在先秦诸子中较为独特。

由于乐死的思想倾向，《庄子》对于生死十分超脱：

> 老聃死，秦失吊之，三号而出。弟子曰："非夫子之友邪？"曰："然。""然则吊焉若此，可乎？"曰："然。始也吾以为其人也，而今非也。向吾入而吊焉，有老者哭之，如哭其子；少者哭之，如哭其母。彼其所以会之，必有不蕲言而言，不蕲哭而哭者。是遁天倍情，忘其所受，古者谓之遁天之刑。适来，夫子时也；适去，夫子顺也。安时而处顺，哀乐不能入也，古者谓是帝之县解。"（《庄子·养生主》）
>
> 庄子妻死，惠子吊之，庄子则方箕踞鼓盆而歌。惠子曰："与人居，长子老身，死不哭亦足矣，又鼓盆而歌，不亦甚乎！"庄子曰："不然。是其始死也，我独何能无慨然！察其始而本无生，非徒无生也而本无形，非徒无形也而本无气。杂乎芒芴之间，变而有气，气变而有形，形变而有生，今又变而之死，是相与为春秋冬夏四时行也。人且偃然寝于

巨室，而我噭噭然随而哭之，自以为不通乎命，故止之。”（《庄子·至乐》）

庄子将死，弟子欲厚葬之。庄子曰：“吾以天地为棺椁，以日月为连璧，星辰为珠玑，万物为赍送。吾葬具岂不备邪？何以加此？”弟子曰：“吾恐乌鸢之食夫子也！”庄子曰：“在上为乌鸢食，在下为蝼蚁食，夺彼与此，何其偏也？”（《庄子·列御寇》）

无论记秦失悼老聃、庄子妻死还是庄子将死之事，无不表现出《庄子》“乐死”的倾向，这种死亡观，相较于孔孟荀、《晏子春秋》和《老子》，则又进了一步，在对待死亡这件事上更加超然。

《墨子》对于死亡没有过多的论述，《墨子》对于似乎重视生前之事，对于死后之事不太关心，但《墨子》中有两个概念“节葬”和“明鬼”与死亡有关，值得我们注意。

《墨子》提倡“兴天下之利，除天下之害”，批评儒家的厚葬和三年之丧，认为“若法若言，行若道，苟其饥约，又若此矣，是故百姓冬不仞寒，夏不仞暑，作疾病死者，不可胜计也”（《墨子·节葬下》），厚葬久丧会损害生人的利益，所以《墨子》认为：“故古圣王制为葬埋之法，曰：‘棺三寸，足以朽体；衣衾三领，足以覆恶。以及其葬也，下毋及泉，上毋通臭，垄若参耕之亩，则止矣。死则既以葬矣，生者必无久哭，而疾而从事，人为其所能，以交相利也。’此圣王之法也。”（《墨子·节葬下》）可以看出，墨子是一个现实主义者，最关心的是活人的利益，对于厚葬久丧，他认为会损害活人的利益，有悖于“兴天下之利，除天下之害”的主旨，可见他对人死后之事漠不关心。

《墨子》批评儒家重视祭祀却又不相信鬼神，认为这是矛盾的。据《公孟篇》载：

公孟子曰："无鬼神。"又曰："君子必学祭祀。"子墨子曰："执无鬼而学祭礼，是犹无客而学客礼也，是犹无鱼而为鱼网也。"

较为吊诡的是，墨子反对厚葬久丧，反对过分的祭祀，但却相信鬼神，并且在《明鬼篇》中还用"三表法"证明了鬼神的存在。既然墨子相信鬼神的存在，那又为何反对厚葬久丧呢？要解决这个看似矛盾的问题，我们必须要了解墨子鬼神说的用意。

子墨子言曰："逮至昔三代圣王既没，天下失义，诸侯力正，是以存夫为人君臣上下者之不惠忠也，父子弟兄之不慈孝弟长贞良也，正长之不强于听治，贱人之不强于从事也，民之为淫暴寇乱盗贼，以兵刃毒药水火，退无罪人乎道路率径，夺人车马衣裘以自利者并作，由此始，是以天下乱。此其故何以然也？则皆以疑惑鬼神之有与无之别，不明乎鬼神之能赏贤而罚暴也。今若使天下之人，偕若信鬼神之能赏贤而罚暴也，则夫天下岂乱哉！"（《墨子·明鬼》）

墨子认为天下所以大乱，就是由于不相信鬼神能赏贤罚暴，鬼神成为天下大治的保证，有了鬼神就能"兴天下之利，除天下之害"，可见鬼神不过是墨子所预设的可以赏贤罚暴的外在力量，是保证天下不乱的工具，所以他说："今天下之王公大人士君子，实将欲求兴天下之利，除天下之害，故当鬼神之有与无之别，以为将不可以不明察此者也。"（《墨子·明鬼》）提倡鬼神和反对厚葬久丧的目的都是“兴天下之利，除天下之害”，两者并不矛盾。冯友兰敏锐地指出：“‘天志’‘明鬼’之说都不过是诱导人们相信：实行兼爱则受赏，不实行兼爱则受罚。在人心之中有这样的一种信仰也许是有用的，因此墨子需要它。‘节用’‘节葬’也是有用的，因此墨子也需要它。从墨子的极端功利主义观点看来，需要这两种东西是毫不矛盾的，因为两者都是有用的。”①

《晏子春秋》否定长生不死，认为生死是事物发展的客观规律，不可逆转，所以不必害怕死亡；《墨子》着眼于现实生活与社会，根本不关注人的死亡，其所提倡的鬼神不过是为了保证赏贤罚暴而设立的，所以更不可能畏惧人的死亡②，《晏子春秋》也记载晏子假借鬼神的权威劝谏景公勤政爱民，不过晏子并不相信鬼神的存在，从这方面看，两者既有相通之处，又有所差别。

以上我们将《晏子春秋》与孔孟荀为代表的先秦儒家、老庄为代表的先秦道家及《墨子》等的生死观作了比较，可以发现，这些学派对生死的看法虽然有所不一，但大多持一种自然主义的看法，对于死亡并不畏惧，都没有探讨人死后的世界，这可以说是先秦诸子对于死亡的共识。

二 “仁者息焉，不仁者伏焉”——生命价值论

《晏子春秋》还认为，虽然人最终都将死亡，但不同人的死

① 冯友兰：《中国哲学简史》，北京：北京大学出版社，1985年版，第71页。

② 相反，墨者极具牺牲精神，《淮南子·泰族训》载：“墨子服役者百八十人，皆可使赴火蹈刃，死不还踵，化之所至也。”

亡体现出不同的价值，这就是所谓的“仁者息焉，不仁者伏焉”。《晏子春秋》对仁者与不仁者死亡的评价不一，其实是由于仁者与不仁者生前的价值不一，这就涉及所谓生命的价值。

据《晏子春秋》载：

> 崔杼既弑庄公而立景公，杼与庆封相之，劫诸将军大夫及显士庶人于太宫之坎上，令无得不盟者。为坛三仞，埳其下，以甲千列环其内外，盟者皆脱剑而入。维晏子不肯，崔杼许之。有敢不盟者，戟钩其颈，剑承其心，令自盟曰：“不与崔庆而与公室者，受其不祥。言不疾，指不至血者死。”所杀七人。次及晏子，晏子奉杯血，仰天叹曰：“呜呼！崔子为无道，而弑其君，不与公室而与崔庆者，受此不祥。”俯而饮血。崔子谓晏子曰：“子变子言，则齐国吾与子共之；子不变子言，戟既在脰，剑既在心，维子图之也。”晏子曰：“劫吾以刃，而失其志，非勇也；回吾以利，而倍其君，非义也。崔子！子独不为夫诗乎！《诗》云：‘莫莫葛藟，施于条枚，恺恺君子，求福不回。’今婴且可以回而求福乎？曲刃钩之，直兵推之，婴不革矣。”（《晏子春秋·内篇杂上第五·崔庆劫齐将军大夫盟晏子不与第三》）

晏子在崔杼之淫威下没有委曲求全、贪生怕死，他看到在人的生命之外还有更高的价值理念——“勇”和“义”，为了“勇”和“义”，人甚至可以牺牲自己的性命。但这并不意味着晏子不爱惜自己的生命，如果不符合“义”，他也绝不轻易就死。据《晏子春秋》载：

> 晏子为庄公臣，言大用，每朝，赐爵益邑；俄而不用，

每朝，致邑与爵。爵邑尽，退朝而乘，喟然而叹，终而笑。其仆曰："何叹笑相从数也?"晏子曰："吾叹也，哀吾君不免于难；吾笑也，喜吾自得也，吾亦无死矣。"崔杼果弑庄公，晏子立崔杼之门，从者曰："死乎?"晏子曰："独吾君也乎哉！吾死也?"曰："行乎?"曰："独吾罪也乎哉！吾亡也?"曰："归乎?"曰："吾君死，安归？君民者，岂以陵民，社稷是主；臣君者，岂为其口实，社稷是养。故君为社稷死，则死之，为社稷亡，则亡之；若君为己死而为己亡，非其私暱，孰能任之。且人有君而弑之，吾焉得死之？而焉得亡之？将庸何归?"门启而入，崔子曰："子何不死？子何不死?"晏子曰："祸始，吾不在也；祸终，吾不知也：吾何为死？且吾闻之，以亡为行者，不足以存君；以死为义者，不足以立功。婴岂其婢子也哉！其缢而从之也！"遂袒免，坐，枕君尸而哭，兴，三踊而出。(《晏子春秋·内篇杂上第五·庄公不用晏子晏子致邑而退后有崔氏之祸第二》)

在齐庄公为崔杼所弑之后，晏子并没有为君而死，他认为齐庄公并非为社稷而死，而只是因为顾及自己的利益而被人杀害的，臣下没必要为他去死。生命是可贵的，只有为了"义"才能去死，否则不能轻易去死，体现出《晏子春秋》尊重生命的观念。

《晏子春秋》所体现出的尊重生命的观念，不仅表现在晏子注重自己的生命，还体现在他还十分爱惜百姓的生命，这样例子很多：

景公游于寿宫，睹长年负薪者，而有饥色。公悲之，喟然叹曰："令吏养之！"晏子曰："臣闻之，乐贤而哀不肖，

守国之本也。今君爱老，而恩无所不逮，治国之本也。”（《晏子春秋·内篇杂上·景公怜饥者晏子称治国之本以长其意第八》）

晏子认为爱惜百姓的生命是治国之本，可见他对生命的尊重。虽然生命宝贵，但他把“义”和“勇”看得比生命还重要，确切地说，生命的价值就在于“勇”和“义”。

《晏子春秋》这种生命价值论与先秦诸子的关系如何呢？

孔子认为在人的生死之外还有更高的价值理念——“仁”，当生与“仁”发生不可调和的冲突时，人应该“杀生成仁”，他说：“志士仁人，无求生以害仁，有杀身以成仁。”（《论语·卫灵公篇》）相较起来，仁是高于生死的，具有绝对的价值，他还说：“朝闻道，夕死可矣。”（《论语·里仁篇》）但他同时认为，生的价值虽然低于“仁”，但“仁”是很高的价值标准，所以人不能轻易地死亡，一定要符合“仁”的死亡才是有价值的。

《论语·宪问》载：

> 子路曰：“桓公杀公子纠，召忽死之，管仲不死。”曰：“未仁乎！”子曰：“桓公九合诸侯，不以兵车，管仲之力也。如其仁！如其仁！”子贡曰：“管仲非仁者与？桓公杀公子纠，不能死，又相之。”子曰：“管仲相桓公，霸诸侯，一匡天下，民到于今受其赐。微管仲，吾其被发左衽矣！岂若匹夫匹妇之为谅也，自经于沟渎，而莫之知也！”

公子纠死后，召忽死之，管仲不死，管仲的行径与晏子不随庄公而死十分相似，孔子对管仲的肯定表明他与晏子的看法是一致的。孔子和晏子一样都认为在人的生死之外还有更高的价值标准，为了维护这个价值标准，人甚至可以牺牲自己的性命。

孟子对孔子“杀生成仁”做了进一步的诠释：

> 孟子曰：“鱼，我所欲也。熊掌，亦我所俗也。二者不可得兼，舍鱼而取熊掌者也。生，亦我所欲也。义，亦我所欲也。二者不可得兼，舍生而取义者也。生亦我所欲，所欲有甚于生者，故不为苟得也。死亦我所恶，所恶有甚于死者，故患有所不辟也。如使人之所欲莫甚于生，则凡可以得生者，何不用也？使人之所恶莫甚于死者，则凡可以辟患者，何不为也？由是则生，在而有不用也。由是则可以辟患，而有不为也。是故所欲有甚于生者，所恶有甚于死者。非独贤者有是心也，人皆有之，贤者能勿丧耳。一箪食，一豆羹，得之则生，弗得则死。尔而与之，行道之人弗受；蹴尔而与之，乞人不悄也。万钟则不辨礼义而受之，万钟于我何为焉？为宫室之美、妻妾之奉、所识穷乏者得我与？乡为身死而不受，今为宫室之美为之；乡为身死而不受，今为妻唐朝之奉为之；乡为身死而不受，今为所识穷乏者得我而为之，是亦不可以已乎！此之谓失其本心。”（《孟子 · 告子上》）

孟子的“舍生取义”与孔子的“杀生成仁”同义，但与孔子有所不同的是，孟子详细阐述“舍生取义”的理由。他认为人虽然都是欲生恶死的，但当“生”与“义”两者不可得兼的时候，因为“所欲有甚于生者，所恶有甚于死者”，此即义，所以人应“舍生取义”。

在生命的价值上，荀子提出“人为贵”的思想：“水火有气而无生，草木有生而无知，禽兽有知而无义；人有气、有生、有知、亦且有义，故最为天下贵也。”（《荀子·王制》）人与其他生物的区别在于“义”。为了“义”，人也可以牺牲自己的生命，他说：“人之所欲生甚矣，人之恶死甚矣；然而人有从生成死者，非不欲生而欲死也，不可以生而可以死也。”（《荀子·正名》）

由此可见，《晏子春秋》对于生命价值的论述与孔孟荀的思想是一致的，他们都尊重生命，重视生命的价值而不轻易就死，但同时又认为，在生命之外有更高的价值理念，为了这个价值理念，人可以不惜放弃自己的生命。

《老子》第44章说：“名与身孰亲？身与货孰多？得与亡孰病？是故甚爱必大费，多藏必厚亡，知足不辱，知止不殆，可以长久。”《老子》认为生命本身是最重要的，体现出对生命的尊重，由此出发，他主张“复归于朴”“抱朴守拙”等修养方法论。在这一点上，庄子表现得尤其明显：

> 庄子钓于濮水，楚王使大夫二人往先焉，曰：“愿以境内累矣！”庄子持竿不顾，曰：“吾闻楚有神龟，死已三千岁矣，王巾笥而藏之庙堂之上。此龟者，宁其死为留骨而贵乎？宁其生而曳尾于涂中乎？”二大夫曰：“宁生而曳尾涂中。”庄子曰：“往矣！吾将曳尾于涂中。”（《庄子·秋水》）

对于世俗的高官厚禄，庄子认为这些会有损自己的生命，所以选择放弃，这种对生命的极端爱护与杨朱“拔一毛而利天下，不为也”的思想有异曲同工之妙。《庄子》既有贵生的思想，也有乐死的倾向，但贵生是相对世俗名利而言的，相对世俗名利，人的生命更为重要，但在生死之间，他似乎对死更为看重。

对于《晏子春秋》和孔孟荀等所提倡的为了“仁”“义”等

最高价值标准而不惜牺牲生命的理念，老庄从根本上反对。《老子》第18章说："大道废，有仁义；智慧出，有大伪；六亲不和，有孝慈；国家昏乱，有忠臣。"第38章说："失道而后德，失德而后仁，失仁而后义，失义而后礼。夫礼者，忠信之薄，而乱之首。"《庄子》对仁义的批评更加激烈，他认为"仁义其非人情乎"（《庄子·骈拇》）"夫残朴以为器，工匠之罪也；毁道德以为仁义，圣人之过也"（《庄子·马蹄》）。老庄对仁义都批判，更不可能去提倡为了仁义牺牲自己的性命，在这一点上，与《晏子春秋》等的观点截然不同。

墨子也认为生命是极其珍贵的，具有"贵生"思想，但"义"比生命还重要，有人为了"义"而牺牲自己的生命。《墨子·贵义》载：

> 子墨子曰："万事莫贵于义。今谓人曰：'予子冠履，而断子之手足，子为之乎？'必不为，何故？则冠履不若手足之贵也。又曰：'予子天下而杀子之身，子为之乎？'必不为，何故？则天下不若身之贵也。争一言以相杀，是贵义于其身也。故曰，万事莫贵于义也。"

墨子用一系列假设一步步推出冠履不如手足之贵、天下不如身之贵，最后得出结论"万事莫贵于义"，因为人们"争一言以相杀"①。这种思想，与《晏子春秋》和孔孟荀的思想居然惊人

① 关于"争一言以相杀"，吴毓江注曰："一言，谓义也。相，选择也。杀，死也。《汉书·伍被传》曰：'男子之所死者，一言耳。'《吕氏春秋·上德篇》'墨者钜子孟胜曰：死之所以行墨者之义而继其业者也'，即墨家争一言以相杀之实例。"（吴毓江：《墨子校注》，北京：中华书局，1993年版，第689页。）

的一致，看来儒墨并非完全对立，这可能与墨子曾学儒者之术有关①。

从以上《晏子春秋》与孔孟荀、老庄、墨子关于生命价值的对比来看，《晏子春秋》的生命价值观与孔孟荀、墨子是大体上一致的，而与老庄是不同的。

三 结 语

《晏子春秋》认为“古而无死”是不可能的，生死是事物发展的客观规律，人有生就有死，故而没有必要畏惧死亡。这是一种自然主义的生死观，这种生死观并非《晏子春秋》所独有，以孔孟荀为代表的先秦儒家、以老庄为代表的先秦道家、以墨子为代表人墨家也都持这种态度。关于生命价值，《晏子春秋》既有尊重生命的思想，同时又认为有比生命更为重要的诸如“义”的价值理念，为了这些价值理念，人可以牺牲自己的性命，这种思想在先秦儒家、墨家中也均有所体现，但老庄从根本上反对这些价值理念，这一点也《晏子春秋》有所不同。由此可见，在生死观上，《晏子春秋》的思想更近于儒墨。但是，墨家相信鬼神的存在并不遗余力地去论证它，而《晏子春秋》中记载晏子本人对鬼神是怀疑的，只是偶尔会假借鬼神之权威去劝谏景公，不过是一种劝谏的方法。从这方面看，在先秦儒墨中，《晏子春秋》更近于儒家。

---

① 《淮南子·要略篇》载：“墨子学儒者之业，受孔子之术。”

参考文献

一　专著

B

（清）毕沅：《墨子（附篇目考）》，北京：中华书局，1985 年版。

Boltz W G. *The Composite Nature of Early Chinese Texts*//Kern Martin. *Text and Ritual in Early China*. Seattle and London: University of Washington Press, 2007.

Brindley E F. *Music, Cosmology, and the Politics of Harmony in Early China*. Albany: SUNY Press, 2012.

C

蔡尚思：《中国思想研究法》，上海：复旦大学出版社，2001 年版。

陈朝爵：《汉书艺文志约说》，载王承略、刘心明主编：《二十五史艺文经籍志考补萃编（第五卷）》，北京：清华大学出版社，2012 年版。

陈顾远：《中国文化与中国法系》，台北：三民书局，1977 年版。

陈剑：《战国竹书论集》，上海：上海古籍出版社，2013 年版。

陈梦家：《殷墟卜辞综述》，北京：科学出版社，1956 年版。

陈瑞庚：《晏子春秋考辨》，台北：长安出版社，1980 年版。

陈伟：《新出楚简研读》，武汉：武汉大学出版社，2010 年版。

陈先达：《处在夹缝中的哲学：走向 21 世纪的马克思主义哲学》，北京：北京师范大学出版社，2013 年版。

陈先达：《漫步遐思》，北京：北京师范大学出版社，2013 年版。

陈垣：《史讳举例》，上海：上海书店出版社，1997 年版。

（宋）陈振孙：《直斋书录解题》，上海：上海古籍出版社，1987 年版。

程树德：《论语集释》，北京：中华书局，1990 年版。

D

（晋）杜预注、（唐）孔颖达疏：《左传注疏》，上海：中华书局，1936 年版。

F

［美］芬格莱特·赫伯特著，彭国翔、张华译：《孔子：即凡而圣》，南京：江苏人民出版社，2002 年版。

冯天瑜：《中华元典精神》，武汉：武汉大学出版社，2006 年版。

冯友兰：《中国哲学简史》，北京：北京大学出版社，1985 年版。

G

［瑞典］高本汉著、陆侃如译：《左传真伪考及其他》，上海：商务印书馆，1936 年版。

高亨：《重订老子正诂》，北京：古籍出版社，1956 年版。

高亨：《文史述林》，北京：中华书局，1980 年版。

甘肃省文物考古研究所、甘肃省博物馆、中国文物研究所、中国社科院历史研究所：《居延新简——甲渠侯官》，北京：中华书局，1994 年版。

［英］葛瑞汉著、张海晏译：《论道者——中国古代哲学论辩》，北京：中国社会科学出版社，2003 年版。

Graham A C. *Studies in Chinese Philosophy & Philosophical Literatures*. Singapore: Institute of East Asian Philosophies in National University of Singapore, 1986.

顾颉刚:《顾颉刚全集(1)》,北京:中华书局,2010年版。

顾实:《汉书艺文志讲疏》,上海:商务印书馆,1929年版。

(清)顾炎武著,黄汝成集释:《日知录集释》,石家庄:花山文艺出版社,1990年版。

国家文物局古文献研究室:《马王堆汉墓帛书(壹)》,北京:文物出版社,1980年版。

郭沫若:《十批判书》,北京:东方出版社,1996年版。

郭沫若:《郭沫若全集(考古编·第八卷)》,北京:科学出版社,2002年版。

郭沫若:《青铜时代》,北京:中国人民大学出版社,2005年版。

(清)郭庆藩:《庄子集释》,北京:中华书局,2006年版。

H

韩自强:《阜阳汉简〈周易〉研究》,上海:上海古籍出版社,2004年版。

(魏)何晏集解,(梁)皇侃义疏:《论语集解义疏》,北京:中华书局,1985年版。

(清)洪亮吉:《晓读书斋初录》,载徐德明、吴平主编:《清代学术笔记丛刊(33)》,北京:学苑出版社,2005年版。

侯外庐:《中国古代思想学说史》,重庆:文风书局,1944年版。

侯外庐、赵纪彬、杜国庠:《中国思想通史(第一卷)》,北京:人民出版社,1957年版。

胡家聪:《管子新探》,北京:中国社会科学出版社,2003年版。

胡适:《中国哲学史大纲》,北京:商务印书馆,2011年版。

黄云眉:《古今伪书考补正》,济南:齐鲁书社,1980年版。

(清)黄宗羲:《明夷待访录》,北京:中华书局,1985年版。

J

蒋伯潜：《诸子通考》，长沙：岳麓书社，2010 年版。

姜广辉主编：《中国哲学（第二十辑）》，沈阳：辽宁教育出版社，1999 年版。

姜亮夫：《国学丛考》，杭州：浙江大学出版社，2008 年版。

（明）焦竑：《国史经籍志》，上海：商务印书馆，1939 年版。

（清）焦循：《孟子正义》，北京：中华书局，1987 年版。

金建德：《司马迁所见书考》，上海：上海人民出版社，1963 年版。

K

康有为：《孟子微》，见姜义华、张荣华编校：《康有为全集（第五集）》，北京：中国人民大学出版社，2007 年版。

Kern M. *The Stele Inscription of Ch'in Shih - Huang: Text and Ritual in Early Chinese Imperial Representation*. New Heaven: American Oriental Society, 2000.

L

Lewis M E. *Writing and Authority in Early China*. Albany: State University of New York Press, 1999.

李存山：《气论与仁学》，郑州：中州古籍出版社，2009 年版。

（宋）黎靖德编：《朱子语类》，北京：中华书局，1994 年版。

李零：《郭店楚简校读记（增订本）》，北京：北京大学出版社，2009 年版。

李学勤：《文物中的古文明》，北京：商务印书馆，2008 年版。

李学勤主编：《清华大学藏战国竹简（一）》，上海：中西书局，2010 年版。

李泽厚：《中国古代思想史论》，北京：人民出版社，1985 年版。

梁启超：《汉书艺文志诸子略考释》，见氏著《饮冰室专集之八十四》，上海：中华书局，1936 年版。

梁启超：《墨子学案》，上海：中华书局，1936年版。

梁启超：《先秦政治思想史》，北京：东方出版社，1996年版。

（清）梁章钜：《退庵随笔》，载徐德明、吴平主编：《清代学术笔记丛刊（41）》，北京：学苑出版社，2005年版。

林德宏：《物质精神二象性》，南京：南京大学出版社，2008年版。

（清）凌扬藻：《蠡勺编》，载徐德明、吴平主编：《清代学术笔记丛刊（35）》，北京：学苑出版社，2005年版。

刘殿爵：《晏子春秋逐字索引》，台北：台湾商务印书馆，1994年版。

刘师培：《晏子春秋斠补（定本）》，1936年宁武南氏校印本。

刘师培：《晏子春秋斠释》，1936年宁武南氏校印本。

刘师培：《左盦集》，1936年宁武南氏校印本。

刘述先：《文化与哲学的探索》，长春：吉林出版集团，2012年版。

柳诒徵：《中国文化史》，北京：东方出版社，2008年版。

刘泽华主编：《士人与社会（先秦卷）》，天津：天津人民出版社，1988年版。

刘泽华：《中国的王权主义》，上海：上海人民出版社，2000年版。

刘泽华主编：《中国传统政治哲学与社会整合》，北京：中国社会科学出版社，2000年版。

刘泽华：《王权思想论》，天津：天津人民出版社，2006年版。

（唐）柳宗元：《柳宗元集》，北京：中华书局，1979年版。

罗根泽：《管子探源》，香港：太平书局，1966年版。

罗焌：《诸子学述》，上海：华东师范大学出版社，2008年版。

吕思勉：《经子解题》，上海：商务印书馆，1929年版。

吕振羽：《中国政治思想史（上册）》，北京：人民出版社，1955年版。

M

马承源主编：《上海博物馆藏战国楚竹书（五）》，上海：上海古籍出版社，2005年版。

马承源主编：《上海博物馆藏战国楚竹书（六）》，上海：上海古籍出版社，2007 年版。

（汉）毛氏传、（汉）郑氏笺：《毛诗》，济南：山东友谊出版社，1990 年版。

Maspero H. *China in Antiquity*. Kierman F A. （tr.）. Amherst：The University of Massachusetts Press，1978.

蒙文通：《古族甄微》，成都：巴蜀书社，1993 年版。

蒙文通：《古史甄微》，成都：巴蜀书社，1999 年版。

N

牛泽群：《论语札记》，北京：北京燕山出版社，2003 年版。

O

欧阳哲生编：《胡适选集》，长春：吉林人民出版社，2008 年版。

P

骈宇骞：《银雀山汉墓竹简晏子春秋校释》，北京：书目文献出版社，1988 年版。

Q

祁文源：《中国音乐史》，兰州：甘肃人民出版社，2002 年版。

钱穆：《中国思想史》，台北：台湾学生书局，1988 年版。

钱穆：《先秦诸子系年（外一种）》，石家庄：河北教育出版社，2002 年版。

钱穆：《秦汉史》，北京：三联书店，2005 年版。

R

任继愈主编：《中国哲学发展史（先秦）》，北京：人民出版社，1983 年版。

（清）阮元校刻：《十三经注疏》，北京：中华书局，1980 年版。

S

（周）慎到撰，（清）钱熙祚校：《慎子（附逸文）》，北京：中华书局，1985 年版。

［美］史华慈著，程钢译：《古代中国的思想世界》，南京：江苏人民出版社，2004 年版。

睡虎地秦墓竹简整理小组：《睡虎地秦墓竹简》，北京：文物出版社，1997 年版。

苏洵：《谥法》，北京：中华书局，1985 年版。

（清）孙希旦：《礼记集解》，北京：中华书局，1989 年版。

（清）孙星衍：《廉石居藏书记》，上海：商务印书馆，1936 年版。

（清）孙星衍：《晏子春秋音义》，上海：商务印书馆，1936 年版。

（清）孙星衍校：《晏子春秋》，北京：中华书局，1985 年版。

（清）孙诒让：《墨子间诂》，北京：中华书局，2001 年版。

T

唐兰：《殷墟文字记》，北京：中华书局，1981 年版。

（唐）唐太宗：《帝范》，北京：中华书局，1985 年版。

（唐）唐玄宗注、（宋）邢昺疏：《孝经注疏》，上海：中华书局，1936 年版。

陶鸿庆：《读诸子札记》，北京：中华书局，1959 年版。

童书业：《春秋左传研究》，上海：上海人民出版社，1980 年版。

童书业：《童书业史籍考证论集》，北京：中华书局，2008 年版。

W

Walker R L. *Some Notes on the Yen – tzu Ch'un – ch'iu. Journal of the American Oriental Society*, 1953, 73 (3): pp. 156 – 163.

王葆玹：《今古文经学新论（增订版）》，北京：中国社会科学出版社，2004 年版。

（清）王夫之：《读通鉴论》，北京：中华书局，1975 年版。

王更生：《晏子春秋研究》，台北：文史哲出版社，1976 年版。

王国维：《观堂集林（外二种）》，石家庄：河北教育出版社，2001 年版。

王力：《中国语言学史》，太原：山西人民出版社，1981 年版。

王力：《同源字典》，北京：商务印书馆，1982 年版。

王力：《老子研究》，上海：上海书店出版社，1992 年版。

（清）三念孙：《广雅疏证》，南京：江苏古籍出版社，1984 年版。

（清）王念孙：《读书杂志》，南京：江苏古籍出版社，1985 年版。

王叔珉：《诸子斠证》，北京：中华书局，2007 年版。

（清）王先谦：《荀子集解》，北京：中华书局，1988 年版。

王修龄、方诗铭：《古本竹书纪年辑证（修订本）》，上海：上海古籍出版社，2005 年版。

王绪霞：《〈晏子春秋〉成书考论》，西北师范大学 2006 年博士学位论文。

（宋）王尧臣等：《崇文总目》，北京：中华书局，1985 年版。

（清）王引之：《经义述闻》，南京：江苏古籍出版社，1985 年版。

（清）王引之：《经传释词》，南京：江苏古籍出版社，2000 年版。

王子今：《‘忠”观念研究——一种政治道德的文化源流与历史演变》，长春：吉林教育出版社，1999 年版。

（唐）魏徵、（唐）令狐德棻：《隋书》，北京：中华书局，1973 年版。

韦政通：《中国的智慧》，长春：吉林出版集团，2009 年版。

吴根友主编：《学鉴（第 2 辑）》，武汉：武汉大学出版社，2008 年版。

（清）吴骞：《附录拜经楼藏书题跋记 附录》，上海：商务印书馆，1939 年版。

吴毓江：《墨子校注》，北京：中华书局，1993 年版。

吴则虞：《晏子春秋集释》，北京：中华书局，1962 年版。

X

徐海荣主编：《中国饮食史》，北京：华夏出版社，1999 年版。

（汉）许慎撰、（清）段玉裁注：《说文解字注》，郑州：中州古籍出版社，2006 年版。

徐元诰：《国语集解》，北京：中华书局，2002 年版。

徐中舒：《左传选》，北京：中华书局，1985 年版。

徐中舒：《徐中舒历史论文选辑》，北京：中华书局，1998 年版。

徐中舒主编：《甲骨文字典》，成都：四川辞书出版社，2006 年版。

（宋）薛季宣：《浪语集》，载《景印文渊阁四库全书·集部九八·别集类》，台北：台湾商务印书馆，1986 年版。

谢扶雅：《中国政治思想史纲》，蓝田：新中国书局，1943 年版。

（宋）项安世：《项氏家说》，北京：中华书局，1985 年版。

萧兵：《中庸的文化省察——一个字的思想史》，武汉：湖北人民出版社，1997 年版。

萧公权：《中国政治思想史》，沈阳：沈阳教育出版社，1998 年版。

熊十力：《原儒》，北京：中国人民大学出版社，2006 年版。

Y

严灵峰：《周秦诸子知见书目（第三卷）》，台北：正中书局，1977 年版。

杨伯峻：《春秋左传注》，北京：中华书局，1981 年版。

杨宽：《战国史料编年辑证》，上海：上海人民出版社，2001 年版。

杨善群：《莒国史诸问题探讨》，济南：山东人民出版社，2002 年版。

（清）姚际恒：《古今伪书考》，北京：中华书局，1985 年版。

银雀山汉墓竹简整理小组：《银雀山汉墓竹简（一）》，北京：文物出版社，1985 年版。

游唤民：《先秦民本思想》，长沙：湖南师范大学出版社，1991 年版。

［以色列］尤锐著、孙英刚译、王宇校：《展望永恒帝国——战国时代

的中国政治思想》，上海：上海古籍出版社，2013 年版。

于鬯：《香草续校书》，北京：中华书局，1963 年版。

余嘉锡：《目录学发微　古书通例》，北京：中华书局，2007 年版。

于省吾：《双剑誃诸子新证》，北京：中华书局，1962 年版。

［美］余英时：《士与中国文化》，上海：上海人民出版社，1987 年版。

（清）恽敬：《大云山房文稿》，上海：世界书局，1937 年版。

Z

张成秋：《先秦道家思想研究》，台北：台湾中华书局，1971 年版。

张纯一：《晏子春秋校注》，见《诸子集成》第四册，北京：中华书局，1954 年版。

张岱年：《中国古典哲学概念范畴要论》，北京：中国社会科学出版社，1987 年版。

张广志：《西周史与西周文明》，上海：上海科学技术文献出版社，2007 年版。

张觉：《商君书校疏》，北京：知识产权出版社，2012 年版。

张君劢：《新儒家思想史》，北京：中国人民大学出版社，2006 年版。

张奎良：《实践仁学与以人为本》，郑州：河南人民出版社，2011 年版。

张舜徽：《广校雠略　汉书艺文志通释》，武汉：华中师范大学出版社，2004 年版。

（清）章学诚著、叶瑛校注：《文史通义校注》，北京：中华书局，1985 年版。

张政烺：《张政烺论易丛稿》，北京：中华书局，2010 年版。

赵吉惠：《国学沉思》，杭州：浙江人民出版社，1998 年版。

郑良树：《诸子著作年代考》，北京：北京图书馆出版社，2001 年版。

（宋）郑樵：《通志略》，上海：上海古籍出版社，1990 年版。

（汉）郑玄注、（唐）孔颖达疏：《礼记正义》，北京：北京大学出版社，1999 年版。

中国先秦史学会、政协莒县委员会编：《莒文化研究文集》，济南：山东人民出版社，2002 年版。

周生杰：《〈太平御览〉研究》，成都：巴蜀书社，2008 年版。

（宋）朱熹：《四书章句集注》，北京：中华书局，1983 年版。

朱渊清、廖名春主编：《上博馆藏战国楚竹书研究》，上海：上海书店出版社，2002 年版。

朱渊清、廖名春主编：《上博馆藏战国楚竹书研究续编》，上海：上海书店出版社，2004 年版。

诸祖耿：《战国策集注汇考》，南京：江苏古籍出版社，1985 年版。

［日］佐藤将之：《中国古代的“忠”论研究》，台北：台大出版中心，2010 年版。

二　论文

C

曹峰：《出土文献与思想史研究方法论刍议》，《社会科学》2012 年第 11 期。

曹峰：《〈老子〉的幸福观与“玄德”思想之间的关系》，《中原文化研究》2014 年第 4 期。

陈惠玲：《上博六〈竞公疟〉释“疥”及“旬又五公乃出见折”》，简帛网，2007 年 10 月 23 日。

陈峻志：《〈竞公疟〉“听狱”与〈左传〉“治言”之疏通》，简帛网，2008 年 7 月 8 日。

陈松长：《秦代避讳的新材料——岳麓书院藏秦简中的一枚有关避讳令文略说》，《中国社会科学报》2009 年 9 月 10 日。

陈伟：《读〈上博六〉条记》，简帛网，2007 年 7 月 9 日。

陈伟：《读〈上博六〉条记之二》，简帛网，2007 年 7 月 10 日。

程燕：《读上博六札记》，简帛网，2007 年 7 月 24 日。

D

董珊：《读〈上博六〉杂记》，简帛网，2007 年 7 月 10 日。

董珊：《读〈上博六〉杂记（续一）》，简帛网，2007 年 7 月 11 日。

董珊：《读〈上博六〉杂记（续二）》，简帛网，2007 年 7 月 11 日。

董治安：《说“晏子春秋”》，《山东大学学报》1959 年第 4 期。

Durrant S W. *Yen tzu ch'un ch'iu*: *Early Chinese Texts*//Loewe M. *A Bibliography Guide*. Berkeley: The Society for the Study of Early China and Institute of East Asian Studies, University of California, Berkeley, 1993.

F

范常喜：《读〈上博六〉札记六则》，简帛网，2007 年 7 月 25 日。

范常喜：《〈上博六·竞公疟〉简 9 “勿” 字补议》，简帛网，2007 年 7 月 28 日。

凡国栋：《上博六〈景公疟〉札记》，简帛网，2007 年 7 月 17 日。

凡国栋：《〈景公疟〉札记一则》，简帛网，2007 年 7 月 29 日。

Forke A. *Yen Ying*, *Statesmann und Philosoph*, *und das Yen – tse Tch'un – tsch'iu*, 1923 (Hirth Anniv): pp. 101 – 144.

G

高荣鸿：《读〈上博六·竞公疟〉札记二则》，简帛网，2007 年 10 月 1 日。

郭永秉：《〈景公疟〉的“襄桓之言”》，简帛网，2007 年 7 月 25 日。

H

郝士宏：《初读〈上博竹书（六）〉》，简帛网，2007 年 7 月 21 日。

何有祖：《读上博六札记》，简帛网，2007 年 7 月 9 日。

何有祖：《上博六〈景公疟〉初探》，简帛网，2007 年 7 月 11 日。

何有祖：《释〈景公疟〉的“良翰”》，简帛网，2007 年 7 月 25 日。

何有祖：《〈景公疟〉札记四则》，简帛网，2007 年 7 月 27 日。

侯乃峰：《上博六賸义赘言》，简帛网，2007年10月30日。

胡家聪：《稷下学宫史钩沉》，《文史哲》1981年第4期。

黄宝先：《试论晏子的民本思想》，《管子学刊》1994年第3期。

黄宝先：《晏子伦理思想略论》，《管子学刊》1998年第1期。

L

李佳兴：《〈竞公疟〉试释三则》，复旦大学出土文献与古文字研究中心网，2009年11月25日。

李天虹：《上博（六）札记两则》，简帛网，2007年7月21日。

李天虹：《〈景公疟〉校读三则》，简帛网，2007年7月24日。

李天虹：《〈景公疟〉校读二则》，简帛网，2007年7月26日。

李天虹：《上博六〈景公疟〉字词校释》，载张光裕、黄德宽主编：《古文字学论稿》，合肥：安徽大学出版社，2008年版。

李天虹：《上博六〈景公疟〉编联试析》，载吉林大学边疆考古研究中心编：《新果集——庆祝林沄先生七十华诞论文集》，北京：科学出版社，2009年版。

李天虹：《简本〈晏子春秋〉与今本文本关系试探》，《中国史研究》2010年第3期。

李学勤：《〈晏子〉研究二题》，载王振民主编：《晏子研究文集》，济南：齐鲁书社，1998年版。

梁静：《〈景公疟〉与〈晏子春秋〉的对比研究》，简帛网，2007年7月28日。

梁静：《〈上博六·景公疟〉重编新释与版本对比》，简帛网，2008年11月25日。

林圣峰：《上博六〈竞公疟〉"疥"字札记》，简帛网，2008年3月29日。

林文华：《〈上博六·景公疟〉"吾用晏子是襄桓之言也"新解》，简帛网．2008年8月2日．

刘家和：《〈左传〉中的人本思想与民本思想》，《历史研究》1995 年第 6 期。

刘信芳：《〈上博藏六〉试解之三》，简帛网，2007 年 8 月 9 日。

刘泽华：《中国政治思想史研究之思路》，《学术月刊》2008 年第 2 期。

吕斌：《淳于髡著〈晏子春秋〉考》，《齐鲁学刊》1985 年第 1 期。

M

毛曦、李仙娥：《〈晏子春秋〉的成书时间与思想特征》，《人文杂志》1997 年第 6 期。

梅珍生：《论孟子的礼学思想》，《湖南大学学报（社会科学版）》2003 年第 2 期。

N

倪薇淳：《〈上博六·竞公疟〉"齐竞公疥且疟"初探》，复旦大学出土文献与古文字研究中心网，2009 年 6 月 22 日。

P

庞朴：《阴阳五行探源》，《中国社会科学》1984 年第 3 期。

骈宇骞：《对〈晏子春秋〉的再认识——兼谈古书的形成与发展》《管子学刊》1990 年第 1 期。

Q

Queen S A. *Inventories of the Past*: *Rethinking the* "*School*" *Affiliation of the* "*Huainanzi*". Asia Major, 2001 (14): 51—72.

S

邵先锋：《从〈晏子春秋〉看晏婴的哲学思想》，《管子学刊》2006 年第 2 期。

山东省博物馆、临沂文物组：《山东临沂西汉墓发现〈孙子兵法〉和〈孙膑兵法〉等竹简的简报》，《文物》1974 年第 2 期。

沈培：《〈上博（六）〉字词浅释（七则）》，简帛网，2007 年 7 月 20 日。

沈培：《〈上博（六）·竞公疟〉“正”字小议》，简帛网，2007年7月31日。

苏建洲：《读〈上博六·景公疟〉札记一则》，简帛网，2007年7月26日。

苏建洲：《〈上博（六）·景公疟〉补释一则》，简帛网，2007年10月7日。

孙以楷：《稷下学宫学述》，见氏著《浣云集》，合肥：安徽大学出版社，2005年版。

T

谭步云：《银雀山汉简本〈晏子春秋〉补释，载《古文字研究》第24辑，北京：中华书局，2002年版。

谭家健：《〈晏子春秋〉简论——兼评〈晏子春秋集释·前言〉》，《北京师范大学学报》1982年第2期。

W

王中江：《北大藏汉简〈老子〉的某些特征》，《哲学研究》2013年第5期。

吴显庆：《〈晏子春秋〉并非成书于西汉初年》，《黑龙江社会科学》2000年第6期。

X

向世陵：《和一、和同观念与和谐社会的构建》，《学术月刊》2006年第11期。

萧兵：《“中”源神杆说》，《中国文化》1994年第2期。

肖群忠：《晏子春秋的政治伦理思想》，《甘肃社会科学》1993年第4期。

萧圣中：《上博竹书（六）补释二则》，简帛网，2010年1月11日。

徐树梓：《晏子礼治思想刍议》，《管子学刊》1999年第4期。

Y

杨泽生：《说〈上博六·竞公疟〉中的“钦”字》，简帛网，2007年7月20日。

俞樟华：《论晏子的爱民尚贤思想——读〈晏子春秋〉札记》，《浙江师大学报（社会科学版）》1998年第2期。

袁青：《〈晏子春秋〉研究综述——兼论〈晏子春秋〉今后研究的方向》，《管子学刊》2013年第3期。

袁青：《上博简〈景公疟〉探析》，《光明日报（国学版）》2013年10月28日。

袁青：《老子“小国寡民”新论》，《中州学刊》2014年第4期。

袁行霈：《〈汉书艺文志〉小说家考辨》，载《文史》第七辑，北京：中华书局，1979年版。

Z

甄尽忠：《〈晏子春秋〉中晏婴社会救助思想论析》，《管子学刊》2006年第1期。

战化军：《晏子治国三议》，《管子学刊》1989年第4期。

张崇礼：《〈景公疟〉第九简解诂》，简帛研究网，2007年7月28日。

张崇礼：《释〈景公疟〉中的“偶言”》，简帛研究网，2007年7月30日。

张崇礼：《〈景公疟〉第十简解诂》，简帛研究网，2007年7月30日。

张崇礼：《释〈景公疟〉的“制蔑耑折”》，复旦大学出土文献与古文字研究中心网，2008年2月18日。

张分田：《儒家的民本思想与帝制的根本法则》，《文史哲》2008年第6期。

张季平：《晏子和〈晏子春秋〉》，《管子学刊》1987年第2期。

张仁玺：《〈管子〉与〈晏子春秋〉中的社会福利思想述论》，《山东师范大学学报》2006年第6期。

张希庆:《浅谈晏子的治国思想》,《甘肃理论学刊》1990 年第 5 期。

张祥浩:《论晏子的谏君》,《管子学刊》1990 年第 2 期。

张祥浩:《论晏子的尚俭思想》,《管子学刊》1991 年第 1 期。

赵逵夫:《〈晏子春秋〉为齐人淳于髡编成考》,《光明日报》2005 年 1 月 28 日。

后　记

本书是由我的博士论文删改而成的，本次出版除了个别章节调整之外，其他一仍其旧，主要原因在于博士毕业之后我的研究兴趣发生转向，没有再研究过《晏子春秋》，因而也没有新的体会。

本书的出版首先要衷心感谢我的博士导师曹峰教授。本书的选题就出自曹老师之意，选择《晏子春秋》作为博士论文实在出乎我的意料。在没读博之前，想了很多关于博士论文选题的事，但《晏子春秋》从来就没有进入过我的视野。读博期间，曹老师对我的学业要求严格，时时加以鞭策，经常予以指导，使我受益颇多。2012 年承蒙曹老师不弃，使我得以忝列门下，于我确实是莫大的恩惠，博士毕业之后，导师又时时关心我的科研工作，还是一如既往地对我进行指导，对此再多感激的话都显得苍白无力，唯有自己继续努力，不负老师的期望。

衷心地感谢我的硕士导师王葆玹教授。我刚读硕士时，由于刚遭遇一场挫折，对于搞研究确实没有多大的兴趣，但后来在王师的影响下，慢慢对学术有了兴趣，最终决定考博，继续学术的研究。王老师对我的学业很是上心，指导我的硕士论文时费力良多。读博期间我也经常去他家，博士论文的写作也得到了王老师的指导，博士毕业后他还对我以后的科研工作作了宏观指导，劝我放弃继续研究《晏子春秋》的念头。

衷心地感谢艾兰和郭沂教授。承蒙艾兰老师不弃，使我能有一年的机会在美国常达慕思大学交流一年。在美国的一年是我博士三年中十分宝贵的一年，这一年我把博士论文的主体完成了。郭老师是我硕士的老师，曾经教过我两门课，让我受益颇多，感觉郭老师对学术有着极高的热忱。我在读研时，郭老师曾邀我一起整理《孔子集语校注》一书，现在完成了，感谢他对我的提携。

我还要衷心地感谢论文答辩评审及中期考核的各位老师：陈来教授、王中江教授、白奚教授、唐文明教授、刘国忠教授等，最后还要感谢我的家人对我学业上的支持。需要感谢的人太多了，恕不一一列举。

袁 青

2020 年 月

《儒道释博士论文丛书》已出书目

第一批（1999 年）

道教斋醮科仪研究　张泽洪著

道教炼养心理学引论　张　钦著

道教劝善书研究　陈　霞著

道教与神魔小说　苟　波著

净明道研究　黄小石著

第二批（2000 年）

神圣礼乐

——正统道教科仪音乐研究

蒲亨强著

魏晋玄学人格美研究　高华平著

明清全真教论稿　王志忠著

佛教与儒教的冲突与融合

彭自强著

经验主义的孔子道德思想及其历史演变　邓思平著

第三批（2001 年）

宋元老学研究　刘固盛著

道教内丹学探微　戈国龙著

汉魏六朝道教教育思想研究

汤伟侠著

般若与老庄　蔡　宏著

刘一明修道思想研究　刘　宁著

晚明自我观研究　傅小凡著

第四批（2002 年）

近现代以佛摄儒研究　李远杰著

礼宜乐和的文化思想　金尚礼著

生死超越与人间关怀

——神仙信仰在道教与民间的互动　李小光著

近现代居士佛学研究　刘成有著

生命的层级

——冯友兰人生境界说研究

刘东超著

第五批（2003 年）

中国佛教僧团发展及其研究

王永会著

实相本体与涅槃境界　余日昌著

斋醮科仪　天师神韵　傅利民著

荷泽宗研究　聂　清著

精神分析与佛学的比较研究

尹　立著

太虚对中国佛教现代化道路的抉择　罗同兵著

终极信仰与多元价值的融通

姚才刚著

第六批(2004年)

西学东渐与明清实学　李志军著

上清派修道思想研究　张崇富著

北宋《老子》注研究　尹志华著

相国寺

——在唐宋帝国的神圣与凡俗之间　段玉明著

熊十力本体论哲学研究　郭美华著

关于知识的本体论研究

——本质　结构　形态　昌家立著

明代王学研究　鲍世斌著

中国技术思想研究

——古代机械设计与方法　刘克明著

朱熹与《参同契》文本　钦伟刚著

中国律宗思想研究　王建光著

第七批(2005年)

元代庙学

——无法割舍的儒学教育链　胡务著

牟宗三“道德的形而上学”研究　闵仕君著

隋唐五代道教美学思想研究　李裴著

宋元道教易学初探　章伟文著

杜光庭《道德真经广圣义》的道教哲学研究　金兑勇著

天台判教论　韩焕忠著

杜光庭道教小说研究　罗争鸣著

魏源思想探析　李素平著

泰州学派新论　季芳桐著

《文子》成书及其思想　葛刚岩著

傅金铨内丹思想研究　谢正强著

第八批(2006年)

汉末魏晋南北朝道教戒律规范研究　伍成泉著

两性关系本乎阴阳

——先秦儒家、道家经典中的性别意识研究　贺璋瑢著

陈撄宁与道教文化的现代转型　刘延刚著

扬雄《法言》思想研究　郭君铭著

《周易禅解》研究　谢金良著

明清道教与戏剧研究　李艳著

王弼易学解经体例探源　尹锡珉著

唐代道教管理制度研究　林西朗著

四念处研究　哈磊著

天人之际的理学新诠释

——王夫之《读四书大全说》思想研究　周兵著

第九批(2007年)

晚明狂禅思潮与文学思想研究　赵伟著

先秦儒家孝道研究　王长坤著

致良知论

——王阳明去恶思想研究　胡永中著

伍守阳内丹思想研究　丁常春著
贝叶上的傣族文明
——云南德宏南传上座部佛教社会考察研究　吴之清著
朱子论"曾点气象"研究　田智忠著
二十世纪中国道教学术的新开展　傅凤英著
道教与基督教生态思想比较研究　毛丽娅著
汉晋文学中的《庄子》接受　杨　柳著
马祖道一禅法思想研究　邱　环著
道教自然观研究　赵　芃著

第十批(2008年)

王船山礼学思想研究　陈力祥著
王船山美学基础
——以身体观和诠释学为进路的考察　韩振华著
马来西亚华人佛教信仰研究　白玉国著
《管子》哲学思想研究　张连伟著
东晋佛教思想与文学研究　释慧莲著
北宋禅宗思想及其渊源　土屋太祐著
早期道教教职研究　丁　强著
隋唐五代道教诗歌的审美管窥　田晓膺著
道教与明清文人画研究　张明学著
道教戒律研究　唐　怡著

第十一批(2009年)

驯服自我
——王常月修道思想研究　朱展炎著
道经图像研究　许宜兰著
阳明学与佛道关系研究　刘　聪著
清代净土宗著述研究　于海波著
宗教律法与社会秩序
——以道教戒律为例的研究　刘绍云著
老子及其遗著研究
——关于战国楚简《老子》、《太一生水》、《恒先》的考察　谭宝刚著
汉唐道教修炼方式与道教女性观之变化研究　岳齐琼著
宋元三教融合与道教发展研究　杨　军著
都市佛寺的社会交换研究　肖尧中著
早期天台学对唯识古学的吸收与抉择　刘朝霞著

第十二批(2010年)

道教社会伦理思想之研究　何立芳著
印度佛教净土思想研究　汪志强著
社会转型下的宗教与健康关系研究　冯小林著

教化与工夫
——工夫论视域中的阳明心学系统　陈多旭著
心性灵明之阶
——早期全真道情欲论思想研究　刘　恒著
中古道书语言研究　冯利华著
近现代禅净合流研究　许　颖著
永明延寿心学研究　田青青著
中国传统社会宗教的世俗化研究
——以金元时期全真教社会思想与传播为个案　夏当英著
成玄英《庄子疏》研究　崔珍皙著

第十三批(2011年)

道医陶弘景研究　刘永霞著
汉代内学
——纬书思想通论　任蜜林著
一心与圆教
——永明延寿思想研究　杨文斌著
三教关系视野中的陈景元思想研究　隋思喜著
蒙文通道学思想研究　罗映光著
敦煌本《太玄真一本际经》思想研究　黄崑威著
总持之智
——太虚大师研究　丁小平著
明清民间宗教思想研究
——以神灵观为中心　刘雄峰著
东晋宋齐梁陈比丘尼研究　唐　嘉著
《贞观政要》治道研究　杨　琪著

第十四批(2012年)

老子八十一化图研究　胡春涛著
马一浮思想研究　李国红著
《老子》思想溯源　刘鹤丹著
"仙佛合宗"修道思想研究　卢笑迎著
方东美论道家思想　施保国著
湛甘泉哲学思想研究　王文娟著
仪式的建构与表达
——滇南建水祭孔仪式的文化与记忆　曾　黎著
智旭佛学易哲学研究　张韶宇著
悟道·修道·弘道
——丘处机道论及其历史地位　赵玉玲著
隋唐道教与习俗　周　波著

第十五批(2013年)

庄子哲学的后现代解读　郭继明著
法藏圆融之"理"研究　孙业成著
汉传佛教寺院经济演变研究　于　飞著
魏晋南北朝社会生活与道教文化　刘　志著

中古道官制度研究　刘康乐著
金元道教信仰与图像表现——以永乐宫壁画为中心　刘　科著
元代道教戏剧研究　廖　敏著
明代灵济道派研究　王福梅著
中国宗教的慈善参与新发展及机制研究　明世法著
两晋南北朝时期河陇佛教地理研究　杨发鹏著

第十六批(2014年)

道教气论学说研究　路永照著
历史中的镜像——论晚明僧人视域中的《庄子》　周黄琴著
从玄解到证悟——论中土佛理诗之发展演变　张君梅著
回归诚明——李翱《复性书》研究　韩丽华著
图像与信仰——中古中国维摩诘变相研究　肖建军著
中国道教经籍在十九世纪英语世界的译介研究　俞森林著
四川道教宫观建筑艺术研究　李星丽著
道与艺——《庄子》的哲学、美学思想与文学艺术　胡晓薇著
李光地易学思想研究　冯静武著
显隐哲学视域中的文艺审美　杨继勇著

第十七批(2015年)

赞宁《宋高僧传》研究　杨志飞著
自我与圣域——现代性视野中的唐君毅哲学　胡　岩著
明代道教文化与社会生活　寇凤凯著
道教医世思想溯源　杨　洋著
近代以来中国佛教慈善事业研究　李湖江著
现代性和中国佛耶关系(1911—1949)　周晓微著
西域佛教演变研究　彭无情著
藏族古典寓言小说研究　觉乃·云才让著
藏传佛教判教研究　何杰峰著
藏彝走廊北部地区藏传佛教寺院研究　李顺庆著

第十八批(2016年)

重庆华岩寺佛教仪式音乐与传承　陈　芳著
明末清初临济宗圆悟、法藏纷争始末考论　吕真观著
《文子》思想研究　姜李勤著
汉末至五代道教书法美学研究　沈　路著
佛教传统的价值重估与重建

——太虚与印顺判教思想研究 邓莉雅著

边缘与归属：道教认同的文化史考察 郭硕知著

道教时日禁忌探源 廖宇著

清代清修内丹思想比较研究——以柳华阳、闵一得、黄元吉为对象 张涛著

闵一得研究 陈云著

第十九批(2017年)

中医运气学说与道教关系研究 金权著

《道枢》研究 张阳著

全真教制初探 高丽杨著

道教师道思想研究 孙瑞雪著

生命哲学视域下的道教服食研究 徐刚著

"真心观"与宋元明文艺思想研究 曹磊著

礼法与天理：朱熹《家礼》思想研究 彭卫民著

儒佛融摄视野下的马一浮、熊十力思想比较研究 王毓著

道教与书法关系研究 阳志辉著

近代城市宫观与地方社会——以杭州玉皇山福星观为中心 郭峰著

第二十批(2018年)

法相唯识学认知思想研究 石文山著

禅观影像论 史文著

早期道教经韵授度体系研究 陈文安著

明清禅宗"牧牛诗组"之研究 林孟蓉著

道教内外丹关系研究 盖菲著

先秦道家人性论研究 周耿著

王弼易学研究——以体用论为中心 张二平著

究天人之际——从《尚书》上探儒家本色 黄靖雅著

上阳子陈致虚生平及思想研究 周冶著

第二十一批(2019年)

《春秋》纬与汉代思想世界 王小明著

道教与唐前志怪小说专题研究 徐胜男著

康有为、梁启超与谭嗣同佛教思想研究 赵建华著

先秦儒道本体论研究 王先亮著

张万福与唐初道教仪式的形成 田禾著

“三纲九目”：朱子《小学》
思想研究　徐国明著
先秦儒家天命鬼神观研究　胡静静著
汉末道教的“真道”观及其
展开——基于《太平经》
《老子想尔注》《周易参
同契》的研究　孙功进著
道德与解脱：中晚明士人
对儒家生死问题的辩论
与诠释　刘琳娜著
王阳明与其及门四大弟子
的情论研究　张翅飞著
大道鸿烈——《淮南子》汉
代黄老新“道治”思想
研究　高　旭著

第二十二批（2020年）

元代理学与社会　朱　军著
《晏子春秋》研究　袁　青著
明代寺院经济研究　周上群著
《老子指归》的哲学研究　袁永飞著
南宋士人笔记中的宋代
道士形象研究　武清旸著
唐玄宗道儒佛思想研究
——以注疏三经为中心
王玲霞著
陈景元美学思想研究　罗崇蓉著
敦煌本《大乘百法明门论》
注疏研究　张　磊著
川北地区道教宫观建筑
思想及历史文化研究　王鲁辛著
德国巴伐利亚州立图书
馆馆藏三类金门瑶经
书抄本研究　肖　习著

图书在版编目（CIP）数据

《晏子春秋》研究/袁青著．—成都：巴蜀书社，2021.7

（儒道释博士论文丛书）

ISBN 978-7-5531-1501-6

Ⅰ．①晏…　Ⅱ．①袁…　Ⅲ．①先秦哲学②《晏子春秋》—研究　Ⅳ．①B220.5

中国版本图书馆 CIP 数据核字（2021）第 126672 号

《晏子春秋》研究
YANZICHUNQIU YANJIU

袁青　著

责任编辑　易欣韡
出　　版　巴蜀书社
　　　　　成都市槐树街 2 号　邮编 610031
　　　　　总编室电话：（028）86259397
网　　址　www.bsbook.com
发　　行　巴蜀书社
　　　　　发行科电话：（028）86259422　86259423
经　　销　新华书店
印　　刷　四川宏丰印务有限公司
　　　　　电话：（028）85726655　13689082673
版　　次　2021 年 11 月第 1 版
印　　次　2021 年 11 月第 1 次印刷
成品尺寸　203mm×140mm
印　　张　11.5
字　　数　230 千字
书　　号　ISBN 978-7-5531-1501-6
定　　价　58.00 元

本书如有印装质量问题，请与印刷厂调换